ある日、私は友達をクビになった

スマホ世代のいじめ事情

エミリー・バゼロン
高橋由紀子訳

早川書房

STICKS AND STONES

Defeating the Culture of Bullying and
Rediscovering the Power of Character and Empathy

by

Emily Bazelon

Translated by
Yukiko Takahashi
First published 2014 in Japan by
Hayakawa Publishing, Inc.
This book is published in Japan by
arrangement with
Random House
an imprint of The Random House Publishing Group
a division of Random House, Inc.
through The English Agency (Japan) Ltd.

イラストレーション／TOMOKO FUJII
ブックデザイン／albireo

ポール、イーライ、サイモンに

目次

part 2 エスカレート

プロローグ

——二五年前の記憶

八年生の時、私は友達をクビになった。それから二五年たって、苦い思いと共にこう言えるようになった。「いじめなんてたくさんの人が経験する。でも、みんなそれを乗り越えて大人になったじゃないか」しかし、いじめの最中《さなか》にあったその時には、そんな先のことまで考えられなかった。それまで仲良しだった女の子たちに無視されるようになった私は、心細くてすっかり自信を失った。私の何がいけなかったのだろう……。昼休みもカフェテリアにはいられず、休み時間も人目につかないところに身を隠した。授業中に「ペアを作りなさい」と言われることが一番怖かった。特に体育の時間は最悪だ。さっさとペアを作らないと、いつまでも一人でぽつんと立っていなければならない。私は家でよく泣いた。この世の中に一人ぼっちの一三歳は私だけではないことは、ある程度分かっていたと思うが、分かったところで何の慰めにもならなかった。心の中に何らかの慰めを見出そうとする代わりに、私は自分をズタズタに分析した。いばりすぎたのだろうか。みんなを不愉快にさせたのだろうか。自己中心的だったのだろうか。なぜみんなに嫌われたのだろう。自分はどこが悪いのだろう。

両親は、そんな友達のことを気にするのはよしなさい、別の友達を作ればいいじゃないのと優しく言った。今思えば、それはもっともなアドバイスだったが、その時には全く納得できなかった。自分の欠点しか見えなかった私は、友達になってくれる子は二度と現れないと思ってしまったのである。

結局、別の生徒がいじめのターゲットになったことで私は救われた。同じ学年にアリーという女の子がいて、ヘザーとルーシーという二人の親しい友達がいた。その二人はたったひと夏の間に、すっかり背が伸びてきれいになり、本人たちもそれを自覚していた。男の子たちの視線が二人に集まるようになった。ジョン・ヒューズの青春映画の筋書きのようだが、まさにそんな感じだった。自信をつけたヘザーとルーシーは、アリーを無視することにした――私が友人たちに無視されたのと同じである。ただ、アリーの場合は無視だけでは済まなかった。特別の地位を得た二人は、アリーをいくらでも惨《みじ》めにさせることができた。二人がアリーを、ダサいというような意味で「イカ」と呼びはじめると、他の子たちも同調した（進歩的なクェーカー教の学校でもこんなものである。八年生という年頃では、いい成績を取ることさえいじめの原因になる）。全校集会の時、ヘザーとルーシーはアリーの後ろに座って、紙くずをアリーの髪に投げつけて笑った。人気者の男の子たちがそれに加わった。彼らは廊下でアリーとすれ違うたびに、親指と人差し指でLの形を作っておでこの辺りにかかげ、「L、L、ルーザー（ダメ人間）」とはやし立てた。ある日彼女は、一年ほど前から仲の良かった男の子のそばを歩いていた。ところがドアを開けて学校の外に出たとたんに、彼はいきなりアリーを突き飛ばし、落ち葉が散り敷いた歩道に倒れ込んだ彼女を笑ったのだという。アリーは当時を振り返り、「あれは怖かったわ」とつぶやいた。「それまで誰も実際に手を出すことはなかったし、彼があんなことするとは予想もできなかった。本当にショックで、言葉も出なかった」

アリーの母親のアドバイスは、私の両親と同様だった。「これまでの友達が意地悪なら、他の友達を作ればいい。悪いのはあなたじゃないんだから。味方になってくれる子が必要よ」アリーの母親は娘を説得して、私に電話をさせた。私とアリーはそれまであまり話もしたことがなかったのだが、母親同士が知り合いで、その上私たちには共通点が多かった。私もまた、みんなから無視される「イカ」だったからだ。私たちは、おずおずと言葉を交わした最初の電話を覚えている。具体的な内容までは思い出せないが、心がつながったという、えも言われぬ安堵の感覚を覚えている。その夜、私たちは一体どれだけの時間話していただろう。「両親の寝室に入ってドアを閉め、寝ころがって電話のコードをねじりながら話してた」とアリーは語る。「お互いがカウンセラーみたいだったわね。自分の状況を説明して、相手がそれをよく分かってくれるって信じられたの」

試練を生き抜こうとする本能が働いた上に、私たちはお互いが好きで、お互いを必要としていた。フランス語のクラスでは一緒に座り、週末はどちらかの家に泊まりに行き、一緒にデヴィッド・ボウイを聴き、互いの写真を撮り合った。

私たちは互いを救ったのだと言いたいところだが、実際にはもう一つのできごとがあった。アリーはルーシーと仲が良かった頃、「友情の証」として彼女からジーンズをもらっていた。仲間割れした後、ルーシーはそれを返すように求めた。問題はアリーがそのジーンズを穿《は》いていた時にたまたま生理が来て、ジーンズを汚してしまったことだった。返されたジーンズを見て、ルーシーはカンカンに怒った。彼女はそのことをクラス中の男の子に触れ回った。声の大きな男の子にお金をやって、カフェテリアで「アリーがルーシーのジーンズを血だらけにした」と叫ばせるようなことまでした。「カフェテリアへの薄暗い階段を下りていく時、その男の子が前にいて、私がドアを通った瞬間に大声でそう叫んだの」とアリーは語る。「計画的だった。カフェテリアが一番混んでいる時間だったから、誰もがそれを聞いてしまった。階段の下のスペースで、まるで舞台に立っているみたいにみんなの視線を浴びた。本当に酷《ひど》い話。死にたいと思ったわ。誰一人助けてくれなかった。私はトイレに逃げ込んだの」

何十年後の今、この話を聞いて、私はその時の自分の姿を思い浮かべた。間違いなく私はアリーのそばにいたのに、何もしてあげなかった。他の子たち同様、彼女をかばおうとしなかった。駆け出していく彼女の後を追って、励ましてあげたいと思ったことは確かだ。しかし私はその場から動かなかった。

私の経験は、この本で紹介する十代の子どもたちの話に比べれば、いじめのうちに入らないだろう。しかし、力の強い者が弱い者をさんざんにいたぶるのを目にして、どうすることもできないという感覚を知っている。今私には子どもがいるが、子どもの友達の間でも昔から変わらないいじめのパターンが現れつつある。あの無力だった八年生の自分の姿を思うにつけ、どうすれば子どもたちがもっとうまくやっていけるのだろうと考えずにはいられない。

当時を語るアリーの言葉は今も痛々しい。「毎日が地獄のようで本当に辛かった。心の傷は今でも痛むわ」と彼女は言う。「あの頃のことを話すと今もぞっとする。頼るもののない無力感。自分に何か欠陥があるのではないかという気持ち。今の私なら、自分が悪かったわけではないと自信を持って言えるけれど、それでもあの惨めさは簡単によみがえってくる」

この本の取材中に話を聞いた多くの大人たちが、子ども時代のいじめ体験を実にまざまざと覚えていることに、私は驚きを禁じ得なかった。まるで、自分の中から、傷つき、混乱し、衝撃を受け、憎悪に満ちた子ども時代の自分をいつでも呼び出すことができるかのようだった。これはその人が、加害者、傍観者、被害者のいずれであっても同じである。子ども時代に残酷な体験をすると、その人が当時どのような役割を演じたかにかかわらず、何かを変えてしまうのである。

このことを特に強く感じたのは、アダムとブラッドというどちらも三〇歳の男性と話をした時だった。彼らは互いを子どもの頃から知っていた。アダムは子ども用のプールで遊んでいた時に、ブラッドの出べそに気づいたことまで覚えている。アダムはどうしても仲間から外れてしまう子どもだった。できれば友達の妹と一緒にバービー人形で遊びたいとひそかに思っていて、他の少年たちに「女みたい」と笑い者にされていた。彼の父親は、彼が甲高い声で話しはじめると「ラム」という合い言葉を使ってアダムに注意をした。父親は息子がブラッドや他の男の子たちの仲間でいることを望んだが、少年たちにはアダムが喧嘩もできてジョークも通じる仲間とは思えなかった。彼らはアダムをからかってわざと恥をかかせた。一人が女の子の家のベルを鳴らし、家の人が出てくるとアダムを指差したりした。アダムはそれでも仲間のところへ行っては、またからかわれていた。

彼らが一〇年生になったある朝、アダムは微積分のテスト結果を見るために、早めに学校へ行った。結果は上々だった。ブラッドの友達でマークという少年も早めに来ていたが、彼の成績は芳《かんば》しくなかった。アダムは珍しくちょっと優越感を覚え、ついうっかり「マリファナなんかやらなきゃ、もっといい成績が取れるのに」と言ってしまった。

マークはキレた。アダムを廊下に引きずり出すと、ロッカーに叩きつけた。ブラッドと他の少年たちは笑いながらそれを見ていた。アダムを置いて立ち去った後も、マークの怒りは収まらなかった。「あいつ、叩きのめしてやる」彼らは計画を練り、数時間後に体育館でそれを決行した。マークに突き飛ばされ、ブラッドに足を取られたアダムは、仰向けに激しくひっくり返った。大勢の子どもたちが見ている前で、マークは馬乗りになってアダムを殴りはじめた。他の少年たちもそれに加わった。アダムはやり返そうとしたが相手が四人ではどうにもならない。ようやくアダムが立ち上がってよろよろと歩きはじめると、背後からとどめのパンチが彼を床に叩きつけた。「僕はあえぎながらなんとか泣くまいと堪《こら》えていた」とアダムは語る。「あれだけ大勢の人の前で、あいつらがあそこまでやるとは信じられなかった。僕には手も足も出なかった」

アダムは高校を卒業してから、自分がゲイであることをカミングアウトした。彼は現在、生まれ育った町からさほど遠くないロングアイランドの中学校で、スクールカウンセラーとして働いている。彼は今、自分がいじめられたのは、ゲイだったからだと確信している。最近、彼はフェイスブックでブラッドを見つけ、あの頃のことを覚えているかと尋ねた。アラスカで人類学者となっていたブラッドはこう返事を書いてきた。

何年もたった今でも、あの頃の自分たちが何を考えていたのか、なぜあんなことをしなければならなかったのか、理解することができない……悪いことだと知っていた。でもその時は、そんなことはどうでもいいような気がしていたんだ。僕は君に謝りに行ったことを覚えている。停学処分になりそうだったからでもあるけど、周囲の反応にひどく動揺したからだ。そんな風にしてようやく、ことの重大さを知ったんだ。僕は自分が仲間のリーダーだと思い上がって、そのために自分を見失っていたんだと思う。高校の終わり頃になってようやく、自分がいかに間違っていたかに気づきはじめた。このことはずっと、今に至るまで考えている。

私たちの多くがブラッドと同様に、消えることのない「いじめの記憶」を心に持っている。いじめの加害者も被害者も、加担した者も傍観者も。これらの経験が今現在のその人を作っている。沁《し》みついた記憶や感情が去ることはなく、その記憶の窓を通って人は自分の子ども時代に戻っていく。アダムとブラッド。アリーと私。私たちは今もなお、あの時何が起きたのか、なぜ起きたのか、そこからどんな教訓が得られるのか、自分や他の人たちはどんな人間なのかを理解しようとしている。それはなぜなのだろう。なぜ成長の過程に起こる「いじめ」というできごとが、それほど大きな影響を与えるのだろう。

いじめは人生につきもの？

この世の初めからとまでは言わなくても、何世紀にもわたって、子どもたちはいじめを繰り返してきた。そして大人たちは、多くの場合見て見ぬふりをしてきた。昔は子どもは安い労働力だと考えられていて、特別の保護を必要とするものだという考え方は一九世紀までは存在しなかった。その後、育児マニュアルというものが現れ、子どもにはキリスト教的な優しさを教えなければならないと親たちに説きはじめた。しかしその当時でさえ——鋭い洞察力を持つ小説家たちを除いて——いじめは特に大した問題ではないと考えられていた。今私たちが「いじめ」と呼ぶようなストーリーが語られたのは、小説の中だけだった。例えばシャーロット・ブロンテの読者は、意地の悪い従兄の前ですくんでしまうジェイン・エアの姿に、彼女の不幸を感じ取る。「彼は私をいじめ叱責した。週に二、三回でもなく、一日に一、二回でもなく、ひっきりなしにである。私の身体中の神経が彼を怖れていた。身体中の骨に繋がる筋肉が、彼が近くに来ると縮み上がった」

それから一〇年後の一八五七年、トマス・ヒューズの『トム・ブラウンの学校生活』が出版され、それ以来英国の学校生活を舞台にした数多くの物語が書かれるようになった。この物語では、一一歳のトムが一七歳のフラッシュマンというういじめっ子にさんざんな目に遭わされる(「よおし、次はこいつをローストにしてやろう」フラッシュマンは仲間にそう言って、トムを暖炉の中に叩き込む)。また、ローラ・インガルス・ワイルダーは、『大草原の小さな家』をはじめとする一連のシリーズで、アメリカ開拓時代の自身の子ども時代を描いているが、ここに登場するネリー・オルソンという女の子は、現代のいじめっ子のイメージを先取りしているように思える。ネリーはローラとメアリーが着ている母親手製の服を眺め、鼻にしわを寄せて「ふん！」と言う。「やぼったいこと。毛皮のケープが欲しくない、ローラ？　でもあんたのお父さんには買えないわね。店も持ってないんだもの」そう言ってネリーは笑って立ち去る。ローラにはネリーを平手打ちする勇気がない。

小説の中で描かれる子どもたちの姿は、歴史の本に記されることのない現実の子どもたちを反映している。大人がそばにいながら何もしてくれなかった時代、子どもたちは切り傷ややけどや心の痛みに耐えなければならなかった。教師も両親も、トムを助けてはくれないし、ローラに同情もしてくれない。ジェイン・エアのおばは、助けるどころか、従兄に反抗しようとしたジェインを部屋に閉じ込める。小説は、いじめはどんな所にもあるという人生の冷酷な事実を反映する。いじめは騒ぐほどの問題ではないと諭す格言もある。「男の子は結局男の子」「知らん顔が一番」「Sticks and stones may break my bones but words will never hurt me（言葉で何を言われたって怪我するわけじゃない）」アメリカではいじめに対するこういう基本的な態度が、その後一〇〇年ほど全く変化しなかった。いじめというのは人生につきものの試練で、自然なできごとであり、やりすごすのが一番だという考え方だ。

一九九九年四月二〇日、そうした考え方の大原則が崩れるできごとが起きた。午前一一時一九分、デンバー郊外にあるコロンバイン高校に、二人の三年生、エリック・ハリスとディラン・クレボルドが半自動小銃を持ち込み、クラスメートに向かって発砲した。四九分に及ぶ凶行が終わった時には、一二人の生徒と教師一人が死亡し、二〇人以上が負傷していた。不満を抱えていたとはいえ、中流階級の家庭で育った一見普通のティーンエイジャーが、これほどの惨劇を引き起こし得るという衝撃的な事実に、アメリカ国民は初めて気づいたのである。この事件によって、それまでいじめを単なる通過儀礼と考えていた人たちが、突然これまでの無関心から態度を改めた。ハリスとクレボルド自身は、いじめの標的になっていたわけではないとされている。しかし、その後行われた全国的な調査により、学校で発砲事件を起こした生徒たちのほとんどが、その前に虐《しいた》げられたりいじめられたり、脅されたりしていたということが明らかになったのである。これによって大人たちは目が開かれた。いじめを軽視すれば、重大な脅威を無視することになり、悲惨な結果に結びつきかねない。

こうしてようやく、国を挙げていじめ問題に対する取り組みが始まった。カリフォルニア、ミシシッピ、ウェストバージニアをはじめ、多くの州で学校にいじめ対策が義務づけられた。学校はいじめ防止プログラムを作って週ごとに発表し、集会を開き、廊下にポスターを貼った。しかし、最初の盛り上がりが収まると、その後は全国的なキャンペーンにまでは発展しなかった。一部の教育関係者や心理学者は引き続きこの問題に携わっていたものの、いじめ撲滅のメッセージがテレビで流れたり、シリアルの箱に載ったりすることもなかった。

そして今、いじめに対する問題意識が再び高まり、国が議題のトップに取り上げるほどの勢いとなっている。今回は、問題は学校内にとどまらない。パソコンや携帯電話によるいじめが大きな脅威となっているからだ。インターネットが私たちの生活の大きな部分を占めるにつれ、親たちは新たな問題と心配の種に直面することになった。まず怖れたのは、我が子が見知らぬ人間から危害を加えられることだった。これは特に、私を含め小さい子どもを持つ親たちには最も恐ろしいことだ。しかし調査によれば、子どもに対する誘惑や誘拐がインターネットを介して始まるということは、実際にはまれである。それよりずっと頻繁に起きているのは、子ども同士の執拗な嫌がらせや残酷な行為である。携帯電話やパソコンなどは常にインターネットにつながっているために、いじめられる子はそこから逃げることができない。学校から帰っても、家はもはや安息の場ではない。フェイスブックやツイッターをチェックすれば、他の子どもたちが自分に対してどんなことを言っているかが嫌でも目に入る。いじめっ子は学校の廊下でいじめの標的が見つからなければ、いつでもネット上でいじめることができる。辛辣《しんらつ》な言葉、嘲《あざけ》り、集団攻撃は止むことがない。いじめが匿名のマントをまとって行われることもよくある。

デジタル世界で行われるいじめは、痕跡が残るという意味で大人たちが知っているいじめとは全く違う。悪口や脅しは昔からあったし、使われる言葉は今もあまり変わりがない。しかし昔は、そういう悪態はその場限りのものだった。その瞬間に発せられて消えてしまう。だが、ソーシャル・ネットワーキング・サービス（SNS）やメールの場合は、残酷な言葉がプリントアウトやスクリーンショットに残される。いじめは永続的にそこにあって、多くの人の目に触れ、伝染性を持つために無限に広がっていく。昔のように、たまたま校庭にいた子がいじめを目撃するという程度の話ではない。何百、何千というフェイスブックの友人たちに広まってしまう。

インターネットには別のリスクも潜んでいる。相手に面と向かうことなく、一人でキーボードに向かう人間は、自分の存在を闇に包むことが可能である。十代の若者は（あるいは大人も）、面と向かっては決して言わないような強い言葉を書き込んでしまうことがある。声の調子も顔の表情も分からないので、その意地悪さが、意図した以上に強烈に伝わりやすい。そしてネット上の痕跡はいつまでも消えないために、その衝撃はさらに増幅される。やられた相手はそれを繰り返し読むことにより、ますます苦痛を感じる。女の子たちにとってこれはとりわけ耐えがたいものだ。女子は男子に比べSNSに費やす時間が長く、多くのメールを打つ傾向があるからだ（男子の一日五〇件に対し、女子は九〇件）。女の子の間には、より多くのゴシップ、悪口、いじめが横行していると考えられる。

しかし、インターネットや携帯電話自体が、いじめの原因を作るわけではない。また、「cyberbully（ネットいじめ）」という新しい形態のいじめが生じたのではない。オックスフォード英語辞典にはすでに「cyberbully」という言葉が載っているが、地元の中学校や高校に行って探してみても、ネット上ではこそこそいじめをするが、携帯電話を持っていなければ何もしないという「新種のいじめっ子」が見つかるわけではない。子どもたちがネット上でやっていることは、多くの場合、対面で行われていることの延長である。テクノロジーの無機質さが、残酷さを悪化させているが、その根源はバーチャルではなく現実の世界にある。SNSやメールは、それまで面と向かって行われていたいじめに、一歩進んだ新しい場を提供したにすぎない。そしてこれからもこの状況は続くだろう。どこで行われるにしろ、いじめ自体が増えているわけではない。ただウェブに波及的な性質があるために、拡散しているように感じられるのである。

爆発的に高まったのはむしろ、子どもたちが受けるダメージに対する世間の関心である。いじめに関する親たちの懸念は、過保護の傾向の一端でもある。今の親世代は、「ヘリコプター型

（常時監督）」の子育てと「放牧型（良い意味の放任）」の子育てのどちらがいいか、子どもにとってテコンドーとサッカーと水泳のどれがいいかといったことを飽きずに議論する。いじめにテクノロジーが加わったことで、従来の心配の上に新たな警戒が重なり、親たちは強迫観念にかられている。この本を書いている時点で、私の上の息子はティーンになったばかりで、下の子はまだ一〇歳前後であった。息子たちに自由を与えつつもしっかり守るにはどうすればいいかということを、私は友人や家族、それに専門家と長時間にわたって話をした。おそらくこれまでのどの世代の親たちも、子育てをしながら悩んで答えを見つけてきたのだろう。しかしテクノロジーのこの大きな変化は、親たちに大きな不安を与えていて、彼らはすぐにも何か行動を起こさなければと思ってしまう。子どものために「今しなければいけない何か」をし損なっているのではないか。それとも自分は干渉しすぎているのだろうか。

だが世間の関心が高まったことによって、いろいろと良いことも起きた。まず、ゲイ、イスラム教、肥満などのさまざまな理由でいじめられる子どもたちに保護が必要だという認識が生まれた。また、インターネットを介して見知らぬ大人やクラスメートから危害が加えられる可能性があるのだということを、多くの親子が話し合うようになった。一部の学校では、いじめを防ぐ取り組みをするうちに、互いにどのように接するか、どのように相手を思いやるかということなどを、子どもにきちんと教える必要があるということに気づいた。子どもたちの性格形成は学業面だけでなく社会性の面でも重要で、コミュニティ全体で取り組むべき問題だという認識が生じた。

これまでは「安全な学校」といえば銃やナイフが持ち込まれたりしない学校のことだった。しかし今は、親たちも学校側も、身体的な安全だけでなく、精神面の平安も同様に重要だと考えている。

このような変化が起きてくると、これまで我が国に不足していた、いじめをなくす持続的な努力がさらに促進されることになるだろう。一九九九年までは、いじめに関して明確に記載した法律はどこの州にもなかったが、今は四九州にある。この問題にうまく対処できれば、子どもたちが受ける恩恵は絶大だ。いじめの犠牲者にも加害者にも、うつ、薬物濫用、健康不良、非行、自殺などの問題が関係していることがこれまでの調査で分かっている。いじめを防ぐことができれば、たとえ少しずつであっても、これらの悲惨な事態が回避できるのではないだろうか。

しかしいじめに正しく対処するには、あの昔ながらのことわざ「sticks and stones」に、ある程度の真実が含まれていることを認めなければならない。仲間からいじめられた子どもたちのほとんどは、そこから立ち直っていく。もちろん、いじめられた子も、いじめていた子も、そのことを簡単には忘れないだろう。しかし辛い経験であっても、そこから何かしら有益なことを学ぶことも確かである。「子どもたちは、成長の過程で何らかの逆境に遭うことが必要です」と、いじめ防止に関する第一人者、エリザベス・イングランダー心理学博士は言う。「大人が、子どもたちを嫌な目に遭わせたくないと思い、何かあれば救援に向かうのは自然な感情ですが、子どもたちのどの社会にも意地悪やいじめがあるというのは、自然の法則でもあるのです。子どもたちはそれらを通して、大人の世界でうまく生きていけるように訓練されます」

アリーと私はどちらも、こうして今の自分に成長した。私は八年生のあの時期に、誰もが親切だと思ってはいけないということを学んだ。カフェテリアでの試練には屈したけれども、あるいはそういう経験をしたからこそ、人に対する「誠実さ」というものがどれほど有難いものかを、身に沁みて感じるようになった。もし可能だとしても、あの時の辛さを消してしまいたいとは思わない。中学の教師を務め、現在も教育関係の仕事をしているアリーもまた、彼女の経験についてそう考えていた。「あんな風に残酷になれる子は、自分の中によほどの辛さを抱えているのだということを、両親が教えてくれたの。そのことを忘れたくない。その時、『そうか、あの子たちも不幸だったのだ』と、目からうろこが落ちるような気がしたの。自分の娘にはあんな思いはさせたくないけれど、私はあの経験ですっかり変わったわ」

ただし問題は、いじめに遭った子どもたちの中には、そこから立ち直れない子たちも少数ながらいるということだ。いじめられて逞《たくま》しく成長する子、深い傷を負う子、そしてあってはならないことだが、それに屈してしまう子を、大人が見分けることはなかなか難しい。ある子にとっては大した傷にならないようないじめが、別の子にとっては破壊的だということもある。傷つきやすい子どももいるので、「少々ひどい目に遭っても、それによって子どもは逞しく成長する」などと一律に片づけることはできない。

ただ、有難いことにいじめに対処する方法に関して、私たちはゼロから出発する必要はない。

ここ半世紀ほどに行われた思春期の少年に関する研究からも学ぶことができる。さまざまな対策が講じられたことにより、状況は以前よりも改善してきている。十代の妊娠、喫煙、飲酒、薬物濫用（マリファナを除く）、飲酒運転致死などはどれも、発生率が低下した。ティーンエイジャーの犯罪率も自殺率も、一九八〇年代より低くなっている。暴力事件を起こすことも少なくなったし、高校中退率も低下した。

これらのプラスの変化には、多くの複雑な理由が関係しているが、防止キャンペーンや世間の認識の高まりがある程度功を奏したことは確かだろう。飲酒運転が一つの例である。私が高校生だった頃には、飲酒運転を悪いことというよりも何か「かっこいいこと」と捉える風潮があり、今だから言うが私もそう考えていた。今の高校生たちの多くは、おそらくそんな風に考えていない。飲酒運転は社会にとって害悪であるだけでなく愚かな行為だという認識が、免許を得る年齢に達するずっと前から、子どもたちの頭に叩き込まれるからである。一九八〇年代に比べ、十代の若者が大酒を飲んで騒ぐようなことはほぼ半減したとされる。これにはマスメディアのキャンペーンや、学校における取り組みが大きく関わっている。生徒たちは、飲酒運転をしている若者の数を実際以上に多いと思いがちだが、思ったほど一般的でないと教えられると、つまり普通のことではなく「異端の行為」であると分かると、自分ではそれをやらなくなる。このことから私たちが得られる教訓は、いじめに関しても、いじめという行動は異端の行為で、「みんなはそんなことしていない」ことを子どもたちに分からせなければならないということだ。いじめは、どんな階層にも、人種にも、地域にもあるが、実際にはほとんどの子どもたちは、加害者としてもあるいは被害者としても、いじめに直接関与していない。集団でのいじめなどは異常なことで普通ではないのだと理解すると、子どもたちの行動も変化する。いじめは減り、実際にいじめが起きた時には周りの子どもたちが積極的に動いてそれを大人に告げるようになる。

いじめ対策が逆効果になる時

いじめをなくすための一致団結した努力は、逆に害をもたらす惧《おそ》れもある。懸念は二通り考えられる。

一つには、十代にもなった子どもたちの生活に干渉しすぎて、成長に欠かせない自由を侵害してしまうことだ。例えば彼らをいじめから守るという名目で、休み時間に自由に遊ぶことをやめさせたり、インターネットのすべてのやり取りを監視したりすれば、子どもの成長を邪魔することになる。問題を自分の才覚で解決する力、辛いことにも耐える力、人生において避けがたい試練から立ち直る力が身につかない。十代の子どもだけでなく、もっと小さい子どもたちにも、それぞれのプライベートな空間が必要である。子どもを守ることと、秩序を維持することのバランスを取るのは難しいが、私たちはそのバランスを探る努力を続けなければならない。

二つ目のリスクは、いじめの防止策が、加害者の処罰に集中しかねないということである。大人たちは少数のいじめっ子を見せしめにして、いじめとの闘いに勝利を宣言したがる。これは自然な衝動でもある。弱い子を殴った悪ガキや、フェイスブックに悪口を書き連ねる意地悪な少女をとっちめてやりたいと思わない大人がいるだろうか。特にいじめが自殺などの深刻な結果を招くことになった時には、加害者の子どもを犯罪人扱いする傾向がある。何と言っても、いじめ防止の努力をコツコツ続けることに比べれば、加害者を罰するのは最もたやすく、即座の満足感が得られるからだ。

極端な場合、加害者の処罰を急ぐあまり、過剰な処分につながることもある。「子どもは子ども」であり、大人と同等の責任の基準は当てはまらないということを忘れがちだ。過去二〇年間の研究結果が、思春期の子どもの脳は完全に成熟していないということを示している。衝動のコントロールや判断力をつかさどる前頭葉はとりわけ成熟が遅い。このような研究結果をふまえ、暴力犯罪を起こした子どもたちにどのように責任を取らせるかが考え直されてきた。二〇〇五年にアメリカの最高裁判所は、神経学の研究結果を判断に取り入れはじめ、少年犯罪者に死刑を求刑することをやめた。さらに六、七年後、ほぼすべての未成年犯罪者に保釈なしの終身刑を科すことを禁じた。しかしいじめの事件がマスコミで過熱報道され、加害者のティーンエイジャーが許しがたい悪者と指弾されると、私たちは罪を犯した子どもたちに「セカンドチャンス」を与えるべきだということを忘れ、報復したいという衝動に流されがちだ。

これは一つには、いじめが一見して非常に明解だからである。いじめっ子と、いじめられた子がいて、どちらの側につくべきかがはっきりしている。この複雑な世の中にはそういう単純な構図は珍しいので、人々は安心して反応する。だが実際に事実と状況を掘り下げて調べていくと、いじめのストーリーは多くの場合、それほど単純ではない。いじめられた子がやり返すこともある。その子自身が、元はいじめっ子だったり、精神的障害を持っていたりすることもある。また、子どもたち（あるいは親たち）が、本来「力の競い合い」とか「喧嘩」と呼ぶべき行為に対しても「いじめ」という言葉を使っていることもある。確かに子どもによっては、一三歳で人の痛みが分からなかった子が、三三歳になっても五三歳になっても分からないということもある。大人になって重度の人格異常者となることもある。そういう場合には、どれほど親が愛情を注いでもそれを治すことは難しいだろう。しかしそれらのケースよりもはるかに多くのいじめっ子たちが、やがて成長して自分の卑劣な行為を悔いるようになる。そういう子どもたちに「いじめっ子」のレッテルを貼って見限ってしまうことは、その子たちにとっても社会にとっても、悲しむべきことだ。ほとんどの子どもは、人を思いやる心も優しさもどこかに持っている。それを忘れずに、その芽を育てることに力を尽くすことが大事だと思う。

モニーク、ジェイコブ、そしてフラナリー

この本は、三人の子どもたちの実話から始まる。女の子二人と男の子一人で、それぞれ別の地

域に住んでいる。いじめとひと口に言っても非常に多様なので、そのさまざまな側面を探ることができるようなケースを選んだ。第一章で紹介するモニーク・マクレインは、コネチカット州ミドルタウンに住む七年生だったが、何カ月にも及ぶいじめを受けて、とうとう母親が学校をやめさせた。第二章のジェイコブ・ラッシャーは、同性愛者の八年生で、生徒たちからの身体的攻撃、脅し、中傷から守ってくれなかったとして、ニューヨーク北部にある中学校を告訴した。第三章のフラナリー・マリンズは、マサチューセッツ州西部にあるサウス・ハドリー高校に在籍し、アイルランドから移住してきたばかりの一五歳のフィービー・プリンスを自殺に追い込んだ罪に問われた。

モニーク、ジェイコブ、フラナリーの三人に何が起きたのかを真に理解するには、彼らや彼らを取り巻くティーンたちを、それぞれ個人として理解することが重要である。そうすれば、家族や学校、コミュニティがどのような役割を演じたのかが分かる。いじめた子といじめられた子の個人的な欠陥だけに注目していては、彼らが陥った状況下でなぜそのように反応したのかを見逃してしまう。この本から読み取ってもらいたいことの一つは、子どもたちがいじめを行うのは、それによって「仲間内での立場に関する何らかの利得」があるからだということだ。他の子たちにいいところを見せたいという願望だったり、仲間に入れてもらうための儀礼だったり、みなから「負け犬」と見なされている子と距離を置いていることを示すための行動だったりする。こういう陰の「報酬システム」を解体するのに、家庭や学校はどんなことができるだろう。いじめっ子よりも、良いことをする子の方がもっと認められるのだということを、どう教えればいいだろうか。

もう一つ本書が伝えたいことは、良きにつけ悪しきにつけ、いじめには大人たちが決定的な役割を演じているということだ。事態が手に負えないほどに悪化する時というのは、たいていの場合、子どもたちの過《あやま》ちや悪さが理由ではない。彼らは最初にことを起こした張本人ではあるが、個人的な過ちが世間を騒がす大事件になってしまうのは、多くの場合、大人たちが何一つ適切な手を打たなかったことか、大げさに騒ぎ立てすぎたことが原因である。対処の誤りは、両親から始まり、教師、校長、そして警察、裁判所とつながっていく。パートⅡでは、大人たちの誤った対処の結果、三人のケースがどのようにエスカレートして、最終的にはコミュニティを巻き込む大紛争に発展していったかを見ていく。

パートⅢは、解決への道筋を考察する。メディアは（私も含めて）、問題の危機的状況にばかり注目する傾向がある。しかし私はここで、いじめがうまく解決されたケースや介入が功を奏したケースについて、また私たちが学んだいじめへの対処の仕方や防止策について、たっぷり語ろうと思う。もちろんいじめを根絶することはできないだろうが、少なくとも減らすための努力はできる。第七章では、何十年以上も前にノルウェーで、いじめをなくす運動を最初に始めた先見的な心理学者について述べようと思う。最近彼のメソッドを取り入れて成功したアメリカの学校のことも紹介する。また第八章では、特殊教育の分野で開発された別のアプローチについて見ていく。これは無秩序状態に陥った学校を、平穏で秩序ある状態に戻すことを目的としている。このアプローチを使ってさまざまな人間関係の問題に取り組むうちにいじめが減ったことが報告されている。第九章では、今やいじめや嫌がらせの温床となっているＳＮＳサイトに関して述べようと思う。特にフェイスブックに焦点を合わせる。アメリカでは二〇〇〇万人ものティーンエイジャーが使うフェイスブックには良い面も悪い面もあり、問題があることには誰もが気づいていながら、対処しようとしていない。フェイスブックはユーザーたちをどのように監視しているのだろうか。あるいは、さらにどう改善するべきなのだろう。

パートⅣでは、子どもたち、親、教育関係者たちに向けて、どこへ行けば支援を得られるのか、そこでどのようなことをしてくれるのかについてガイダンスを書こうと思う。いじめの問題に効果的に取り組むためには、誰もがそれぞれの立場で努力を負担しなければならないのに、現状では学校に責任を押しつけてしまっている。本書を読むと分かるように、いじめ防止や対応の責任は、教師、カウンセラー、学校経営者、給食スタッフ、スクールバスのドライバー、校庭監督係などにますます押しつけられる傾向がある。当然のことながら、子どもの行為に第一の責任があるのは親だ。しかし子どもが何か悪いことをすると、たとえそれがインターネットを介してであっても、学校のせいにするという姿勢が次第に顕著になってきている。成績向上への要求も高まっている一方で、多くの学校が生徒の社会的・精神的スキルの教育まで押しつけられている。

これはある程度は理解できる。生徒の行動に責任を担う社会的機関は学校くらいしかないからだ。今回の取材の中で出会った、数多くの優秀で良心的な校長、教師、スクールカウンセラー、ソーシャルワーカーが、学校が成功するためには、生徒が自分で行動を管理できるよう手助けすることが不可欠だと口をそろえる。不安定な性格を持つ子どもや、対立が起きた時に自分がボスにならないと気が済まない子があまりに多くては、学校の努力は実を結ばない。学校のためにも生徒のためにも、学校全体のプロジェクトとして「社会的・情緒的学習」を含めていじめ防止を行うことが望ましい。本書に登場する一人の校長はこう話す。「私たちはこの子どもたちを育てているのです。子どもたちは学校で、安全に幸せに学ぶことができなければなりません。私が一番気にかけているのは子どもたちが幸せであることです。幸せであればその他のことは自然とうまくいくものです」

子どもたちの問題を共に解決してくれることを学校に期待するならば、そのために生じる負担のことも考えなければならない。学校に、校内だけでなくネット上のいさかいにまで気を配り、そういう場合の解決法を教え、親切な心を育てる教育もしてほしいとなると、それができるだけのリソースとノウハウを学校側が十分得られるようにすることは、私たち親や社会の役目である。

こういうことを言うのは易しいが実際に行うのは難しい。まず、十代の子どもたちというのは大変難解な生き物である。またこの年代の子どもたちは、仲間にどう思われているかを非常に気にする。仲間たちによって間違った方向にひきずられかねない。大人はこれを見て彼らにアドバイスをしようとするが、たいていの場合、良い解決には至らない。うまくいっている学校やコミユニティを見ると共通の特徴があることが分かる。子どもたちが苦境を通じて互いに助け合い、自分たちで問題を解決する方法を学んでいるということだ。そして、大人に相談すれば必ず状況は好転し、さらに事態が悪くなることはないと信じている。そういう状況を作り出すために、子どもたち、親、学校、社会は、何ができるだろうか。

本書に書かれているのは以上のようなことだ。私は子ども時代から心にある疑問について、この本で考えてみようと思っている。いじめは人を変える力を持つ。悪い方にも変えるが、そこから立ち直る力を身につけることができるならば、良い方にも変える。しかしなぜ、いじめにはそれほどの力があるのだろうか。

Part 1

トラブル発生

第一章　モニーク
——恐怖のスクールバス

モニークは、七年生の新学期に、新しいヘアスタイルを試してみたいと思った。

母のアリシアが夏の間、長い黒髪をひとまとめにして上げ、片側を編み込み、反対側に巻き毛が垂れ下がるようにしていたのをまねすることにした。コネチカット州ミドルタウンにあるウッドロウ・ウィルソン中学に通うモニークは一三歳だ。母親譲りの長い黒髪で、新学期の初めにちょっと大人びて見せたかったのだ。

母の友人の美容師が来て髪を整えてくれた。出来上がりは上々で、モニークの髪はつやつやと輝いていた。編み込みの下にMの形をしたピアスを覗かせ、はにかんだように微笑む娘の横顔を、母親はカメラに収めた。それまではいつもジーンズにポニーテールという姿だった女の子が魅力的に変身した。モニークは普段控えめな少女だが、この朝はスクールバスの停留所まで、美しい巻き毛を揺らしながらわくわくした気分で歩いていった。

ところがその日の午後、母アリシアが四階にあるアパートの窓から見ていると、バス停の方からモニークがうなだれて歩いてくる。アリシアは窓から呼びかけ、髪型の評判はどうだったかと尋ねた。モニークは黙って首を横に振った。玄関で、母親にしつけられた通りにスニーカーを脱いで家に上がった彼女は、何が起きたかを語りはじめた。

スクールバスには、デスティニーとシャイアンという二人の八年生の女子が乗っていて、モニークを「パクリ」、「まねっこ」とからかいはじめた。その前の週に、デスティニーのいとこが同じ髪型をしていたのだという。モニークはそんなことは知るはずがない。

もとから性格がきついことで知られていたこの年上の二人は、次の日もモニークをからかい続けた。バスを降りた後もアパートの敷地までずっと、モニークのすぐ後ろをついてきて嘲り続けた。モニークは自分の髪型を二人がなぜそれほど気にするのか分からず、ともかくやめてほしかった。彼女は部屋に行って友達のソニアに電話した。「八年生がバスの中で嫌がらせをするの。もう我慢できない」ソニアはモニークとは違うバスに乗っている。モニークの友達で同じバスの子は誰もいなかった。一緒に座って、八年生の嫌がらせからかばってくれる人もいなかった。

話を聞いた母親は、娘をかわいそうに思った。しかしたぶんそのうちに自然に止むだろうと考えていた。二人はちょっと意地悪をしただけで、たかだか髪型の問題にすぎないのだから、明日の朝になれば、きっと忘れてしまうだろう。

しかし次の日にも、モニークはうなだれて帰ってきた。デスティニーとシャイアンの二人は、バスの中でも、帰り道でも、再びモニークを「パクリ」と嘲り続けたという。翌朝アリシアはモニークをバス停まで送っていって、二人が近づかないことを確認し、昼休みに学校に行って、娘がいじめられていると報告した。中学に駐在しているミドルタウン警察の巡査にも会った。巡査はモニークと副校長のダイアン・ナイルズを呼んだ。副校長はモニークに、二人の少女が再び嫌がらせをするようであれば、学校が何らかの措置を講じると言った。校長のチャールズ・マルカも顔を出して、学校はこういう態度を許さないと母アリシアに請け合った。「何とかするって、先生たちは言ったんです。モニークをいじめる女の子たちは許さないって」とアリシアは後で語った。

従ってその日の午後、バス停でモニークを待っていたアリシアは、何事もなかったという娘の言葉を期待していた。しかしモニークはうつろな表情で黙っていた。他の子どもたちが歩き去った後、モニークは低い声で母親に訴えた。二人がモニークのことを「パクリ」に加え「チクり」と罵《ののし》るようになったのだと。誰ひとりモニークを弁護してくれる子はいなかった。アリシアはその場で警察に電話をして、いじめを訴えた。また副校長のナイルズにも電話をして、携帯をモニークに渡し、バスの中で起こったことを話させた。前の日より悪くなっただけで一向に良くならなかったと彼女は言った。

副校長は話を聞いて同情し、デスティニーとシャイアンの両親に電話をすると言った。だが両親とは連絡がつかず、副校長はアリシアにモニークを学校まで車で送ることを勧めた。アリシアは障害のある患者を訪問介護する仕事をしていて、夜のシフトで働いていたので、母親のアレクサにモニークを学校まで送ってくれるよう頼んだ。しかしアリシアには、これが長期的解決策になるとは思えなかった。母は離れたところに住んでおり、アリシアは仕事に行くために母親の車を使っていたのだ。そもそも、罪もないモニークの方がバスに乗ってはいけないというのはおかしいではないか。

デスティニーとシャイアンは、今後は帰りのバスの中でモニークに近づいてはいけないと副校長に言われたが、それを無視した。モニークと同じバス停で降りて、嘲ったり罵ったりしながら家までついてくることもあった。バス停でタバコに火をつけ、モニークの顔に煙を吹きつけたりもした。

九月最後の週の放課後、マルカ校長は学校を出る前のバスに乗り込み、デスティニーとシャイアンに注意をし、モニークから離れてバスの後部座席に座るように言った。マルカはこの学校に着任したばかりで、権威が定着していなかった。デスティニーとシャイアンはその権威をテストしてみようと思ったらしい。シャイアンは、「私にどこに座るかを命令できるのはママだけよ」と言い返し、校長に背を向けて通路を歩いていった。校長は少女たちに行儀良くするように言ってバスを降りた。バスが学校を出発して角を曲がったとたん、二人はモニークのすぐ後ろに座り、「チクったね」とさんざん悪口を言い、バスを降りた後も家までついてきた。「バスの中のことまで完全にコントロールはできません」と校長は語る。「できることには限界があります」

モニークにはなす術《すべ》もなく、頼るところもなかった。週末はできるだけバスの中の恐怖を忘れるように努めた。友達のソニアや他の少女と遊ぶようにして、いじめの影響が生活の他の部分にまで及ばないようにした。「私の友達はいじめに加わったりしなかった」と彼女は言った。「いつも学校にはたくさん友達がいて、こんな目に遭ったのは初めてだったの」実際に、彼女は学校で非常によくやっていたのである。数学とリーディングが得意で、五年生の時にはオバマ大統領の署名入りの賞状をもらったこともある。賞状は祖母のアパートの部屋の壁に、オバマの熱心な支援者である祖母が大統領就任式に招待された時の招待状と共に飾られている。

九月の間、アリシアとアレクサは再三学校に出向き、ナイルズ副校長に、なぜデスティニーとシャイアンが相変わらずバスに乗ってモニークの近くに座ることを許されているのかと詰め寄った。アリシアは二人に一カ月間、バスに乗ることを禁止すべきだと提案した。副校長は最後にようやく、二人をバスに乗せないようにすると言った。しかし二人は副校長の言うことを聞かず、勝手にバス乗り場に行った。バスの運転手は責任上の理由で、バス停で待っている子どもは全員バスに乗せなければならないという命令を受けていた。結局二人はバスに乗って好きな場所に座ったのである。

九月の最後にようやく、二人の少女には一日だけの学内停学の処分が下りた。監督付きの自習室で他の生徒と離れて過ごすのである。しかしその日の午後、デスティニーは自習室の入口から、理科室に向かうモニークに怒りを含んだ声で叫んだ。「学内停学なんかで、私たちから逃げられると思ってんの」

　帰りのバスの中で、デスティニーとシャイアンは一気に挑発行為に出た。教師たちからはモニークと離れて座るように言われていたが、通路に立って彼女を罵りはじめた。八年生の男子生徒たちが「やれ、やれ！」とはやし立てた。モニークは窓の外に顔を向けて、必死に泣くまいと堪《こら》えていた。バスの運転手が子どもたちに座るように言うと、二人はモニークの後ろに回ってペンや食べ物のかけらを投げつけ、他の子どもたちにも参加するように呼びかけた。

　これらの行為はすべて、スクールバス利用のルールに違反するものだった。しかしその当時、コネチカット州の法律ではスクールバスの車内やバス停でのいじめに、学校が対処しなければならないと明確に定められていなかった（この法律は翌年改正された）。学校当局は何とかモニークを助けようとはしたが、そんな生半可な対応では、むきになったデスティニーとシャイアンに太刀打ちできるものではなかった。九月末になって、副校長はアリシアが何週間も前に提出したいじめに対する苦情の書類を戻し、十分に調べた結果、確かにモニークが脅しや嫌がらせの対象になっていることを確認したと言った。副校長は、モニークとデスティニー、シャイアンの三人で和解の話し合いをさせてはどうかと提案した。

　ナイルズ副校長はよかれと思ってそう言ったのだろう。しかしその三人を一カ所に集めて話し合わせるなどもってのほかである。和解が功を奏するのは、双方の立場が対等で、攻撃が双方向だった場合である。犠牲者と加害者を一つの部屋に集めて解決させるなどというのは、双方の力の差を理解していない人が考えることだ。いじめっ子というのはこういう状況を巧みに操ることができる。その場では大人が期待しているようなことを言い、後で報復するのである。いじめ防止プログラムの調査によれば、いじめ当事者による「和解調停」を無理に勧めれば、解決に向かうどころかさらにひどいいじめをもたらすことになるという。しかも介入の仕方がまずければ、逆にいじめを煽ることになりかねない。アリシアにはそれが分かっていた。「絶対にダメだって言ったんです。そんなこと分かりきっているじゃありませんか。ずっといじめられてきた子をいじめっ子たちと一緒の部屋に入れて何が変わるって言うんです？　あの子たちはいい子ぶって見せて、部屋を出たとたんにまたモニークをいじめますよ」ナイルズ副校長がモニークのいじめについて調査を終えた次の日、シャイアンは再びモニークの顔にタバコの煙を吹きかけた。

一カ月に及ぶいじめが続いた後、アリシアはモニークの様子が気になっていた。すっかり内気になり、体重も減り、寝ている時間が長くなった。これはアリシアや祖母が怖れていた「うつ」の表れだった。翌年の春に私が会った時には、モニークはこの秋のことを話したがらなかった。いじすでに精神の安定を取り戻し、嬉しい時には輝くような笑顔も見せるようになっていたが、いじめのことを尋ねると心を閉ざしてしまうようだった。目の輝きが失せ、声に抑揚がなくなる。あまりよく覚えていない、と彼女は言った。いじめた少女たちの名前も口にしたがらなかった。「うん、よく泣いた」と彼女はリビングの床を見つめながら言った。「みんなの前では泣かなかったけど、うちに帰ってママに話したり、思い出したりしている時に。学校では八年生のいる二階にはは行かないようにして、あの子たちに近寄らないようにしたんだけど、それでも駄目だった」続きは母親と祖母が話すことになり、モニークは立ち上がって自分の部屋に行き、ドアを閉めた。

学校以外で何かさせたら気晴らしになるのではと、アリシアはモニークを近所のボクシング教室に参加させることにしたという。モニークは、最初は楽しんでいたが、そのうち一人の女の子が他の子たちをけしかけて、モニークを仲間外れにしはじめた。その子はデスティニーのいとこで、モニークと同じ髪型をしていた例の子だった。ある日の午後、アリシアが迎えに行くと、モニークは水を飲んでいた。モニークのよく知っている下級生がいたずらをして、モニークが持っている紙コップの底をポンと叩いた。水が彼女の顎にかかった。モニークは「やめてよ」と言ったが、女の子はまた同じことをした。モニークはコップを放り出し、「私をほっといてよ！」と叫ぶとジムから走り出した。アリシアが追いついた時には、モニークはカギがかかった車の横でしゃがんで泣きじゃくっていた。「何でみんな私にかまうの？　私をほっといて！」モニークがこんな風に取り乱したのは初めてだった。アリシアは、表情も乏《とぼ》しく無口になっていた我が子が、これまでどれだけ耐えてきたのかを思い知らされた。翌日アリシアはモニークをセラピストのところに連れていった。

不安に駆られたアリシアは、いじめをやめさせるためにあらゆる努力をした。モニークの友達のソニアの母親に電話をして、ソニアがモニークのバスに一緒に乗ってくれるように頼んだ。これは二日ばかりは効果があった。しかしデスティニーとシャイアンはバスの運転手に、ソニアはこのバスに乗ることになっていないと文句をつけ、ソニアの写真を撮ってその証拠を学校に出すと脅した。結局ソニアは自分が乗るバスに戻るしかなかった。アリシアは翌日警察に電話して、デスティニーとシャイアンが学校帰りに娘をいじめていると報告した。警官がやってきて書類は書いたが、少女たちは違法行為をしているわけではないので、何もできないと告げた。

アリシアは二人の少女の親に会ったことはなかった。しかしシャイアンの母親を知っているという知人がいて、話し合いをお膳立てしてくれることになった。「何としても解決しよう」と彼は言った。アリシアがシャイアンの家に行くと母親が出てきて車に近づいてきた。しかしたちまち防衛的になり、自分の娘は何も悪いことをしていないと言い張り、モニークがバスに乗れないようにしてやると脅した。

腹立ちのあまり気分が悪くなったアリシアは帰ってきてしまった。家でモニークが救いを期待して待っているに違いない。しかし与えられる救いはなかった。

スウェーデンで始まったいじめ研究

なぜデスティニーやシャイアンのように強い子どもたちは、モニークのような弱い子を標的にするのか。モニークに会った後、私はこのことを考えるようになった。この疑問はまた、四〇年以上も前に行われた世界初のいじめ研究の出発点でもあった。一九六九年、スウェーデンで心理学の博士課程を修了したばかりのダン・オルウェーズという学生が、少年たちの間の攻撃や迫害について研究しようと考えた。当時は子どものいじめというテーマが学問的研究に値すると考える大人はほとんどいなかった。しかしオルウェーズは、ストックホルムとソルナという町にあるいくつかの学校に何度も足を運び、一〇〇〇人もの六年生と八年生の少年たちに質問をした。仲間の中で、いつも喧嘩を始めたり他の子をいじめたりするのはどの子で、いじめの対象になるのはどの子かという質問である。子どもたちの答えがどれだけ信頼できるか不安だったオルウェーズは、その結果を、母親たちや教師たちが抱いている印象と比較した。次に彼はいじめっ子や、いじめられっ子の外から見た様子について質問した。彼らの話しぶりや態度はどうか。身体は頑健か弱々しいか。彼はまた少年たちにロールシャッハのような心理テストも行い、子どもたちの家に出向いて親たちの社会的地位や子育て方針などに関する情報も集めた。親の教育程度や資産はどれほどか。しつけは厳しいか。最後にオルウェーズは学校のレベルや雰囲気などに関するデータも集めた。学校の規模やクラスの人数は関係するのか。子どもたちの、教師や学業に対する態度は関係するのか。

オルウェーズは、子どもたちの答えから、彼らが特に苦痛だと感じている種類の攻撃を特定することができた。子どもたちは長期にわたっていじめが繰り返され、しかもそれに対して自分を守ることができない状況にある時に、最も深く傷つくことが分かった。同等の力を持つ者同士の喧嘩は問題ではなかった。本当のダメージは、優位にある者からひっきりなしに苦痛が与えられることによって起きる。

オルウェーズの最大の功績は、「いじめ」を定義したことである。「いじめ」とは、オルウェーズによれば次の三つの条件を満たすものと考えられる。「言語的あるいは身体的な攻撃」が「継続」され、そこに「力の不均衡が存在する（つまり一人あるいは複数の子どもが自分たちの強い立場を利用して相手を支配しようとする）」ものである。「いじめの特徴は、相手がどんなに非力であっても攻撃するということです」とオルウェーズは言う。一回だけの攻撃や暴力もその時点では十分に悪質だが、やられた子に長期的に深い傷を残すことが多いのは、力の差がある相手からいじめが繰り返された場合である。オルウェーズの定義によると、いじめとは子どもたち自身の目から見て「本当にひどい」と思える行為で、生活に大きな支障をきたし、さらに破壊的な結果に結びつきかねない行為ということになる。

社会科学における重要な洞察の多くがそうであるように、ごく当然のことを述べているだけのようにも思える。私たちの多くが実感していることと合致しているからだ。ところがその当時スウェーデン語には、オルウェーズが定義したような行為を表す言葉が存在しなかった。そこで彼は英語圏に一六〇〇年頃からある単語を使うことにした。それが「bullying（いじめ）」である。

しかし、どんな子どもがいじめに関わるのだろうか。それはなぜだろうか。オルウェーズは膨大なデータの中にそのヒントを求めた。調査の対象になった少年のうち、約五パーセントが明らかな「bully（いじめっ子）」であり、他の五パーセントが「whipping boy（いじめられっ子）」だった。いじめられる子は言動や服装などの点でみなと違っていることは少なく、むしろ他の子どもに比べて体つきが弱々しいとか、感性が鋭く不安感が強いといった共通点があった。その後数多くの追跡研究が行われたが、ほとんどがオルウェーズの結論を確定するものだった。ただし女の子の場合は、身体的な強さは重要ではなかった。彼女たちはもっと陰険で間接的な方法でいじめるのである。

オルウェーズが開いた研究分野――これを「いじめ研究」と呼ぼう――は、彼の初期の研究を補完するように発展していった。いじめの犠牲者に関しては、男女にかかわりなく、他の子どもたちに比べ、自信のなさ、不安感、抑うつ、自己評価の低さなどが確認された。しかしいじめの原因と結果を区別するのは極めて難しい。自信がないからいじめの標的になるとも考えられるし、いじめられた結果そうなったとも考えられる。しかし、友達作りがうまくいかず、孤立したり仲間外れになっていたりすることと、いじめられることには相関関係があった。二五カ国で行われた思春期のいじめ事例の分析によると、いじめの被害者には他の子どもに比べ、健康上の問題がある、クラスメートとの関係がうまく作れない、よく酒を飲む、などの特徴があったという。

モニークにもこうした特徴が多少ある。デスティニーとシャイアンとのことがあってから数カ月後、心理学者との面接の中でモニークは自分自身を、おとなしくて受け身の性格であると語った。人格テストで動物を描くように言われると、小さなおとなしい動物を描いた。「モニークが共感を持つのは、小鳥、ウサギ、昆虫類など、力が弱く、攻撃性のないものである」と心理学者は書いている。つまり、モニークは「自分自身を『predator（捕食者）』ではなく『prey（被食者）』に重ね合わせているようにみえる」という。

一方、いじめっ子たちにはさまざまなタイプがある。これは、学校におけるいじめがなかなかなくならない理由の一つだ。どんなタイプのいじめっ子にも効く「フリーサイズ」の対処法などないからである。私がそのことを学んだのは、ネブラスカ大学リンカーン校（UNL）の心理学者、スーザン・スウェアラーと話していた時だ。彼女は一九九〇年代に思春期の抑うつと行為障害に関する論文を発表し、抑うつ状態にある子どもが暴力行為や反社会的行動を起こしやすいと述べた。彼女が特に興味を持ったのは、普通は全く別のものと思われている二種類の問題行動に共通点があることだった。殻に閉じこもり不安を抱え込むことと、他人を激しく攻撃することである。一九九七年、スウェアラーがUNLで教えはじめた最初の年に、クラスを受講していた中学校のカウンセラーが、勤務する学校で起きているいじめ問題について助力が欲しいと言ってきた。「彼女の学校で起きていた、他の子どもへの脅しや威嚇といった行動の背景には、『行為障害』と同じ動機があると思いました」とスウェアラーは語る。

スウェアラーはそのカウンセラーの学校の生徒たちを対象に、いじめに関する調査を行い、いじめに関係した子どもたちに抑うつや不安といった感情について尋ねた。その結果、いじめる子には少なくとも二種類のタイプがあることが分かった。

「感情面に何の問題もない子たちと、高度の抑うつや不安を持つ子どもたちです。うつ状態のいじめっ子もいると知って、この中学の校長は大きな衝撃を受けました。いじめる子どもが精神的な問題を抱えているとは考えたこともなかったと言うのです。こうして、抑うつを治療することができれば、それらのいじめっ子が弱い者いじめで憂さを晴らさなくても済むようになるのでは、というカウンセラーの意見が採り入れられました。いじめに対処するには停学という手段しかないという考え方に異を唱えたのです。いじめる子に対する先入観を壊すことができたと思います」

調査を続けるうちに、いじめる子どものタイプがさらに明確になってきた。基本的に五種類のタイプがあることが分かった。

①第一のタイプは昔ながらのいじめっ子、つまり「悪党の子ども版」である。物語の中ではこういうタイプが一般的だ。「ザ・シンプソンズ」に出てくるネルソン、ハリー・ポッターに出てくるクラッブとゴイルなど。この手のいじめっ子は腕力にものを言わせて、他の子どもたちに暴力を振るったり、ものを奪ったりする。あるいは襟首を摑んで持ち上げたり、雪だまりに突き飛ばしたりする。脅かしてランチ代を巻き上げたりもする。「いじめっ子はそうでない子どもに比べ、将来犯罪者になる可能性が四倍高い」というよく引用される統計は、こういうタイプのいじめっ子に当てはまる（オルウェーズによれば、子ども時代にいじめを行った者のおよ

そ六〇パーセントは、少なくとも生涯に一度は有罪判決を受け、三五から四〇パーセントは三回以上有罪判決を受けるという)。いじめっ子だった者は、飲酒や薬物の問題を抱えていることが多く、学業的には劣り、他者、学校、自分の生活などに対して悪感情を持っている。「多くのいじめっ子はその後もずっと他人と衝突することが多く、世の中に常に背を向けていく」と心理学者のフィリップ・ロドキンは書いている。

②第二のタイプは、「社会性が劣るいじめっ子」である。悪意からではなく、自分でもどうしていいか分からずに、悪者のように振る舞ってしまう子たちである。「こういう子どもたちは、どう振る舞うべきか分からないのです」とスウェアラーは言う。「自閉症の傾向があるか、あるいは単に社会性が劣っているのでしょう。他の子どもたちをいじめれば優位に立てると思っているようですが、そうはなりません」この話を聞いて、ある不器用な七年生の男の子を思い出した。彼は、他の子たちを見るたびに「デブ!」と罵るのだが、それがどれほど自分を嫌われ者にしているか分かっていなかった。

③第三のタイプのいじめっ子は、もう少し深刻な問題を抱えている。彼らはいじめの加害者であると同時に被害者でもある。こういう子どもたちは「両方の立場の最悪の部分を経験することになる」とある研究者は語る。仲間たちはその子をのけ者にすることで問題を起こすように追

い詰めていく。「bully-victim（被害者でもあるいじめっ子）」と呼ばれる彼らは、単なるいじめっ子やいじめられっ子に比べ、より深い心理的問題を抱えていることが多く、自殺を考える傾向も強い。このタイプには男の子が多く、女の子をいじめる場合も多い。彼らは往々にして、自分自身や他人にマイナスの感情を持ち、学業では振るわず、のけ者にされていると感じている。家庭で身体的または性的な暴力を受けていることも多く、たいていは両親との関係がうまくいっていない。注意欠陥症候群などの障害を持つ場合もあり、級友たちあるいは時に大人たちをもイライラさせ、疎外されやすい。ダン・オルウェーズは彼らの特徴について「かっとなりやすく、みなをいらだたせる」、「手に負えないほど乱暴だったり、注意散漫だったりする」と書いている。心理学者エリザベス・イングランダーは、こういう子どもたちを最新の学問的見地から、もう少し同情的な視点で解説している。「彼らは自分自身をうまく守れない子どもたちです」と彼女は言う。「どうしてもそういう行動を取らざるを得ないところに陥ってしまったのですが、彼ら自身も、いじめられる子どもたちと同じように、あるいはそれ以上に犠牲者です。単なるいじめっ子たちは、この子たちよりもずっと社会的に恵まれた立場にあり、優秀な子たちです。被害者でもあるいじめっ子たちはそうではありません」

④第四のタイプのいじめっ子は、第三のタイプの反対で、成績も良く、周囲から認められている子どもたちだ。周りの人たちの気持ちを読み取ることがうまく、それを操作することができる。

他の子どもたちに比べ、友達を作るのも容易だという。つまり彼らは「人気者」である。これは必ずしも、みなから好かれているということではない。幼稚園くらいの幼い子どもは、いばる子は好きではないと言う。しかし成長するにつれ、強い子どもたちを怖がるようになり、よっていばる子たちは権力と優位を持つ。彼らはそれを狙っていて、巧妙に計算されたやり方でその力を手にする。アトランタ郊外に住むあるティーンの女の子は、中学の間ずっと自分をひどくいじめた男の子のことを話してくれた。「いじめっ子は自分に自信がないなんていう説を唱える人は頭がおかしいとしか思えない。全く逆だもの。私をいじめた子はいつも満足そうだった。家は裕福だし、みんなから尊敬されてた」

「悪者型のいじめっ子」と違い、「人気者のいじめっ子」のやり方は、手が込んでいて巧妙である。こっそり悪口を言いふらす、ターゲットの子を無視する、実際に手を下すのは子分にやらせるなどの方法をよく使う。そして、子どもたちはそういう人気者のいじめっ子を、大人よりも敏感にかぎわける。

人気者のいじめっ子には女の子のイメージがあり、映画などでも女の子の役である。しかし実際には、男女共にいじめられた子どもたちは、主に男の子にいじめられたと報告している。つまり、男の子は男の子も女の子もいじめるが、女の子は女の子しかいじめないのが普通だ。また男の子は身体的な攻撃をすることが多い。明らかに自分の男らしさを証明するためにやっていると思えるケースもある。しかし一方で悪口も言うし、友人関係を盾にとるようないじめも行う。

　正直なところ私にもこれは意外だった。陰でこそこそ悪口を言うのは女の子だと思い込んでいたからだ。実際に、ほとんどの研究者が、女の子も男の子と同じくらい攻撃的になり得るが、敵意の表現の仕方が男の子とは違うのだと言っている。一九九〇年代に研究者たちがそう結論づけた時、誰もがもっともだと考えた。女の子たちは他の女の子たちと闘うのに、げんこつを使う代わりに、研ぎ澄まされた社会的アンテナを使う。北欧の心理学者カイ・ビョールクビストはこう書いている。「女の子たちの方が、相手がどうすれば傷つくかを知っている」しかし、ビョールクビストが指摘した性差は、生来のものではない。四歳くらいまでの女の子たちは、他の子のおもちゃを奪うし、男の子同様に相手を押したり叩いたりする。ある時点から、女の子は優しくなければいけないという社会的期待によって、攻撃性が水面下に潜るのである。

　今ではいじめの舞台はサイバースペースに移っているが、最新のテクノロジーによって人間関係を操っているのは主に女の子だ。ネット上で攻撃をする女の子たちは「脅し、脅迫、友情の破壊、悪口、噂話」を頻繁《ひんぱん》に行うと、イングランダーは言う。一方で、男の子たちはウェブ上でセックスのことや粗野な悪ふざけを書き込むといったバカなことをやっている。間抜けな行為ではあるが数はそれほど多くはない。女の子たちの方がインターネットや電話で友達との交流を行うことが多く、ＳＮＳにより多く時間を使い、より多くメールを送っている。最近よく耳にするネットいじめの加害者が女の子に多いのも当然だろう。

⑤第五のタイプは、「フェイスブックを使ういじめっ子」だ。新しい時代のいじめっ子で、ますますネット上でつながっていく現代社会の産物である。取材中に出会った多くの子どもたちが、ネット上では普段よりもずっと意地悪でひどいことを平気で言う女の子がいると話していた。コネチカット州の郊外に住む高校生のアンドリューは、普段はおとなしくて控えめな女の子が、フェイスブックでは臆面もなくひどい悪口を書きつづっていると話してくれた。「その子はオンラインになると、全く人が変わったみたいになるんです」と彼は言う。私に「facebook thug（フェイスブック・ギャング）」という言葉を教えてくれたのは、モニークの通っていた学校の一三歳の女子生徒だ。オンラインでは怖い存在だが、普段はおとなしい生徒（たいてい女の子）のことである。「フェイスブックではすごく大きな口を叩くんだけど、攻撃した相手に面と向かうと、喧嘩したがらない。そういう子は『あの子はフェイスブック・ギャングだよ』ってみんなに言われるの」と一三歳の女の子はそう説明してくれた。また、別の子はこんなことを言った。「もめごとはたいていフェイスブックから始まるの。フェイスブックだと嫌なことが言いやすくて、いい気分になれるから。でも、後で相手が面と向かって文句をつけてきたら、フェイスブック・ギャングになるか、本物のいじめっ子になるか選ばなくちゃならない」

モニークの新たなトラブル

一〇月の終わりにモニークは思いがけず、苦境から解放された。デスティニーとシャイアンの家族がミドルタウンから引っ越していったのである。モニークはもう放課後のバスの中でいじめられる心配をしなくてよくなった。「本当にホッとしました」と母親のアリシアは言う。「娘が元のあの子に戻ったようでした」モニークは学校のダンスパーティに行きたいと言うほどになった。ただ、チケットの申し込み期限を過ぎていたので、実際には行けなかった。母親はその代わりに、地元のホテル、コートヤード・マリオットで誕生会を開くことにした。「一七人も来てくれたんです」とアリシアは言った。「ホールを借り切って風船をたくさん飾って。モニークは大喜びでした。でも、あの年の秋モニークが晴れ晴れした笑顔を見せたのは、あの時だけでした」

この幸せは長く続かなかった。デスティニーとシャイアンがいなくなったことは、モニークの苦難の終わりではなく、一時的な救済でしかなかった。モニークはジョーダンという男の子と付き合いはじめたのだが、一一月になるとそれが新たなトラブルの種となった。今回の相手は同じ七年生の女の子たちである。「八年生の女の子たちはジョーダンのことが好きだったんだけど、八年生が私をいじめていたので、彼は彼女たちを嫌っていた。八年生たちは腹を立てて、仲良かった七年生に私のことを悪く言ったの。それで、今度は七年生の女の子たちにいじめられるようになって」

こうしてモニークは突然、今度は同じクラスのグループからいじめられるようになった。上級生が相手の時と違い、教室の中でも外でもいじめが行われる。ある女の子は廊下でモニークの後をつけてきて「犬」「豚」と罵った。別の子は握りこぶしをもう一方の手のひらに打ちつけ、モニークを睨みながら、これからひどい目に遭わせてやると言わんばかりにカウントダウンをした。モニークはこれを副校長に報告した。ジャンナという女の子はモニークを「裏切り者」と呼んだ。

　ジャンナは一年前、六年生の初めにミドルタウンに越してきて、しばらくはモニークと仲良しだった。一〇月のモニークの誕生会にも来ていた。しかし今度は他の七年生と一緒になって、デスティニーとシャイアンの後を引き継いだかのようだった。「モニークは毎日帰ってくると、他の子たちがどんな悪口を言ったか、意地悪をしたかを私に話しました。『ああ、またなの？　お願いだからもうやめて』という気持ちでした」とアリシアは言った。

　一一月の半ば、モニークはジムからロッカールームに入る戸口で転び、膝をすりむいてドアに頭をぶつけた。彼女は学校の看護師に、ジャンナの友達のジャスミンがわざと足をひっかけたと思うと言った。ジャスミンはそんなことはしていないと言い、モニークは追いかけっこをしていて転んだのだと言い張った。ロッカールームにいた女の子たちもみな、ジャスミンの話を支持した。ジャスミンは笑ったことは認めたが、そこにいた人がみんな笑ったのであって、モニーク本人も笑っていたと言った。

　それでもアリシアは、モニークがわざと転ばされたと確信しており、ジャスミンも他の子たちも嘘をついていると思った。感謝祭の前のある日、カフェテリアで騒動が起きてから、その疑惑はいっそう深まった。モニークの髪にシロップが掛けられ、ソーセージやワッフルが投げつけられたのだという。モニークは、シロップをかけたのはジャンナで、食べ物を投げたのはその友達のアミナだと主張した。しかし今回もジャンナはそれを否定し、他の子どもたちも彼女がやったとは言わなかった（その場にいた教師たちは見ていなかった）。校長が問い詰めると、何人かの子どもたちが食べ物を投げたことを認めたが、モニークを標的にしたわけではないと弁明した。校長はこれをそのまま、モニークの母親と祖母に伝えた。彼女たちにはとても信じられなかった。どこに訴えていいか分からず、母親は再び警察に通報した。

冬休みが始まる一週間前、アリシアは副校長と学区の代表ときちんとした話し合いを行った。二人とも、必ずモニークを助けると確約した。「必ず対処します。我々もこの問題を解決したいのです」と言ったという。「ナイルズの目に涙がにじむ瞬間もあり、私は来年こそはうまくいくに違いないと思ったんです」と母親は私に言った。

しかしクリスマス休暇のある日、モニークの「マイスペース」にメッセージを受信したという知らせがあった。これは思いがけないことだった。モニークは六年生の初め頃、仲間とやり取りするためにSNSのマイスペースに登録したが、母親が見つけてやめるように言ったため、それ以来使っていなかったからだ。ウッドロウ・ウィルソン中学の生徒の多くも、その後マイスペースからフェイスブックに変えていた。アリシアはフェイスブックも禁じていたので、モニークは

SNSを一切使っていなかった。
モニークは昔のマイスペースのパスワードを探してログインしてみた。彼女が一年前に残した「人生サイコー」というメッセージがスクリーンに現れた。そしてその下に、ジャンナからのメッセージがあった。

おまえ本当にむかつく。最低。吐き気がする。いちいちチクってさ。ボコボコにしてやりたい。学校に言いつければ言いつけるほど、ひどいことになるよ。何でも親に言いつけてさ。そしたら何とかしてもらえるとでも思ってんの？　告訴でも何でもしたらいい。別にどうでもいいし。チクられたら仕返ししてやるだけ。おまえをメチャメチャにしてやるよ。

これを見た母親と祖母は、警察に通報した。学校は休み中だったので、副校長にメールを送った。「これはひどい」と副校長は返信してきた。「警察がどうするか分かったら知らせてください。モニークが学校で安心して過ごせるように、我々は全力を尽くします。ご家族がこんな目に遭うことを本当にお気の毒に思います」一月に学校が始まると、副校長はジャンナを呼びつけた。ジャンナはメッセージを送ったことを認めた。警察官も来て、インターネットであのような脅迫を行えば、刑事責任を問われることもあるとジャンナに警告し、対面でもウェブ上でも、今後一切モニークに関わってはいけないと言い渡した。

ところが、学校側が下したジャンナの処分はいたって軽いもので、一日の学内停学だった。警察はアリシアに、嫌がらせの容疑で地方検察局にジャンナを告訴してほしいかと尋ねた。アリシアはイエスと言おうとして迷った。去年娘たちが仲良しだった頃に会ったことがあるジャンナの母親のことが頭に浮かんだからである。まず問題のＳＮＳメッセージを相手に送り、こんなことになって残念に思っているという彼女の気持ちを伝えた。

ジャンナの母親はアリシアに電話をしてきて、告訴を考え直してほしいと訴えた。「学校はジャンナの母親に、モニークのことを何一つ知らせなかったらしいんです。彼女の言葉は謝罪のようには聞こえませんでした。むしろ、家には小さい子どももいる、裁判沙汰になればジャンナを南部に住む別れた夫のもとにやらなければならなくなる、仕事を休んで裁判所に行くことも難しい、というようなことを言いました。そしてどうか告訴は思いとどまってほしいと懇願したのです。うちの子は絶対に二度とモニークには近づかせないようにすると言ったんです」アリシアは大いに悩まされた。自分も働きながら女手一つで子どもを育ててきたからよく分かる。モニークの意見を聞いてみると、彼女はジャンナのお母さんにチャンスを与えるべきだと言った。そこで告訴はしないと決めたのである。

ジャンナの母親は娘を叱りつけ、それから二週間ほどフェイスブックを使わせなかった。それに警官からの警告もあって、ジャンナは学校でモニークに近づかなくなった。しかし、その他の女の子たちからのいじめが再び始まった。ますます多くの生徒たちがモニークを「チクリ」と罵るようになり、彼女をボコボコにする計画があるという話も耳に入った。「終業ベルが鳴ってから五分間は教室に残るようにしてるの。そうすれば他の子たちと一緒に廊下を歩かなくて済むから」とモニークは言った。ランチはカフェテリアで独りぼっちになるのを怖れ、ミドルタウン市青少年サービス局から来ているソーシャルワーカーのメリッサ・ロビンソンのオフィスで食べた。仲良しだったソニアも冬休み以降は彼女を避けるようになっていた。

わずか三カ月前にモニークの誕生会に来ていた他の少女たちも、次第に遠ざかっていった。「誰もが手のひらを返すようになったのを見て、本当にショックでした」とアリシアは言った。このストレスはアリシアにも影響を及ぼしはじめていた。仕事に行く途中の車の中で、いじめに関連した自殺のニュースを耳にした時には、身体がひどく震えて涙が止まらなくなり、運転が続けられなかった。夜も眠れなくなり、夜中に起きだしては他の子どもたちがフェイスブックにモニークのことを何と書いているかをチェックするようになった。モニークに対する嫌がらせはネット上に移っており、中でも最もひどい投稿は七年生のダヴィナによるものだった。最新の投稿でダヴィナはこう書いていた。「早く決着つけたい。もううんざり」七人がフェイスブックの「いいね」ボタンを押していた。この後ダヴィナと、モニークがほとんど知らない少女の間でやり取りが次のように続いていた。

少女：笑。それでどうするつもり？

ダヴィナ：ブスの豚を何とかする。
少女：それって、電話で言ってたあのこと？
ダヴィナ：私がキライなあいつのことだよ。私が脅かしてるってあっちが言ってる子。
少女：ああ、あの子ね（笑）。
ダヴィナ：告げ口するばっかり、何もしないんだ。
少女：ふーん、じゃ、口だけなんだ。手を出してきたらボコボコにしちゃいなよ。
ダヴィナ：あっちは何もできないよ。バスを降りたところで思い切り顔を殴って、もう告げ口できなくしてやる。

それから間もなくモニークはダヴィナからメールを受け取った。そこには何人かの少女がカフェテリアの外でモニークを襲おうとしていると書かれていた。モニークは翌朝、母親と祖母に学校に行きたくないと言った。アレクサは再び学校に助けを求めた。「あの子は今、どうしようもなく落ち込んでいます。後生だから孫を守ってやってください。お願いです」とナイルズ副校長にメールを書いた。それに対して副校長は、またしてもモニークと他の少女を話し合わせたらどうかという提案をした。そんなことは何の救いにもならず、むしろ正反対の結果をもたらすとアリシアは分かっていた。これで、学校や学区に対する信頼の最後の糸が切れた。一月二六日、アリシアは娘をウッドロウ・ウィルソン中学から転出させた。

いじめが急増したわけではない

二〇〇九年の暮れ、私はオンラインマガジンのスレート誌に、「ネットいじめ」をシリーズで特集することを提案した。数本の記事を執筆したところ、自分が書いている内容が当初想像していたこととは全く違っていることに気がついた。「ネットいじめ」というのは、昔からあったいじめの「生まれ変わり」だということがはっきり分かってきた。確かにインターネットによって、ティーンたちの意地悪さの質は変わってきた。しかしオンラインのいじめだけを取り出して論じることはできない。そこには必ず現実の世界のいじめが関わっている。それは、フェイスブックにしろ、その他のSNSのサイトにしろ、現実から遮断された別個の世界ではないからだ。若者はネットの世界に、良きにつけ悪しきにつけ、さまざまな思いを抱えて訪れる。ネット上でいじめられていると訴える子どもたちは、そのほとんどが普段の生活においてもいじめられている。いじめっ子とされる子に聞いても、いじめは両方の場で行うと言っている。「どこで誰をいじめるかは、彼らにとって問題ではない」と研究者たちは言う。

いじめの研究者たちと話すほどに明らかになったことがもう一つある。いじめは深刻な問題ではあるが、どんどん増えているわけではないということだ。オルウェーズが一九七〇年代に、この分野の基礎をなす研究を行って以来、米国および諸外国での研究を見ると、およそ一〇パーセントから二五パーセントの子どもたちがいじめに関わっているという（加害者、被害者、あるいはその両方として）。その間、この数値にはほとんど変動がない。ネット上のいじめに関する質問を加えると数値は増えるが、それはオルウェーズのいじめの定義に関係なく、ネット上の嫌がらせをすべていじめと見なしているからだろう。つまり、インターネットがいじめを増やしたかどうかは、明確には分からない。

しかし分かっていることもある。インターネットを利用するいじめっ子たちにとっては、他の子をいたぶる無限のチャンスが手に入ったということだ。インターネットによって、いじめはこれまでよりもはるかに大きな問題と感じられるようになっている。その理由は五つある。

①ウェブ上では人々が常につながっているために、いじめから逃れることが困難である。以前は、学校から帰ってくれば、子どもは家庭という安らぎの場で安全に過ごすことができた。今では家に帰ればネットをつなぎ、寝るまでの時間ずっとオンラインである。他の子たちがフェイスブックで自分のことを噂しているかもしれないと思えば、チェックせずにはいられない。攻撃されていればすぐにやり返すこともできる。しかしそれは多くの場合、悪循環の始まりになる。

②ウェブはいじめの加害者にとっても新たな経験である。相手の目を見ることもなく、離れた場所からボタン一つでひどい書き込みやバカにした写真を送ることが可能である。そういうこと

を自分がひそかに行っているような錯覚に陥る。それをハンドルネームで行っている場合はなおさらだ。その結果、いじめっ子たちには自分の残酷な行為が、どこか遠いところで起きているように感じられる。「インターネットは人間らしさを奪ってしまう」と、コネチカット州の高校生のアンドリューは言っていた。「パソコンに向かっている時は、誰もがそれを見るっていうことを考えないいんです。フェイスブックで悪口を書いている相手が、学校でいつも会う生身の人間だってことを忘れて、ただのフェイスブックのプロフィールみたいに思ってしまうんです」

③そして聴衆の存在がある。オンラインのいじめを目にしている可能性がある人の数は、現実世界のいじめとは、比べ物にならないほどに多い。ティーンエイジャーはたいてい何百人もの「フェイスブック友達」を持っているので、噂話も嘲りも、電話線の時代には考えられなかったようなスピードであっという間に広まる。ティーンたちは友達の友達も投稿を見られる設定にしていることが多く、いじめの書き込みを見る人は容易に数千人に達する。その嫌がらせが巧みだったり辛辣だったりすればするほど、その感染力は強大である。こうしたことは、誰かがプライベートに送ったメッセージを手に入れた場合にも起こる。二〇一〇年に、コネチカット州にあるチョートという私立高校の女子生徒数人が、停学や退学処分になっている。フェイスブックのメッセージ機能で数カ月にわたってやり取りされていた会話が、全校に送信された

ためである（おそらく誰かがパスワードを手に入れたのだろう）。

④ウェブにはバイラル性（ウイルスのように増殖する特性）がある。たった一回のクリックで、悪意に満ちたスレッドや写真や動画が無制限に送信され、切り貼りされたり、印刷されたりするのである。しかもネット上で、それらのコンテンツは永久にとどまり続ける。もちろん多くの場合、問題は起こらない。関心を持つのは限られた人数だからだ。しかしどんな掲示板も、ウイルスのように広まる可能性がある。子どもたちが理解しているかどうかにかかわらず、ネットの世界はそういう脅威と常に隣り合わせなのである。ひとたびそういう事態になれば、その子は短時間の屈辱にさらされるだけでなく、いつまでもその汚名をまとって歩かなければならない。「あ、君ってあの子だよね……」

⑤ウェブのいじめが最もこたえるのは、比較的傷つきやすいと考えられている次の子どもたちである。一二歳から一三歳、低所得層、黒人、女の子。ピュー研究所の調査によれば、一二歳から一三歳の女子の三〇パーセント以上が、ＳＮＳではたいていの子どもがお互いに意地悪であると答えている。ティーン全体では二〇パーセント以上がそう答えている。この数値は、アフリカ系のティーン、両親の所得が五万ドル以下の家庭のティーンの場合にさらに高くなる。この調査では、子どもたちにさらに次のような興味深い質問をしている。「あなたはネット上で、

翌日学校に行くのが怖くなるような嫌な経験をしたことがありますか?」一二歳から一三歳の女の子の二五パーセント以上がイエスと答え、その数字はどのグループよりも高かった。

スタンフォード大学の二人の研究者が八歳から一二歳の女子三五〇〇人を対象に行った調査で、オンラインメディアを長時間使う子どもは、そうでない子どもに比べ、友達関係に関して良い感情を持っておらず、両親から見て好ましくないと思う友達をより多く持っているという結果が出た。「友人との健全な心の交流」と相関関係にあったのは、「対面のコミュニケーションが多いこと」だけだった。この調査結果が示しているのは、何とも不安になるような「デジタル格差」である。

特に低年齢の女の子たちが、ネット上のマナーの悪さに接することで、あるいはネットを単に使いすぎることによって、社会的スキルを身につけられずにいるという。「実際の友達付き合いよりも、ネットでのやり取りに長い時間を費やす女の子たちは、真の感情を読み取ったり自分自身で経験したりする訓練が十分にできない」と、スタンフォードの研究者の一人、クリフォード・ナスは書いている。「その結果、現実の社会でうまく生き抜いていくための訓練が不足する」私がスレート誌の取材で電話をした時、ナスはさらにこう説明した。「面と向かって話をすることが、相手の感情を読みとる一番の方法です。子どもたちはそうやって共感を学びます。現実の友人関係が栄養豊かな食物だとすると、フェイスブックはジャンクフードです。そういうものを食べれば食べるほど、健全な食べ物を食べる余裕がなくなるのです」

インターネットによって、「ティーン特有の残酷さ」がもたらす悲劇が増大しているというのもうなずける。「いじめの構図は昔と変わりません。しかしネットいじめは二四時間毎日続くのです」と心理学者のスーザン・スウェアラーは言う。「ここ何年かの間に、いじめの影響が大きく広がりました」スウェアラーの二人の娘も、彼女が研究を続けるうちにティーンエイジャーとなった。従って彼女は今いじめの問題に、心理学者としてだけでなく親としても注目している。

スウェアラーの上の娘キャサリンは、一一歳の時、フェイスブックのアカウントが欲しいと言いだしたが、スウェアラーはまだ早いと答えた。登録が認められる最低年齢の一三歳になった時、キャサリンは友達の家にパジャマ・パーティに行って、友達にフェイスブックの設定をしてもらった。一三歳の子どもの実に八〇パーセントがフェイスブックを使っている。この時点でスウェアラーもついに折れ、娘に自分が足を踏み入れようとしている新しい世界をしっかり理解させようとした。「長時間かけて、プライバシーの設定の仕方、ブロックの意味、友人リストから削除する方法、オンラインのマナーなどを娘に教えました」彼女は娘の友人リストに自分自身も加えたが、それだけではない。「私は娘のパスワードを知っていますから、ログインして時々彼女のメールをチェックします。周りの人は、私が娘のプライバシーを侵していると言うのですが、我が家ではそんなプライバシーは存在しません。娘もそれが当たり前だと思っています」

スウェアラーは、電話もインターネットも人間同士を――良きにつけ、悪しきにつけ――結びつける道具であると考えている。そういう意味では、街路を歩いたり店に入っていったりすることと変わらない。だから娘に現実社会で与える以上の自由をバーチャルの世界でも与えないのである。彼女のやり方は万人向きではないかもしれないが、ルールを作るなら、明解でぶれないことが重要だ。

モニタリングする方法は他にもある。弁護士でもの書きの私の友人は、「相当な理由」があれば、娘の携帯やオンラインアカウントをチェックするという基準を設けている。母親が何かおかしいと感じた場合には、娘はプライバシーを放棄しなければならず、ネットの「家宅捜査」が行われるのだそうだ。また別の友人は「子どもを信頼するが、検証もする」という立場だ。自分の子どもたちがトラブルを起こすことはないと考えているが、それでも時にチェックして確認する。また、ハイティーンの子どもを持つ友人で、以前は携帯やフェイスブックのページをチェックしていたが、それをやめたという人もいる。彼らはその時点で、子どもたちが、これまで自分が教えてきた価値観に従って生きていくことを信じたのである。これらの親たちは、子育て全般において「レッセフェール・アプローチ（放任主義）」を採っているわけではない。子どもたちを信頼しているが、それは毎週メールをチェックしているからではなく、それまでに親子の間の信頼関係をしっかり築いてきたからである。

取材の中で私はたびたび、ティーンの親たちに、スマートフォンの監視をどのようにやっているかと尋ねた。親たちはそれぞれ独自の考えに従って対処していた。ここで一つの正解（専門家が言うところの、ベストプラクティス）を述べることなく、さまざまなアプローチを紹介してきたのはそういう理由である。親の対処の仕方には幅がある。子どもがまだ一二歳なら、まず一つのやり方を試してみて、何年か先には別のやり方に変えるということもできる。ただ一つ確かなことは、極端な方法は避けるべきだということだ。つまりテクノロジーがもたらす脅威を無視することも、子どもの生活の隅々までコントロールしようとすることもどちらも好ましくない。当然のことだが、子どもたちにはガイダンスが必要で、その与え方はそれぞれの親が考える必要がある。問題を子どもに説明して一緒に考えるのもいい。子どもの意見の通りにする必要はないが、親が知らないことを子どもから学ぶこともある。

思春期の摂理

オンラインでトラブルを起こすのは、ティーンエイジャーに限らない。大人でも、脅したり、しつこく付きまとったり、いじめたり、侮辱したりということをやっている。ネット上の会話では、生身の人間を相手にしているという感覚が希薄になる。そのため、SNSを使う人々は年齢に関わらず、相手に共感したり、邪悪な衝動を抑えたりすることが難しくなっている。それはいわゆる「炎上」という現象を見ればよく分かる（これは特に匿名の場合に起こりやすい）。それはだが、少なくとも古代ギリシャの時代から、大人たちは若者の性急さと無分別はどうしようもないと感じていた。アリストテレスはこう書いた。「人がワインに酔うように、自然の摂理が若者たちを熱く酔わせるのだ」一八世紀のルソーは、大人と子どもの境界にいる思春期の少年を観察してこう言った。「それまで従っていた声に耳を貸さなくなる。熱に浮かされたライオンだ。飼い主を信じなくなり、管理されることを拒む」しかしここ二〇年ほどで、最新の神経画像の技術により、哲学者たちが感じていたことが生物学的に証明された。ティーンエイジャーの脳は未発達な状態にあると分かったのである。

脳の中の前頭前皮質は、「実行機能」と呼ばれる働きをする。これは衝動を抑えたり、計画を立てたり、状況を吟味したり、リスクと報酬を検討したりする働きである。この機能は二十代前半から半ばになってようやく成熟する。感情や興奮やモチベーションのスイッチを入れたり切ったりする働きは、思春期により活発であるということも最近の研究によって明らかになった。早く言えば、ティーンたちの脳は大人の脳に比べ、誘惑や衝動に負けやすい。「脳の制御システムと報酬系の間をシーソーのように行ったり来たりするのです」と、テンプル大学の心理学者であるローレンス・スタインバーグは私に説明してくれた。「報酬系からのシグナルが強いと、ブレーキを踏もうとする働きが負けてしまうわけです」

ティーンエイジャーたちは誰でもトラブルを起こす傾向があるという意味ではない。思春期は誰でも一律に同じではない。ただ神経学的に見て、彼らは平均して大人よりも警戒心を失くしやすい。サイエンスライターのデイヴィッド・ドブスはこう書いている。「ティーンたちがリスクを冒すのは、危険があることを理解していないからではなく、リスクと報酬の量り方が大人と違うからである。リスクを冒すことによって自分が欲するものが得られる場合、彼らは大人よりもその報酬を過大に考える傾向がある」

だがこれは、決して悪い面ばかりではない。ドブスは、ティーンたちの無謀にスリルを求める傾向が人類の発展にとって完全にマイナスであるなら、そういう傾向は進化の過程で自然淘汰されていただろうと指摘する。思春期特有の脳の構造は、若者たちに新しいことを試みさせ、新しい人たちと交流させ、新天地へ向かうように促すのである。ただし、一人一人を見れば、そこに潜在的な危険があることは否定できない。新しいものを求める気持ちは、忘れがたい思い出につながることもあれば、飲酒騒ぎや無謀運転、もしくはその両方に走ることにもなる。

こういった神経学的特徴に加え、さらに危険なことに、ティーンたちにはもう一つ弱点がある。仲間の影響を非常に受けやすいということだ。ピア・プレッシャーはティーンたちを苦しめる大きな力を持つ。そしてこれにもまた、脳が発展途上にあることが関係している。

二〇一〇年にスタインバーグが行った独創的な実験の結果を見てみよう。実験の対象に選ばれたのは、一四歳から一八歳までのティーン一四名、大学生一四名、二四歳から二九歳までの大人一二名である。計四〇名の協力者たちは、ｆＭＲＩ（機能的磁気共鳴画像装置）を装着したまま、六分間のドライブゲームを四回行った。ゲームの目標はスタートからフィニッシュまでできるだけ速く走り抜けることである。途中何回か交差点に差しかかり、信号がさまざまなタイミングで黄色に変わる。プレーヤーは突っ走るかブレーキを踏むかをその都度判断しなければならない。赤信号で止まるよりは突っ走った方が良いスコアが取れるのだが、うまく走り抜けないと衝突事故が起き、制限時間オーバーよりもはるかに大きなペナルティを課せられる。つまりこのゲームはプレーヤーにリスクを冒すことを促しながら、行きすぎを戒めているわけだ。

fMRIが振動したりビーッという音を立てたりしている中で、それぞれのプレーヤーは初めは一人で、そして次には、同性の友達二人に隣の部屋から見られながらプレーした。仲間が見ていることは本人も知っている。その結果、大人と大学生の場合は、友達が見ていてもいなくても同じようにプレーし、リスクの冒し方も同様だった。しかし、一四歳から一八歳のティーンたちは、友達が見ていると、より多くの黄信号を無視し、より多く衝突事故を起こした。しかも、fMRIを見ると、感情のスイッチを司る部分や、報酬に反応する神経系が、より強く活性化していた。明らかにティーンエイジャーたちだけが、友達が見ていることによって、脳が当然発していたはずの警告を無視したのである。スタインバーグはこの実験結果について、「思春期の子どもたちが、一人ならするはずのないような愚かな行為を、友達と一緒だとやってしまう有力な原因を示した」と話している。

いじめにも、これと同じ原理が働いている。いじめのピークは中学生の時であり、高校生になってもいくらか残るが、大学生になるとたんに激減する。「ティーンエイジャーが、いじめを行うことが仲間内での自分の立場を強める『いじめの報酬』と考えている限り、彼らはそれが長期的にもたらすコスト（負の結果）のことを考えようとしません」とスタインバーグは私に語った。「いじめの多くは、他の子どもたちの目の前で起こる。つまりいじめっ子がいじめを行う主な理由は、他の子どもたちから注目を浴びて、称賛されたいからです。だから彼らは、このできごとがいじめられた子や自分たち自身にどんな結果を及ぼすかということまで考えが及ばない」

いじめの現場へ

アリシアがモニークを転校させた一カ月後から、私はウッドロウ・ウィルソン中学への訪問を始めた。学校がいじめに対してどんな対策を採っているか、モニークをいじめたジャンナたち七年生の人気者の女の子たちが、自分たちをどう見ているかを知りたかったからだ。私はまず、ウッドロウ・ウィルソン中学で働くメリッサ・ロビンソンというソーシャルワーカーと会った。彼女は、窓のない自分のオフィスでモニークにランチを食べさせ、カフェテリアや廊下でのいじめから彼女を守った。壁の掲示板には、三歳の娘や恋人の写真と一緒に、生徒たちからの手紙もピンで留めてある。彼女は甘やかすことなく子どもたちを優しく包み込むことができる人のようだ。ある日私は、ロビンソンが子どもたちの喧嘩を止めているのを見た。一方の男の子が「どっちの勝ち?」と聞くと、彼女は身をかがめてその子の目を見つめ、「喧嘩では、誰も勝たないのよ」と言った。

ロビンソンは、体育の授業中だったジャンナと、その仲間のアミナとジャスミンを呼び出して、私がモニークについて質問できるようにはからってくれた。ジャンナは、頬にえくぼのある少女で、スウェットパンツにじゃらじゃらした飾りのついたTシャツを着ている。南部からコネチカット州に越してきた時、最初にできた友人が、同じ歳のアミナとジャスミンだったのだという。二人はミドルタウンで育ち、幼い頃から互いを知っていた。転校してきた中学校で自分の居場所を見つけるのは大変ではなかったかとジャンナに尋ねると、「私はフレンドリーだから」と彼女は答えた。「ミドルタウンは前のところよりだいぶ都会だと思ったけど、友達を作るのは今まで通りにできた」

三人はおそろいの幅広のヘッドバンドをして、ジャンナとジャスミンはポニーテール、アミナは茶色の髪を強いカールにしていた。ジャンナはノース・フェイスのジャケットを着ていたが、これは以前にジャスミンが着ていたのと同じものだ。アミナがその理由を説明してくれた。「生徒たちは、だいたい三つのグループに分かれてるの。人気のある子たち、ダサイ子たち、どっちつかずの子たち。人気のある子にも二通りあって、すごくお高くとまってる子たちと、他のグループの子とも友達になる子たち。人気がある子は、服装とか、言いたいことがちゃんと言えるかとか、堂々としているとかですぐ分かるよ。私たちの仲間はノース・フェイスを着るの」人気のあるなしは人種とは関係がないようだ。アミナとジャンナの友達は、ほとんどが黒人である。

モニークは、この子たちの目からは「どっちつかずの子」と見られていたらしい。ノース・フェイスは着ていない。気取って歩くわけでもない。一番決定的な問題は、彼女がゲ、ー、ム、の仕方を学ばなかったことらしい。「他の子をからかって、自分も順番にからかわれる」というゲームである。どうやらこれが、中学生の間で人気を高める秘訣のようだ。アミナのチャートで人気者ランクに入りたいなら、辛辣な言葉を投げつけるのも受けるのも、うまくできるようになる必要がある。八年生たちは互いにやられながら、必要に応じてやり返す術を学んでいったようだ。「自分のことは自分で守らなきゃ」とジャンナが言った。

ウッドロウ・ウィルソン中学には、深く根づいた「闘いの文化」があるようだ。その日ロビンソンがやめさせた喧嘩は、年に数回起こる喧嘩の一つだったという。数としては決して多くないが、教師や一部の生徒たちには懸念されることだった。ウッドロウ・ウィルソンの生徒たちの間には「セクスティング」という行為も始まっていた。女の子たちは、デートに誘ってほしいという意思を示すためには、自分のヌード写真を男の子に送らなければならないと思わされている。これは男子と女子の闘いの最も新しい形で、これに関しては常に男子の方が一枚上である。一人の女の子はかなり恥ずかしい写真を送ってしまい、学校中からひどいあだ名で呼ばれるようになった。別の女の子は、ボーイフレンドを信用してトップレスの写真を送ったのだが、彼はそれを同じバスに乗り合わせた男の子たち全員に見せてしまったという。これらはみな教訓として、女子たちの間に伝わっている。それでも同じ愚かなことをする子は後を絶たない。

例外もあるが、学校のスタッフと生徒との関係も、互いに対する不信に染まっている。「先生たちも罵るんだよ」と一人の七年生は言った。「時々本当にひどいことだって言う。生徒たちの起こす『ドラマ』が手に負えないんで、先生たちはもうどうでもいいと思ってるわけ」ある日彼女は他の生徒たちと一緒に、誰も使っていないロッカーにかばんを入れた。ところがそのかばんは廊下にぶちまけられて職員室に持ち去られ、彼女たちは列に並んで持ち物を返してもらわなければならなかったという。「おかげでみんなスクールバスに乗り遅れたんだよ。先生は、『自分のロッカーを使いやがれ』って言った」

ウッドロウ・ウィルソン中学の毎日は、フェイスブックの場で再現されていた。スウェアラーが言ったように、このサイトは毎日二四時間続く戦場のようなものだ。ダヴィナがモニークに対してしたように、彼らのページには意地悪なスレッドが絶えず書き込まれる。それだけでなく、生徒たちは匿名で投票するランキングサイトを作っていて、多くの子どもが登録していた。その中で一番大きいサイトが、「ドラマを始めよう」というサイトだった。

この投票サイトを作った生徒は偽のメールアドレスを使っていたので誰だか分からない。これはフェイスブックのルールに違反している。ここで行われる典型的なコンテストは、二人の少女が挑発的なポーズを取っている写真が載せられて、「どっちが可愛い？」という問いかけがついているものだ。写真の下に、票を入れたりヤジを書き込んだりする。フェイスブック創業者のマーク・ザッカーバーグなら、これがどれほどの反応を引き起こすかをよく理解できるだろう。彼はハーバード大の学生だった時、大学のコンピュータシステムに侵入して、学生のＩＤ写真の一覧を写し取り、女性の写真を二人ずつ並べて、「どっちがホットか」というキャプションをつけてウェブサイトに載せたのである。彼はこのウェブサイトを「フェイスマッシュ」と名づけ、投票を呼びかけた。

「どっちが可愛い？」コンテストに取り上げられたジャスミンともう一人の女の子の写真には、三日間のうちに一〇九件のコメントが寄せられたという。ジャスミンは敗色が濃くなると、「正直言って、私は負けたってどうでもいい。面白いとか頭がいいとか言われたいと思ったこともないし！」と書き込んだ。彼女のライバルはこう返した。「負けたからイラついてるだけでしょ。みんなは私に投票したんだからね！　あんたの方が可愛かったらみんなそう言うでしょ。残念でした！」ジャスミンはその子をやっつけてやると脅したが、アミナがそれを止めた。

　男の子たちにとっての「ドラマを始めよう」のコンテストは、もっと原始的である。写真の下に、「ケンカしたらどっちが勝つ？」とキャプションがついている。これは挑発でもある。「誰でもかまわない。俺を殴るやつとは闘う」と、自分の写真を出された男の子は写真の下に書き込んだ。「覚悟しておけ、ニガー」と、対抗させられた相手の子も言い返した。このやり取りは、ある日の放課後の校庭で、実際の喧嘩に発展したという。

「ドラマを始めよう」のサイトを見ていくうちに、アミナやジャンナが言ったことが分かってきたような気がした。ウッドロウ・ウィルソン中学の生徒の中で人気者になって地位を得るためには、攻撃的でなければならないのである。言葉でも腕力でも、バーチャルでも現実世界でも、弱虫だったり、対決に尻込みしたりしてはダメなのだ。誰かが攻撃してきたらやり返さねばならない。

中にはそういうことが苦にならない子もいる。

「そういうのがすごく楽しいと思う時もある」とアミナは私に言った。「正直言うとね、面白さが分かるんだ」

しかしアミナは、自分よりずっと弱い子や、知らない子にはやらないと決めていた。そういうのは「いじめ」で、良くないからと彼女は言った。学年初めにデスティニーとシャイアンがモニークに対してしたことも、良くないと思っていたようだ。アミナたちから見れば、八年生がしたことは暗黙のルールに反する。そういうことをすればみんなから怖れられるけれども、尊敬はされない。「あの子たちは単なるワルだよ」とアミナは言った。「いい悪いとか関係ないんだ。親たちもきっとそう」彼女に言わせると、いじめる相手を探していた八年生と同じバスになったモニークは、単に運が悪かったということらしい。「私たちは、ばかばかしいって思ってたんだ。たかが髪型のことくらいで、やりすぎだって。『ドラマを始めよう』なんかは私たちも参加するけどね。でもモニークのいじめには加わってない」

女の子たちは、自分たちのモニークに対する意地悪を「ドラマ」と呼び、いじめとは区別していた。「ドラマ」という言葉は年上のティーンエイジャーの間でも一般的に使われている。彼らにとって「いじめ」という言葉は、幼稚で古臭い響きがあるのかもしれない。それに対して「ドラマ」は、リアリティ番組の中で見られるような対決の火花を感じさせる。研究者のダナ・ボイドとアリス・マーウィックは、ティーンのネット上の対立について調べるため、国内各地の高校生を取材した。高校生たちは「ドラマ」に関してはいろいろ打ち明けたが、いじめやネットいじめの個人的な経験についてはあまり語ろうとしなかったという。彼らの言う「ドラマ」とは、広い意味の衝突で、必ずしも一方的なものではない。そのように衝突を「ドラマ」という言葉に組み入れてしまうことで、少なくともその発端において誰が悪かったのかという判断を差し控えることになる。「ドラマ」の中では、力関係の変化や仲間内の地位をめぐる競争も起こる。子どもたちが使うこの言葉は、強い者とやられる者の位置が固定している狭い意味の「いじめ」を超えた、もっと広い意味でのティーンの間の紛争を指しているようだ。

このことを私に教えてくれたのは、カリフォルニア大学デービス校のロバート・ファリスという社会学者である。二〇〇四年、ファリスはティーンエイジャーの攻撃性と彼らの仲間内での地位の間に関連性があるかどうかを調べようと思った。当時ノースカロライナ州のいくつかの学校で何千人という高校生を対象に調査を行っていた公衆衛生の研究者たちに頼み込んで、質問リストに「あなたの最も近しい友人の名前を五人挙げてください」という問いを追加してもらった。ファリスはこの結果をもとに、それぞれの学校における膨大な人間関係のネットワークマップを作製した。これによって一部の生徒が友人関係の中心に位置し、他の生徒たちがその中心グループと関わる形で周辺に位置することがはっきり見えてきた。

一部の生徒が「エリート」の地位にあると彼は結論づけた。そういう生徒は学校代表チームのチアリーダーだったり、フットボールやバスケットボールの選手だったり、ホームカミングやプロムのキングやクイーンに選ばれる生徒たちだ。イヤーブック（年鑑）でも「有名人になりそうな人」や「成功しそうな人」に選ばれる。

次にファリスは、すべての生徒たちに「あなたをいじめたり意地悪をした相手の名前、それにあなたがいじめたり意地悪をした相手の名前を書いてください」と頼んだ。またこのいじめが身体的暴力によるものか、言葉による攻撃、ゴシップ、仲間外れなどによって相手の面目を傷つけるものかなども尋ねた。ファリスはこれらの結果を、生徒たちのネットワークマップの上に重ね合わせ、本人あるいは他の生徒によって「攻撃的」と思われている生徒を確認していった。そういう生徒は全体のおよそ三〇パーセントであることが分かった。

年度末にファリスは、同じ質問で追加調査を行った。これによって生徒たちの位置関係は、時間と共に変化するということが明らかになった。ネットワークの中心に入ってくる生徒もいれば、周辺へ滑り落ちる生徒もいる。新たにエリートやエリートの友達になる生徒もいる。そして地位の変化によって、今まで以上に攻撃的になる者もいれば、攻撃しなくなる者もいる。ファリスは中心的地位を獲得した生徒は、他の生徒の面目を傷つけるような行動を取る傾向があることを発見した。そのために使われるのは身体的な攻撃ではなく、むしろ言葉による攻撃で、噂を流したり、仲間外れにしたりするのが有効である。誰かの評判を落とせば、エリートの友達になれるチャンスが倍になる。また、マップの上で自分に近い生徒、あるいはエリートに近い生徒を攻撃すれば、仲間内の地位が上がる可能性が高い。ファリスはこのことも、「自己利益」という言葉を使って説明している。「攻撃性は仲間内で自分の地位を高めるための道具である」と彼は言う。「仲間から外れた気の弱い子をいじめることによって、多くがトップの位置に上れるとは考えにくい。確かに孤立した子どもに対する執拗ないじめは深刻な問題だが、現実に起きているいじめの大半は、地位争いだ」

つまり、「ドラマ」である。

ファリスのこの洞察によって、モニークとジャンナの間のトラブルが、前より理解できるようになった。ロビンソンのオフィスで最初にジャンナに会ってモニークのことを尋ねた時、彼女は、六年生の時はモニークと仲良しだったんだ、と話しはじめた。つまりウッドロウ・ウィルソン中学のネットワークマップの上で二人は近かったということだ。しかし七年生になった頃から、二人は一緒に遊ぶことが減っていった。ジャンナはモニークのことを「どっちつかずだけど人気者になろうとしていた」と見ていた。この時点で、モニークの地位は自分とほぼ互角だとジャンナは思っていた。

実際にはモニークがずっと弱い立場にあったということを彼女は知らなかったのである。デスティニーとシャイアンにいじめられたモニークは気落ちして自信をなくしていたのだが、やられたらやり返す子だとジャンナは思っていた。ジャンナのような子が、自分の地位を強化するために弱い立場の子を攻撃すると、相手を打ちのめしてしまうことになる。

ジャンナとその仲間の目からは、モニークが致命的な間違いを犯したように見えていた。まず一つは、ボーイフレンドのジョーダンを信用したことだ。「あの子はモニークをたくさん『ドラマ』に引き込んだ。モニークを助けようとして、実際にはますます悪い状態にしてしまったの」ジョーダンは、自分に気がある女の子たちとモニークの両方に取り入って、互いが口にする悪口をせっせと双方に伝えていたのだそうだ。

これがモニークのより大きな間違いにつながっていく。こうしたぶつかり合いをことごとく大人たちに報告したことである。「本当に何でも、かんでも、言いつけるんだから」とジャンナは言い、アミナやジャスミンも「そうそう」とうなずいた。ウッドロウ・ウィルソン校では、大きな騒動は大人に知らせなければならないけど、ささいなことは言わないのが暗黙の決まりだ。モニークはそれを無視した。

アミナとジャスミンによれば、さらに悪かったのは、モニークが言いつける際に、正確に言わなかったことだという。「モニークは作り話をするんだ」とアミナは言った。「別にモニークに何かしたことなんかなかったのに。だけどあのカフェテリアでの騒動の時、誰かがモニークの髪にシロップをかけた。男子が食べ物を投げたら、それがモニークの髪にくっついたんだ。自分だったら誰かにそれを取ってもらいたいって思うじゃない。だから取ろうとしたのよ。そしたら後で先生のオフィスに呼ばれて、モニークの髪に食べ物を投げただろうって言われた」アミナは先生から問い詰められて、モニークを笑ったことは確かだと白状した。「校長先生に聞かれて、本当に自分が食べ物を投げたんだったら、そう言うよ」アミナは自分が嘘つきではないと思っていたから、モニークが信じなかったことに、ひどく腹を立てた。「やってもいないことまで、言いつけるんだ。すごくむかついた。おかげで居残りさせられて、バスケの練習も出られなかったし、学校のダンスパーティにも行けなかったんだよ。モニークのせいで！」

ジャスミンもまた、腹を立てていた。モニークが廊下でジャスミンに足を引っかけられたと訴えた時には、学校の職員が状況を調べて、ジャスミンのせいではなかったと結論づけた。だがモニークの母親は、学校が何もしてくれないと思い、警察に通報した。ジャスミンが家に一人でいた時に警官がやってきた。警官は戸口に立って「何で私が来たか分かるか」と言った。ジャスミンが分からないと答えると、警官は「人をわざと転ばせたりしていないかね」と問い詰め、もしモニークが自殺したらジャスミンの責任だなどと言ったという。

少女たちはみな、これに激しく反発した。「モニークが自殺するとしたら、それはあの子の精神が不安定だからでしょ」とアミナは言った。

この言葉に私は少しギョッとした。ずいぶん冷淡に聞こえたからだ。いじめの怖いところは、共感を完全に失ってしまうことである。「子どもたちは、『あいつはやられてもしょうがない』とか、『他の子が先に手を出したんだ』などと言います」とダン・オルウェーズは私に言った。「いじめっ子は、自分に都合がいいように考えようとするんです」いじめの言い訳には、こういう冷ややかな認識が含まれることがある。つまり相手の価値を低いものと考えるのである。いじめる子どもの中には、将来これをさらにエスカレートさせてしまう者もわずかながらいる。他者に共感できないというのは、人に平然と苦痛を与えられるサイコパスの第一の特徴だからだ。ただ全く共感不能というケースは、幸いなことに極めてまれである。アミナのように、ほとんどの子どもは、ある瞬間は無慈悲でも、次の瞬間には優しさを見せたりするものだ。

「モニークが元気がないとは感じてた。友達もあんまりいなかったし」少し落ち着いてから、アミナは言った。「少しはいたけど、六年生の時ほど多くなかった。廊下をよく下向いて歩いてた」問題は、アミナがモニークに共感を覚えなかったことではない。何かを感じていたのに自分の地位を維持することを優先させ、手を差し伸べなかったことである。「学校によっては、他の子をいじめることで自分がすごく有利になるのです」とスーザン・スウェアラーは言う。

ここで注目すべきなのは「学校によっては」という点だ。それぞれの学校が持つ「文化」は、生徒たちの行動に大きく影響する。このことは社会科学の研究結果が示すまでもなく当たり前に思える。学校文化というのは、教室や廊下やカフェテリアが静かで秩序ある状態か、職員同士が互いに礼儀正しく接しているか、子どもたちが学校で敬意を持って扱われているか、といったことだ。ウッドロウ・ウィルソンのような学校では常に抗争の雰囲気が漂っているので、アミナやジャンナのような子たちは、モニークのような弱い子に同情したりしないように、心に鎧《よろい》をまとう必要がある。周囲の子どもたちも多かれ少なかれ同様だ。彼女たちの行動は、この学校では特に目立つものでも驚くべきことでもない。

また、ウッドロウ・ウィルソンの生徒たちのほとんどは、告げ口に対してアレルギー反応を示す。これも当然かもしれない。告げ口をすれば多くの場合、前よりも状況が悪くなることが子どもたちには分かっているからだ。それは残念ながら本当であり、調査の結果にも示されている。いじめや「ドラマ」の状況をしっかり把握して管理ができている学校においてのみ、大人に告げることが有効なのである。

モニークには、ウッドロウ・ウィルソンがそういう学校とは、とても思えなかった。「もうあの学校には戻りたくない。別の学校でやり直したい」その年の春、彼女はそう言った。

第二章　ジェイコブ

——僕は男の子が好きなんだ

ジェイコブ・ラッシャーは、男の子に惹かれる気持ちが自分の中にあると気づき、「君はゲイか?」と題するオンラインゲームをやってみることにした。そこには、どんなスポーツや映画が好きか、赤紫を最高の色と思うか、クラシックバレエを見に行ったことがあるかといった質問が並んでいた。当時一一歳のジェイコブでも、途中でバカバカしくなった。第一、彼にはすでに分かっていたのである。

ゲイのティーンエイジャーは、同性に惹かれる気持ちを、九歳から一二歳くらいの時期に感じはじめることが多いという。しかし自分がゲイであるという認識は、少なくとも一四歳くらいまではない。ただ、ジェイコブには一六歳になるティファニーという姉がいて、自分がレズビアンであることを告白したばかりだった。姉のおかげで自分の感情を理解することができたのである。「姉は、女の子が好きだって言ったんだ」とジェイコブは当時を振り返って言った。「だから僕

は、女の子は好きじゃない。好きだったらいいなと思うけど、男の子が好きなんだって言った」

ジェイコブはユーチューブで、性的傾向のことを両親にどう打ち明けるかアドバイスする動画を見た。両親はティファニーの告白を受け入れている様子だったが、まだ六年生で、しかも男子である自分の場合はどうなのかジェイコブには自信がなかった。両親は彼が四歳の時に離婚したので、ジェイコブは二人に別々に話した。母親は驚かなかった。息子は幼い時から女の子のようだったので、ある程度覚悟ができていたようだ。ジェイコブを抱きしめて、そのままの彼を愛していると言った。しかし父親は、息子が単に姉のまねをしているのではないかと考えた。そして何も聞かなかったかのように振る舞っていたので、一三歳になったジェイコブはもう一度父親に告白し直さなければならなかった。「パパ、僕はゲイなんだ。本当だよ」

その頃ジェイコブとティファニーは、父親とその新しい妻と一緒に、ニューヨーク州モホークの町で、小川沿いに置かれたトレーラーハウスの中で暮らしていた。父親は精肉工場で働いたりバス運転手をしたりしていたが、悪性リンパ腫と診断されて退職した。家族は生活保護とジェイコブたちの母親からの仕送りと、新しい妻がバーで稼ぐ金でなんとか暮らしていた。二〇〇六年にトレーラー脇の小川が氾濫したため、家族は近くのユーティカという町に移った。父親は毎日ジェイコブをモホークの中高一貫の学校に送ることになった。この学校にはモホークだけでなく近隣の広い範囲から四〇〇人ほどの生徒が集まって来ていた。多くの生徒の親はこの地域の出身で白人であり、三分の一ほどは子どものランチ代が無料または割引になるほど所得が低かった。

ジェイコブはモホークの中学に行くのが不安だった。これまでの友達のほとんどは近くのイリオンの町に住んでいて、そこの学校では数人の教師が自分がゲイであることを公然と認めていた。しかしモホーク中学の雰囲気はもっと厳格だった。ジェイコブがうっかり高い声で話すと「もっと普通に話しなさい」と先生からたしなめられた。「そんな芝居がかった話し方はやめなさい」

子どもたちは廊下で彼に「女みたいだ」とか、彼の声が「おかまみたい」だとか、「性転換手術をして女になったらいい」など、さまざまに悪口を言った。ジェイコブは理解に苦しんだ。女の子になりたいわけではない。今のままの自分でいたかっただけだ。

ジェイコブには、なぜ自分が他の男の子と同じようにしなければならないか分からなかった。悪口を言われるのも辛かった。父親は校長のエドワード・リナルドに電話をして、ジェイコブがどんなことを言われているかを伝えた。校長はすぐには調査をせず、最初は父親もそれ以上は言わなかった。子どもたちが息子をからかうのに飽きて、他に面白いことを見つけるだろうと思っていたからだ。しかしやがて、ジェイコブのロッカーに、「おかま」とか「メス」と書かれたメモがテープで貼りつけられるようになった。そして学年末のある日、彼が体育の後ロッカールームで着替えをしていると、数人の男子が彼を取り囲んだ。彼らは周りのみなに聞こえるような大声で、ジェイコブがゲイのポルノを見てマスターベーションをしたとはやし立てた。ジェイコブは彼らを無視しようとしたが、「それ以来ロッカールームが怖くなった」と話す。

ジェイコブは、恥ずかしくて父親にこのことを話せなかったのだが、代わりに友達のアリッサが話してくれた。父親は学校に行って直接、校長のリナルドにこのできごとを報告した。しかしその後学校から何の連絡もないので、父親は再び電話をしてどうなっているのかと校長に尋ねた。校長は、そこにいた生徒たちに問いただしたが、ジェイコブを嘲ったりしていないと言ったので、罰することもできなかったと答えた。「ロッカールームにいた生徒たちと面談しましたが、大人が誰もいなかったので、いじめを立証することができませんでした」と校長は話す。

その数週間後、上級生がジェイコブのｉＰｏｄを取り上げて床に叩きつけ、足で踏みつけた。父親は再び学校に行って校長に話した。校長は「すぐに収まりますよ。私たちに任せてください」と言ったそうだ。後で私が校長にこのことを尋ねると、「もちろんジェイコブを助けたいと思っていましたが、いじめを実証するのは難しいんです。生徒たちが教室から教室へ移動する間に起こるので、大人の目に触れないからです。校舎は四階建てで、階段は数カ所あり、教師たちの目が届かない場所がたくさんあります。監視カメラがあればよかったのでしょうが、それもありませんでした。管理する人間は私しかいなくて――副校長もいませんでしたし」

それからも嫌がらせは続いた。八年生になったジェイコブは、ゲイであることを隠す努力を放棄し、自分らしさを表に出してみようと思った。自分の部屋の壁一面にポップスターのポスターを貼り、髪を紫に染め、それからピンクにし、ついには虹色に染めた。時には目にアイラインを入れたり、マニキュアをしたりした。「ママはいつも、周りからのプレッシャーに負けるな、自分を失うなって言ってた」とジェイコブは言った。「ママはいつもそうなんだ。人がどう思ったって気にしない。僕もそうだ。自分のやりたいことをやるだけだ」イリオンの昔の仲間は、彼の大胆さを褒めてくれたし、学校では両性愛者のアリッサという友達がいた。それに母親と一緒に住んでいる姉のティファニーも彼の味方だった。

しかし、モホークの生徒たちはそれほど寛大ではなかった。ジェイコブの髪やメイクは挑発と受け取られた。「ジェイコブは誰にでもハグをしたり、ハイファイブをしたりする。男ならそんなことするなよって、みんなイライラしてるよ」とアリッサは言った。その後も何度か不愉快なできごとが起きた。歴史のクラスで、一人の少年がジェイコブを突き飛ばして「おかま」と罵った。体格のいいジェイコブは相手を締め上げた。数日後、その少年はジェイコブの携帯を取り上げて足で踏み、壊してしまった。一〇月には、ジェイコブのロッカーから体操着と靴がなくなっていた。それらはゴミ箱の中から見つかり、「おかま」と「お前なんか死ね」という言葉が靴に書かれていた。

父親は再び校長のところに出かけていった。校長は「私には生徒一人一人を子守している暇はない」と言った（学校の記録には、父親の訴えが書き記されているが、その横に手書きで「事実と異なる」と書かれている）。現実的な対処策として、父親はジェイコブの時間割を変えていじめグループから離れられるようにしてほしいと、校長に依頼した。その結果いくつかの変更は行われたが、小さな学校であるために完全に離れさせることはできず、スペイン語のクラスなどではいじめる子たちと一緒だった。

秋の終わりに、いよいよ事態は手に負えない状態になった。誰からとも分からないメールが来たり、自宅へ電話がかかってきたりした。ジェイコブはモホークの多くの子たちと同じように、当時「マイスペース」に登録していた。彼の知らない大勢の人が、友達リクエストを送ってきた。「僕のことを何もかも知りたがってるんだ」彼はゲイであることを公表すれば、みんなは納得して、ほうっておいてくれるだろうと考えた。それで一一月に、ジェイコブは自分のことをマイスペースで説明した。「腹を立てていたし、自分らしくいたかった。そんなに僕のことが知りたいなら、教えてやるよって思ったんだ」と彼は言った。彼はサイトのプロフィールにもはっきりと「ゲイ」と書き込み、自分がゲイで、男の子が好きだというメッセージを堂々と書き込んだ。しかしこれは、モホーク中学の一三歳にとっては非常に危険な行動だった。

ジェイコブはそれから三年後、この書き込みを自分のラップトップで私に見せてくれた。当時、彼はモホークから五〇キロほど北に離れた母親の小さな農家で暮らしていた。家の前のひっそりした道の両側には松や樺やカエデの樹が並んでいる。戸口に出てきたジェイコブはフードの付いたパーカーにハーフパンツを穿いて、アイライナーをひいていた。髪は茶色で、虹色に染めてはいなかった。

数分後、母親が帰ってきた。私たちはキッチンのテーブルに座って話をした。ジェイコブに、マイスペースの反響はどうだったかと尋ねると、「爆発した」と彼は言った。「僕は有名人になって、他の学校にも名前が知れ渡ったよ。出身地も、今何をしてるかも、みんなが知ってるんだ。

ブリトニー・スピアーズみたいにね。僕はユーチューブのビデオも作って、ゲイであるとはどんな感じかとか、いろんなことしゃべったんだ。何千人も見てくれた」

だがモホークの生徒たちは、ジェイコブの髪やメイクをさんざんこき下ろし、彼が別の男子生徒とオーラルセックスをしたという噂を流した。ランチの時にはバナナの皮をむいてそれを吸ってみせたりする。「あの子たちはジェイコブに食べ物をなすりつけたりしたんですよ。それでもカフェテリアの職員たちは知らん顔」と母親は言った。「私はカンカンに怒って学校に行ったけど、いっこうに収まらなかった」

レズビアンのマリナ

私が育った一九八〇年代には、男の子が女の子のように振る舞ってはいけないと早くから教えられたものだ。性別の境界を越えようとすると「ホモ」と呼ばれた。しかしこの言葉は、男の子が相手をバカにする時に頻繁に使われすぎたため、ほとんど意味のない言葉になってしまった。私たちはその言葉が意味することの善悪など考えずに、当たり前のように悪口として使っていた。だがジェイコブは私とは違う世代に属している。同性愛が受け入れてもらえない世界と、受容される世界の狭間にいる。ジェイコブのような子どもがオンラインでカミングアウトすれば、称賛されるかもしれないし、歌手のピンクやレディ・ガガなどが応援してくれる可能性もある。ところがそれを現実の世界でやれば、手厳しく拒絶される。

今の時代はまだ、ゲイの子や周りからそう思われる子どもたちは、学校でいじめのターゲットになりやすい。二〇〇九年の全国調査では、学校で「性的マイノリティ」とされる子どもの八五パーセント近くが言葉によるいじめを受け、四〇パーセントが身体的いじめを受け、二〇パーセントが身体的攻撃を受けたという結果が出た。ネット上のいじめも、ゲイの子どもたちの場合は、それ以外の子どもたちよりも発生率が高い。

言葉によるいじめも、身体的攻撃と同様にダメージを与える。このような嘲りを受けた男の子は、強い不安感と抑うつを覚える。女の子の場合はひきこもりにつながりやすい。性的傾向のためにいじめられる生徒たちは、学校を休みがちになり、ある調査によれば、成績も低くなる傾向がある。また別の調査によれば、酒を飲んだり薬物に手を出したりすることも多く、セックスをする時にコンドームを使わない傾向があるという。二一歳から二五歳までのゲイを対象とした調査では、中学や高校でいじめられた場合には、そうでない場合に比べ、自殺を試みたと答えた者の数が五倍だった。またオレゴン州の調査によると、コミュニティに支援の態勢がある場合には、そうでない場合に比べ、ゲイのティーンエイジャーが自殺を試みる割合はずっと少ない。

重要なのは、ゲイの子どもが絶望の淵に追いやられる原因は、カミングアウトしたこと自体ではなく、それが引き起こした周囲の反応だということだ。ジェイコブは最も落ち込んでいた時には「世界で一番みじめな子ども」のように思えたと言う。部屋に閉じこもって歌や詩を書き、悲しい気持ちを抑えていたそうだ。

しかしジェイコブは自殺しようとは思わなかった。私たちはゲイのティーンたちについて二つのことを覚えておく必要がある。まず彼らは他の子たちより危険な状態にあるということ。もう一つは、それでもほとんどの子たちは何とか切り抜けていくということだ。そこで一番問題になるのが両親の態度だと、イリノイ大学で子どもの成長を研究するドロシー・エスペラージ教授は言う。彼女はゲイの若者の学校体験に関する研究の第一人者である。「自分がゲイだということも含め、いろいろなことを両親とよく話し合うことができる子どもは、抑うつも不安感も少ないのです」と教授は話す。「両親のサポートは何よりも、辛さを和らげる効果があります」二〇一〇年にサンフランシスコ州立大学のケイトリン・ライアンが発表した調査結果によれば、家族が支援してくれるゲイの子どもは、自分の将来に関して希望を持ち、家族のサポートが得られない子たちに比べ、自殺を試みたり、うつになったり、薬物やアルコールに走ったり、ＨＩＶ感染のリスクを冒したりする傾向が少ないという。一方で両親が子どもを非難したり、あるいは子どもを守るつもりで、一切のゲイの仲間との付き合いを禁じたりすると、それらのリスクはかえって高くなる。学校でいじめられる子どもと同様に、家で拒絶される子どもも、不健全な行動に走りやすい。そういう点で、家族のサポートが得られたジェイコブは非常にラッキーだった。

もちろん、家族によってはなかなかこの受容の境地に達するのが難しいのだが、ライアンはそれでもかまわないと言う。大事なのは、両親が理解しようと努めている姿を見せることと、最終的に偏見を乗り越えることだ。私も、一六歳のマリナを訪ねた時にそう思った。マリナは、ジョージア州アトランタ近郊のマリエッタという都市に住む六年生で、私が本書の取材のためにゲイのティーンエイジャーと話したがっていると知って、連絡をくれたのである。「髪を短くして、兄のお下がりの服を着て、忍者マンガを読んだりしてたんだ。みんなは『マリナは男だ』ってからかった。髭を剃ってこいよって言ったり。学校でも、放課後のドーナツ屋でもいつもからかわれてた」とマリナは話した。

その頃マリナは「レズビアン」という言葉さえ知らなかった。ある日誰かが「レズなんか死んじゃえ」とロッカーにメモを貼り付けた。彼女は誰にも告げずにメモを破いた。彼女の両親はモルドバからの移民で、両親には学校での嫌なことをなかなか言えなかった。「親が同性愛を毛嫌いしてるわけじゃないけど、親たちの国ではそんなことは口にできない感じ」と彼女は言う。「それに親に弱虫と思われたくなかった。それでこんな性格になっちゃったのかな。私の歩き方がみんなの気に入らないなら、別の歩き方をしようと思う。他の子が私をいじめるならそれは私のせいだって思ってしまう。親に言いつけたらいじめがなくなるとは思わなかった」

マリナには、支えてくれる友達もあり、中に一人、親友と言える男の子がいた。「絶対に頼りになる子で、生涯支えてくれる人だと思った」と彼女は話す。「八年生の時、何か特別の感情があるような気がして付き合いはじめたんだ。でも彼には、女の子といちゃつくのが好きだって打ち明けた。私はすごく怖かった。自分のそんな好みを消してくださいって、神様にお祈りしたの」その年の夏、マリナは泊まりがけのキャンプで、女の子と初めてキスをした。そのことも親友の彼に話し、彼は分かってくれた。「フェイスブックで、二人は別れると公表したんだけど、それからもずっと親友なんだ」

マリナはキャンプでのキスのことを、空港からの帰りに車の中で母親に話した。しかし母親は一時的な感情だと考え、「そんな気持ちはそのうちなくなるよ」と言った。父親はそういう話を聞きたがらなかった。また祖父母には内緒にしてあった。

母親はマリナに、いろいろと問題のある公立学校をやめて、高校からはユダヤ人学校に行くことを勧めた。ところが母の思惑に反し、新しい学校に入学すると、マリナはレズビアンであることを公言し、「アクティビスト」のような活動を始めた。「性の問題で困っている人が、私のところに話しに来るようになった」と彼女は言う。ADL（ユダヤ人のための名誉毀損防止同盟）のグループが学校にできた時も、その活動を手伝った。彼らが作成した感動的なユーチューブビデオは地元テレビで放映された。マリナはフェイスブックを通して知り合った少女たちとデートをするようになり、夕食に招いたりもした。その頃には家族も、彼女が自分なりの生き方を見つけるだろうと理解するようになっていた。「両親が自分を受け入れてくれなければ、世間も受け入れてくれないと、子どもは思うものなの」と彼女は話す。

ついに喧嘩が始まった

一一月、ジェイコブは学校の階段から突き落とされ、足を引きずりながら家に帰った。しかし最初はそのことを両親に話さなかった。誰がやったのかも分からなかったし、恥ずかしかったからだ。「内緒にしておこうと思ったんだ。だって、親にもどうしようもないし」だが夜になっても足首の痛みが引かないので、仕方なく父親に自分で転んだと告げた。病院に行くと足首をひどく捻挫していることが分かり、ギブスをはめて松葉杖をつかなければならなかった。父親に問い詰められ、彼はようやく本当のことを話した。

数週間後、まだ杖をついていたジェイコブを、八年生のアーロンという生徒が廊下で転ばせようとした。二人の教師と何人かの生徒が見ていたが、止めに入ったのはジェイコブの友達のアリッサだけだった。父親はこのできごとを校長に報告したが、校長はジェイコブにエレベーターを使うように勧めただけだった。

アーロンはジェイコブの宿敵だった。彼はカフェテリアで、みなに聞こえるように「アダムとイブなんだよ。アダムとスティーブじゃないんだ!」などと言う。これがアーロンの新手の嫌がらせだった。二人のいさかいは以前から続いていた。「七年生の時に、僕が友達に、ゲイ同士の結婚なんか気持ち悪いって言ったら、それをジェイコブが聞いてすごく怒って、僕を脅した。八年生になって新しい男友達ができるたびに、僕に『どうだ、気持ち悪いか』って言うんだ」

ジェイコブの足が治ったある日、二人はカフェテリアで例の通りゲイのことで言い合いになり喧嘩を始めた。ジェイコブがアーロンの顔を殴った。二人は校長のオフィスに連れていかれ、反省文を書かされた。ジェイコブは一日の校内停学、五日間の居残りを命じられた。アーロンも居残りを命じられ、さらに一週間二人だけで教室でランチを食べるように命じられた。「校長先生は二人で話し合うようにって言ったんだ」とジェイコブは言った。「でも二人とも黙りこくって、時々ひどい言葉を投げつけ合っただけ。一週間の終わりにはお互いをもっと嫌いになってた」

アーロンは、耐え難い相手のジェイコブと一緒に食事をするのはいらだたしかったし、恥ずかしくもあった。彼のフットボールやレスリングの仲間が、アーロンとジェイコブはカップルになったと冷やかし、「やあ、今日はボーイフレンドとランチかい？」などとはやし立てたからだ。アーロンの母親は私にこう語った。「ジェイコブはいじめっ子と食事させられて気の毒だという人がいました。でもうちの息子だって嫌な思いをしていたんです」

冬の間、アーロンの成績は下がる一方だった。スポーツと学業を両立させようとしたが、いくつかの単位を落として留年することになった。ジェイコブとのいさかいでしばしば停学させられたことも響いた。アーロンの両親にとっては、ジェイコブこそが元凶に思えた。息子のトラブルの種はすべてジェイコブとの関係だったからだ。

アーロンは年齢の割に大きな子だった。レスリングやフットボールを始めるまで、太っていることでしょっちゅうからかわれていた。小学校でアーロンと一緒だったアリッサは、アーロンが年がら年中笑われたり、殴られたりしていたと話す。「あの子がジェイコブにひどいことを言うのは、そういうことがあったからじゃないかな」

アーロンのような子を、心理学では「bully-victim（被害者でもあるいじめっ子）」と呼ぶ。このグループに属する子たちは、学業不振からうつや自殺まで、多くの問題に結びつくリスクが高いとされる。これまで受けてきた仕打ちによるフラストレーションが溜まっているのと、自分はいじめられる存在ではないことを他の子どもに示すために、時に激しい反撃に出ることがある。アリッサはこう言った。「アーロンはいつもバカにされているのが嫌になったのよ」

アーロンのそういう過去やジェイコブとの確執を知らなければ、彼のジェイコブに対する行為を深く理解することはできない。イリノイ大学アーバナ・シャンペーン校の研究者、フィリップ・ロドキンは、こうしたいじめの加害者と被害者の間の「嫌悪感と悪感情の往復」のパターンは、あまり注目されていないが重要な問題だと指摘している。これは、「いじめる側がすべて責められるべき」で、「いじめられる側は全く無実である」という考え方と相いれない。さらにロドキンは、いじめる子はそのターゲットに、自分の嫌いな子を選ぶということも明らかにした。子どもたちは、挑発するためにいじめを行うこともあるが、多くの場合、喧嘩は彼らにとってもっともな理由によって始まる。これはジャンナとアミナのモニークに対する行為でも、アーロンのジェイコブに対する行為でも言えることだ。つまり喧嘩は普通、何の理由もなく起きはしないのである。

相手との間に棘々《とげとげ》しい関係ができ上がってしまうと、その対等な喧嘩がいついじめに移行したのか、子ども自身にも親にもよく分からない。この認識の食い違いはアーロンの親の場合も非常に大きかった。アーロンはジェイコブと違って、学校でも地域でもまともな子だと思われていたからである。アイメイクをして髪を虹色に染め、ネットに扇情的なメッセージを書き込むジェイコブは、普通の男の子としての規範を完全に無視していた。モホーク中学には、同性愛者を公言している教師はいなかった。生徒ではジェイコブの姉を含めてわずか二、三人である。教師たちはジェイコブの服装が校則違反だと文句を言っていた。アーロンがジェイコブをいじめたとして最終的に停学処分を受けた際、彼が学校に戻ると、級友たちは拍手で迎えたという。アーロンの両親には、これはジェイコブが自分に都合がいいようにいじめを誇張した証拠に思えた。

アーロンも親たちも、問題はジェイコブがゲイだからであるというようなことは決して言わなかった。むしろジェイコブがしつこくあからさまにゲイを表現することがアーロンをいらだたせ、自分の男らしさを見せつけたいと思わせたのだと、両親は考えていた。アーロンは、「ここの生徒の多くは農家の子だよ。そんな学校に化粧なんかして行ったら、何も起こらないわけがない」とため息をついた。「普通にしてりゃいいんだよ」

「同性愛者のために校長をやっているんじゃない」

ジェイコブの父親は、ジェイコブが八年生になった年の一一月、再び校長に会って、息子を守るための対策を話し合った。ジェイコブが傷つけられるのも、挑発に乗ってやり返して処分されるのも困ると思ったからだ。校長は、ジェイコブが何かあった時に家に助けを求められるように携帯電話を使うことを許可した。また身の危険を感じた時には、校長室の隣の会議室に逃げ込んでもよいということにした。ところが校長はこの取り決めを他の職員に伝えなかった。そこでジェイコブの携帯は、たちまち教師に取り上げられ、会議室に行くことも禁じられてしまった。「スタッフへの指示が徹底していなかった。今も後悔しています」と校長は振り返る。「ジェイコブの教師を全員集めて話し合うべきだった」

それでも数週間は、何事もなかった。アーロンにパンチを浴びせたのが多少は効いたらしい。「しばらくはみんなジェイコブに手を出さなかった」とアリッサは言った。「本当の喧嘩になると、たいていの子はちょっと引くの」

しかし、その平和は長続きしなかった。一二月、ジェイコブは同じ学校の男の子とデートするようになった。あからさまではなかったけれど、二人が特に否定もしなかったため、周囲の拒否反応は、さざ波のように広がっていった。何人かの男の子が階段の上でジェイコブを突き飛ばし、彼はあわや手すりの外へ落ちるところだった。今回は、相手が誰だか分かっていたので、ジェイコブは校長に報告した。校長はその男の子たちを呼びつけて居残りを命じた。ジェイコブの家族はそんな処分では手ぬるいと抗議したが、校長はジェイコブがアイライナーをしていて、性的アイデンティティの危機にさらされていると答えた。「危機」という言葉に母親は憤慨した。

ジェイコブに対するいじめが再燃した。こんなことを言う子もいた。「化粧をやめて、体を鍛えて、おかま声をやめて、女と付き合え。お前なんか人間の恥だ。死んだ方が世の中のためだ。誰もなんとも思わないよ」ジェイコブは父親に報告し、父親は校長に訴えるが、何も起きない。際限のない繰り返しだった。

三月、ジェイコブと父親が校長と話し合った時の「私はホモセクシュアルの要求を満たすために校長をやっているんじゃない」という言葉をジェイコブは覚えている。もっとも校長は、そんなことは言っていないと断固否定している。「私の対応がすべて正しかったとは言えない。しかし人を卑《いや》しめるそんな言葉を、絶対に、絶対に言うはずがない」

その真偽がどうであれ、ジェイコブにとってもはや学校は耐えがたい場所だった。わざと吐いて学校を休んだり、父親に校舎まで送ってもらっても、そのまま通り抜けて裏門から帰ってしまったりした。成績は急降下した。

年度末近くの六月、状況はさらに悪化した。一人の女の子がいたずら心で、ジェイコブに自分の写真を送り、彼の写真が欲しいと言った。彼女は送られてきたジェイコブの写真に卑猥《ひわい》なメッセージを書き添えて、ダニーという一七歳の札付きの不良に送った。ダニーは送り主の電話番号を知らなかったので、ジェイコブが写真を送ってきたのだと思い込んだ。ダニーはジェイコブに目をつけるようになり、ジェイコブは学校に行っても生きた心地がしなかった。

さらにスペイン語のクラスでもひと騒動起きた。代行の教師がクラスをコントロールできず、大騒ぎになった中で、アーロンがジェイコブをなじりはじめた。アーロンはジェイコブがアーロンの家族を殺してやると言ったというが、それはクラスの誰も聞いていない。しかしアーロンが、ジェイコブを学校のフラッグポールに吊るしてやると言ったのは、何人かが聞いた。さらにジェイコブは、アーロンがポケットナイフで脅したと言ったが、これは誰も見ていない。学校は、子どもたちから話を聞いて調査を行い、アーロンが最初に仕掛けたらしいことは分かった。

アーロンは五日間の停学になった。これは校長の裁量でできる最大の処分である。校長はまた、さらに処分する必要があるか教育長に検討するよう訴えた。ジェイコブの父親は、期末までの二週間、息子を守るにはどうすればいいか、校長に相談した。校長は、ジェイコブの安全を保証することはできないと言い、彼の安全のために「自宅学習」がいいのではと勧めた。ジェイコブは期末まで授業を休み、期末試験だけを受けることになった。

「一年間、定期的に校長先生と話し合ってきました。結局ジェイコブを守るために何もしてもらえませんでした」と父親は六月に学校に宛てて最後の手紙を書いた。「これ以外に、どうやって息子を守ればいいのか分かりません」

モホーク中学で初めてカミングアウトした男子

私はジェイコブのモホーク中学における苦難について、教師、学校経営者、生徒たちに話を聞いた。その中で何度も耳にした名前が、ジェイコブが入学した前年に卒業したアリックという少年だった。彼はモホークで最初にゲイだと公表した少年だ。ジェイコブと違って、紫のマニキュアもしなかったし、センセーショナルな告白もしなかった。みなはアリックを、ゲイであっても周囲を挑発することなく自分らしくいられる例として語っており、そこには、ジェイコブ自身がトラブルを招いたという含みが感じられた。

しかし、ここには問題が二つある。まず一つは、中学や高校では目立たない存在でいることが難を逃れる方法であるという前提。もう一つは、アリックのストーリーの肝心な部分をわざと隠していることだ。アリック自身は自分がモホークで問題なくやっていたなどとは思っていない。むしろ拒絶されたと感じていた。いじめられたからではなく、性的マイノリティが安心して通える学校にしようとした努力を、学校側に妨げられたからだ。

「オカマ」「変態」と毎日のように言われ続けたアリックは、一一年生の時にこの状態を何とか変えるためにGSA（ゲイ・ストレート・アライアンス）を作ろうと考えた。一九八〇年代には、カリフォルニアやマサチューセッツのゲイの高校生の組織が、同性愛者への偏見を取り除く運動を始めた。それ以来全国四〇〇〇校が、GSAを発足させて全国ネットワークを作っていた。ゲイへの攻撃に対処するのに、GSAは強力な砦《とりで》となり得た。調査の結果は、こういうグループに属している同性愛の生徒はいじめに遭うことも少なく、学校を休むことも少なく、学校への帰属意識も高いということを示している。

アリックは自分でもいろいろ調べてそれを知っていた。学校の廊下にGSAを立ち上げるというポスターを貼ったが、ポスターには「オカマ」といたずら書きがされた。しかしアリックはめげず、次第に共感する生徒が集まりはじめた。恥ずかしがるメンバーのために人目につかない部屋で集会を開き、モホークGSAと名乗った。

GSAの仲間は少しずつ自信をつけ、全校生徒に参加を呼びかけるイベントを開催したりした。同性愛者への嫌がらせに反対する運動「沈黙の日」には二五人の生徒が参加し、教室で沈黙を通したが、幸い教師たちは何も言わなかった。ゲイの少年がリンチされるドキュメンタリー映画を上映した時は、十数名の生徒に加え、何人かの教師も見に来てくれた。

それでもアリックは、学校側が全面的に受け入れてくれてはいないことを知っていた。GSAの活動は、学校の正式のクラブ活動とは認められないと言われたからだ。

アリックは一二年生の新学期、GSAを正式に認めさせることを決意していた。「難しいとは分かっていたけど、一年間も頑張ったんです。自分にとっては状況は変わらないかもしれないけど、後に続く人たちのためになるかもしれないと思いました。別に活動資金が欲しかったわけじゃない。僕たちも学校の一部になりたかっただけです」と、アリックは振り返る。

アリックは教育長に書面で、学校がGSAをクラブ活動と認めてくれるように要請した。教育長は自分の一存でそれを認めることはできないので、教育委員会に通さなければならないと言った。支援を得るためにアリックは生徒たちに訴えた。「このグループに入ってくれと言っているんじゃない。俺たちがこのグループを作れるということが大事なんだ」彼は生徒の七〇パーセントから署名を集め、アリックは教育委員会に署名とさまざまな資料をつけて嘆願書を出した。しかし二週間後、教育長はアリックを呼んで、嘆願は却下されたと告げた。次には生徒の八五パーセント、ほとんどの教師とスタッフ、清掃員やカフェテリアのおばさんたちまでの署名を集めたが、再び却下された。「すべてのクラブ活動はカリキュラムと連動しているべきだと、教育委員会は考える」というのである。

ＧＳＡは正式に認可されることなく、アリックが卒業した後に消滅した。それと同時に、後に続くジェイコブのような生徒を支援したいというアリックの夢も消えた。アリックは今二〇代になって、カリフォルニアに住んでいる。高校時代のことは詳しく話したがらないが、高校生たちにＧＳＡを作る方法を指導している会で、毎年自分の体験を語っているという。「周囲から拒絶されると、自分でいることが辛くなるんです」と彼は言った。「権限を持つ人たちと話す時には、あの教育長のことを思い出して、この人たちも同じだろうかって思います。世間から受け入れてもらえない、周囲と闘わなければならないという感覚はずっと消えません。あの体験からたくさんのことを学びましたが、本当は学ぶべきことじゃない。学校が支援してくれていたら、僕たちが起こした小さな変化の上にＧＳＡができて、ジェイコブだって違う結果になっていたでしょう」

私はジェイコブに、ＧＳＡがあったらよかったかと尋ねた。彼は首をかしげて、「僕の場合とあまりにかけ離れていて、想像がつかない」と言った。

弁護士に救いを求める

ジェイコブは結局、学校以外に救いを見出した。二五キロほど離れたユーティカという町にある、同性愛者のティーンのためのサポートグループである。グループリーダーは、子どもたちに自分らしくあることと、その結果起きることに対して現実的な考え方をすることを教えた。「起こり得る結果に正面から向き合うこと」と彼女は子どもたちに言い聞かせていた。「親に話すのであれば、家を追い出された時にどうするかも考えなければね」春のコースの中で、彼女はジェイコブに、彼は勇気があったけれど、奇抜な格好がリスクを招いたと警告した。ジェイコブはその通りだと思ったが、自分のやり方を変えなかった。六月に学校へ行くのをやめてから、もう行かない方がいいのではないかと思っていた。送られてきた成績表はほとんどの科目が不合格で、まるで処罰されたかのようだった。

父親も、これまでのような辛い一年をまた繰り返すのはとても耐えがたかった。「必死にやってきたけど、もうどうしていいか分かりませんでした」と彼は後に語った。「あんなにジェイコブを目立たせたくなかった。私が状況をかえってまずくしたんだろうか」父親はその後ユーティカのグループリーダーに相談した。彼女は最後の手段として弁護士に話すことを勧め、ニューヨークの自由人権協会に彼を紹介した。父親は弁護士に、ジェイコブには何らかの法的権利があるのかと尋ねた。ゲイを理由にいじめられた子どもを、法律は守ってくれるのだろうか。これは、法律の世界でも新しく展開しつつある分野で、ニューヨークの法廷ではまだ争われたことがなかった。弁護士は「そうであってほしいが確証はない」と答えた。

弁護士はジェイコブの家を訪ねて両親に会ったが、どうしたものかと当惑した。世間の注目を浴びるこういう訴訟の原告とさせるには一四歳のジェイコブはあまりに幼い。

ジェイコブには弁護士とのこういう話し合いが役に立つとは思えなかった。モホークで頑張るよりも、元のイリオンの学校に転校したかった。そこなら友達もいるし、アーロンや彼を嫌う少年たちから逃れられる。校長や教育長からも離れられる。モニーク同様、彼もやり直したかったのである。

しかしこの一年間の辛かったできごとを思うと、アリックと同じように、この経験をもとに、後輩のために何かできることはないのだろうかという気持ちにもなった。ジェイコブはこの弁護士の話をよく聞いてみようと思った。

第三章　フラナリー
――転校生がやってきた

フラナリー・マリンズが初めてフィービー・プリンスに会ったのは二〇〇九年八月のこと。夏休み中で、学校には他に誰もいなかった。マサチューセッツ西部のサウス・ハドリー高校には七〇〇人の生徒がいるが、まだ新学期が始まるまでには一、二週間あった。フィービーはアイルランドから越してきたばかりで、その日は九年生に編入する手続きに来ていた。フラナリーは新学期からは一一年生になる。フィービーの英語のアクセントを耳にして、「すてき、アイルランド人だ！」と思った。フィービーについてはそんな印象を持っただけで、その後自分がどんな苦難に巻き込まれるか、知る由《よし》もなかった。

フラナリーはアイドル的な容姿を持っていた。長い金髪、磁器のようになめらかな肌、青い瞳。中学の時はラクロスをやっていたが、内輪で盛り上がる自己満足的な雰囲気が嫌で、高校生になってからは、学校以外の場所で馬術競技をやっていた。フラナリーの家族もまた、サウス・ハド

リーの伝統になじまない家族だった。母親のジェンはまだフラナリーが幼い時に、夫と別れてニューヨークからサウス・ハドリーに越してきた。二〇〇四年にマサチューセッツ州が同性婚を認めたのを機に、彼女はたまたま同名の女性と結婚したので、友人や家族からは、二人合わせて「ジェンズ」と呼ばれていた。

一方フィービーは、アイルランドのクレア州にある海辺の村で育った。父親のジェレミー・プリンスは英国生まれの物書きだが、広告会社勤めをやめた後、アイルランドに移り住んで種苗の仕事をしていた。母親のアン・オブライエンはマサチューセッツ生まれで、教師である。フィービーが七年生の時、両親は彼女を家から一時間ほどのところにある寮制の学校に入れた。しかし彼女は、付き合っていた男の子をめぐって他の女の子たちとトラブルを起こし、年度半ばで退学した。「毎晩女の子たちからいじめられて耐えられないって言うんです」と母親は言う。フィービーは母親が教師をしていた地元の学校に転校した。しかしここでもうまくいかなかった。一人の男の子をめぐって、さらに多くの「ドラマ」に巻き込まれた。「あの子は三、四カ月も、女の子たちから完全に無視されていました」と母親は言った。「もとはオールAの成績だったのに、ほとんどの科目を落とすようになってしまったんです」

次の夏、母親のアンは一四歳のフィービーと一一歳の妹を伴ってサウス・ハドリーに引っ越した。一年間アイルランドを離れて、心機一転するのがいいのではと思ったからだ。父親はアイルランドに残った。

サウス・ハドリーは、マサチューセッツ州にある人口一万七〇〇〇人ほどの中規模都市で、特に皮肉でもなく「ハッピーバレー」と呼ばれている。住民の多くが自営業、看護師、教師、警官などである。収入の平均値は七万七〇〇〇ドルで、九四パーセントが白人である。アイルランド人もわずかながら住んでいるが、それでもフィービーの存在は珍しかったようで、多くの生徒がフィービーのことを「あのアイルランド人の子」と呼んだ。しかしフィービーは自分が異質な存在であることなど気にかけなかった。「彼女は気さくで、友達を作るのが得意だった」とある九年生の男の子は私に話してくれた。フィービーの成績も、以前のように良くなっていた。「昔の娘が戻ってきたみたいでした」と母親は言った。「この国では、自分を表現したり活動に参加したりするのも自由なの、と喜んでいました」

フィービーは可愛らしくて頭も良かった。高い頬骨、長い茶色の髪、ある時は輝くような、またある時は艶っぽい笑顔。男の子たちが彼女に惹かれるのに時間はかからなかった。最初は同じクラスの男子、さらに上級生の男子がそれに加わった。一一月頃から、ラテン語の教師がフィービーの変化に気づいた。「初めは学年で最も優秀で、やる気のある生徒だったんですが」とその教師は語った。「外見が良くて人気がある生徒のグループに入ろうとしたようです。そのグループは授業中もずっとおしゃべりしていて、教師をバカにしています。フィービーは容姿の劣る生徒を無視するようになり、宿題もしなくなりました。そして肌を露出する大人びた服装をしはじめました」教室では、ジェームズというドラッグをやっている男の子と一緒に座っていた。

フラナリーは週末のパーティで、ジェームズと一緒にいるフィービーに会ったことがある。「九年生には可愛い女の子がたくさんいたので、目立つことをしないと埋もれてしまうんだけど」とフラナリーは言った。「いい意味でも悪い意味でも、フィービーは目立っていました」一年上のかっこいいとされる男子の中で、フィービーは一番人気があった。フラナリーはそういう男の子たちにも、彼らが付き合っている女の子たちにも関心がなかった。「高校では友達も多くなかったけど、別に問題も起こらなかった」と彼女は言う。「私はグループにも属していなかったし、特に誰も私のことを話題にしなかった。私はただやるべきことをやって、学校なんかどうでもいいって思ってたんです」

フィービーに目をつけていた一二年生の男子の中に、ショーン・マルベイヒルというフットボールチームのスター選手がいた。ショーンは長いこと、一一年生のフィールドホッケー選手、ケーラ・ネアリーと恋人同士だった。ただこの二人は時々、カップルであることをやめて別の人と付き合ったりもしていた。ちょうど一一月頃はそんな時期で、ショーンはフィービーを学校まで車で送り迎えするようになった。二人の仲は急速に深まり、フィービーはそれまで誰にも言わなかったアイルランドでのできごとを彼に打ち明けるようになった。いじめられてうつになって、リストカットしたことまで話した。「フィービーはすごい子だって、その時初めて知ったんです」とショーンは言った。「それに、何て悲しい子なんだって思った。傷跡も見せてもらった」

フィービーが自傷を始めたのは、八年生の時に中学で女の子たちのいじめに遭ってからだった。

「うつ」や「境界性パーソナリティ障害」に伴って起きる自傷行為は年々増えてきている。精神科医のコリーン・ジェイコブソンは、「ティーンエイジャーは、人格形成の過渡期にあるので、パーソナリティ障害という診断を下すのはためらわれます。境界性パーソナリティ障害は長期にわたって繰り返される行動パターンなんです。しかし、リストカットとうつの関連は、あらゆる年代で明らかです」と話す。ティーンエイジャーのリストカットは、気持ちを落ち着かせるため、または周囲からの注目を集めるために行われることが多いという。「リストカットは解放だった。生きている気がしない時にカットすると『私まだここに生きているんだ』って思う。心が完全に無感覚になるのを、痛みが食い止めてくれる」そうネットに書き込んだ一六歳の少女もいる。

研究者の中には、自傷行為は自殺の「予行演習」だと考える人もいる。そういうケースがどのくらい多いか明確ではないが、リストカットと、自殺願望や未遂の例は、確かに重なっており、医者たちは危険信号と見なしている。「リストカットをする子どもは、自殺を試みる確率が他の子より高い。未遂が多くなれば実際に死亡するケースも増えます」とジェイコブソンは言う。

寮制の学校をやめて家に戻った時、フィービーのリストカットはしばらく収まった。しかし地元の学校へ通いはじめて、そこで女子たちとの間に問題が起きると、再び始まった。五月、アメリカに移住する前に、フィービーは抗うつ薬のプロザックを飲みはじめた。アメリカに来てからは、母親は彼女をノーザンプトンにある病院に連れていって診察を受けさせた。医師は気持ちを落ち着かせ、睡眠障害に効くセロクエルを処方した。

サウス・ハドリー高校に転入した時、母親は学校側に、フィービーがアイルランドの学校でいじめられてうつ状態にあったことを話した。前年の成績が悪いのは娘の本来の学力ではないと、説明しなければと思ったからだ。スプリングフィールドという近くの町に住むフィービーのおばも、姪のことをよく見守ってほしいと、学校のスタッフに頼んだ。ガイダンス担当の教師は校長にそれを報告し、一人のスクールカウンセラーがフィービーに会うことを請け合った。一一月の感謝祭の頃まで、母親は特にそれ以上は学校に何も言わなかった。

母親はフィービーが元気にやっていると思っていたので、土曜日の夜に彼女を一人残して、スプリングフィールドの妹のところに泊まりがけで遊びに行くようになった。たまにはフィービーも自由になりたいだろうと思ったからだ。フィービーも一一月の初めにアイルランドの友達に、こうした週末に関して楽しげなメールを送っている。「ママとすごい約束したんだ。一週間に一度は、私が自由に家を使えるの。私がママにうんざりして家出したりしないようにね！」

自信たっぷりで生意気に聞こえるが、実際にはこの自由がフィービーにとっては重すぎたようだ。友達に宛てたその後のメールにフィービーはこう書いた。「一二年生たちがマリファナとかビールとかウオッカとか持ってやってくるんだ。グラビティ・ボングってすごいよ。最高！セックスよりいいくらい」二週間後のメールもまた、書き初めは興奮が感じられるものだった。しかし最後の方には不安が滲《にじ》んでいた。「ママがまた出かけて、夕べもパーティをやったの。グラビティ・ボングを持ちこんで……それから最高のストロベリー・ウオッカ……やりすぎは良くないよね……金曜日には救急に行ったんだ。薬をこれ以上飲みたくなくて」メールのほとんどは自分の陥ったトラブルをティーンエイジャーの言葉で語っているものだ。これらについてジェイコブソンに尋ねてみると、「重症のうつにアルコールや薬物使用が重なると、自殺につながるリスクは極めて高い」という答えだった。

ある日曜日、母親が帰宅するとフィービーはショーンと服のままベッドで眠っていた。「何もなかったと娘は大慌てで言いました。ショーンはゲイだと」しかし母親には、フィービーが嘘を言っていると分かっていた。そして実際に彼らはセックスをしていた。

そしてとうとう、いつものように土曜日に酒と薬物のパーティをやっていた時、近所の人が警官を呼んだ。それ以来母親は、娘を残して出かけなくなった。

学校では、フィービーはアイルランドの家と父親が恋しいと話していた。「あの子はいつもアイルランドに戻りたいと言っていました。私に何回もそう言ったことがあります」と、ラテン語の教師は証言している。父親のことをよく話していたらしい。一〇月には英語のクラスで、アイルランドの田舎の素朴な暮らしと、父親との心の交流の思い出を作文に書いている。

父親もまた、娘とのつながりを大事にしていたようだ。「あの子は何でも話してくれました」と彼は語る。「セックスのこともドラッグのこともオープンに話し合いました」フィービーの作文を読むと、彼女の人生が崩壊しはじめた時に、父親の存在があまりに遠かったことを思わずにはいられない。

心の痛みを身体の痛みに変える

フィービーはショーンと過ごす時間が増えるにつれ、本物の恋人同士だと周囲に言うようになった。ケーラのようにショーンの公認のガールフレンドになりたかったのである。しかし、ショーンにそのつもりはなかった。「ケーラとは話はするけど、デートはしていませんでした。フィービーとは友達だったけど、セックスはした。ケーラは僕がフィービーとよく一緒にいることを知っていたけど、セックスしてることは知らなかった」

一一月の中頃、ショーンはケーラに嘘をつくのが苦しくなって、フィービーとの肉体関係をやめようと心に決めた。感謝祭の次の日、フィービーは嫌なことがあったので会いたいとショーンを呼び出し、二人はガレージで話をした。「フィービーはまたリストカットをしたと言ったんです。手首から肘まで腕の内側が切れてて、まだ血が出ていた。何でそんなことをするんだって繰り返し尋ねたけど、彼女は自分もそのわけを知りたくないって言った」

リストカットは、さまざまな状況でさまざまな衝動によって起こる。それが一時的な救いをもたらす場合もあるため、永遠の終わりである「死」の対極にあるという意味で、本人にとっては自殺のアンチテーゼと捉えられることもある。フィービーはその年の秋に、自傷行為について本を読み、感想文にこんなことを書いている。「私個人の視点から見ても、著者は自傷という概念をとてもよく理解していると思う。多くの場合、自傷は自殺とは別の種類の行為で、心の痛みを身体的痛みに変えようとするものである。自分の心の痛みについてよく理解できない思春期の人たちにとっては、身体の痛みの方がまだ対処しやすいからだ」フィービーに、なぜこんな本を読むことにしたのかを尋ねた教師はいなかったし、彼女の書いたものを深く掘り下げて考えようとした人もいなかった。

しかし、たとえ自傷が苦しみに小休止を与えるとしても、繰り返せば次第に自己嫌悪が募る。だからこそ自傷は自殺の一兆候なのである。自己嫌悪は自分を消し去ってしまいたいという思いに変化する可能性がある。フィービーはこのことを詩に書いている。

〈息〉
真っ赤な後悔が流れ出す
それと一緒に
痛みも感情も

ショーンが帰っていった後、フィービーは部屋に戻った。しばらくして出てきた彼女は母親に、瓶に残っていたセロクエルを全部飲んだと言った。母親はびっくりしてフィービーを大急ぎで病院に運んだ。車の中でフィービーが意識をなくすのではないかと懸命に語りかけた。フィービーは臓器不全を起こし、一週間入院した。

　こういう自殺未遂は単なるジェスチャーなどではない。その人が本当に危機的状況にあるという兆候である。母親は、サウス・ハドリー高校のガイダンス課に事情を話し、フィービーが学校に戻る前にセラピストにも相談した。感謝祭から一週間たってもフィービーが戻らないため、校内にはさまざまな憶測が広まった。精神科病院に入ったんじゃないか、おばさんと住むことにしたらしい、アイルランドに帰ったんだよ——。フィービーが一二月の第二週に登校すると、ショーンはケーラと再び公認のカップルに戻っていた。ケーラは一一月にショーンがフィービーを車に乗せたりしていたことを知っていたが、二人の肉体関係までは知らなかったし、ショーンもあえて言わなかった。

　フィービーはジェームズと一緒にいることにした。ラテン語のクラスで一緒の、ドラッグをやっている一二年生だ。他の少年たちもフィービーを誘ったが、フィービーはショーンへの思いを断ち切れなかった。そこで今まで話をしたこともなかったケーラを呼び出して、ショーンとのセックスのことを話し、謝りたいと言ったのである。ケーラは大きなショックを受けた。ケーラはフィービーが下級生で転校生であることを思って、フィービーよりもむしろショーンに腹を立てた。ケーラはすぐにショーンに、別れを告げるメールを送った。

　その後フィービーは廊下でショーンを見かけて話しかけようとしたが、ショーンは背を向けて去っていった。

ショーンは最終的に、ケーラからもう一度やり直すチャンスをもらうことができた。そしてケーラに忠誠を示すために、フィービーを完全に切り捨てたのである。

父親を亡くしたオースティン

フィービーはこのことを母親には話さなかった。カウンセリングの間、母娘《おやこ》はずっと言い争っていたようだ。多くのティーンエイジャーと同じように、フィービーも母親が自分を理解していないと言い、母親は多くの親と同様に、門限を守らなかったなどと娘にわめき散らした。フィービーがなぜ自傷行為をするのか、なぜ自殺未遂をするのか、真の理由について、母娘の気持ちはかけ離れていた。母親はフィービーが、男の子との問題で思うようにならなくてカッとなったのだと考えていた。フィービーは両親が離婚するのではないかと心配で、母親からも理解されていないと感じていた。

はけ口を求めるように、フィービーは他の男の子たちに近づいた。彼らはフィービーの力になろうとしたが、どうしていいのか分からなかった。彼女は一二年生のクリスに、ショーンとの破局について絶望的な内容のメールを書いた。クリスはそのことを大人には知らせず、自分でフィービーを慰めようとした。このパターンは、他の上級生の男の子との間でも繰り返された。ジェームズに身体の傷を見せたのもこの頃だ。「ブラジャーの上からずっと腰のあたりまで切れていました。すごく痛そうでした。好きな女の子が自分を傷つけていると思うと、長くは見ていられなかった」とジェームズは言った。彼女にどうすればいいかと聞かれて、ジェームズは途方にくれた。「軟膏を塗ったらって言ったんです。でもそんな答えでいいのか自信がなかった」

クリスマス休暇になると、フィービーはわずかの間、苦しみから解放された。アイルランドの父親が会いにやってきたことで、両親が仲直りして家族がまた一緒に暮らせるのではないかと希望を持ったのである。家族の時間は平和なものだったと、父親は言う。父親は娘たちと一緒に雪だるまを作ったり、妻の用事を手伝ったりした。

フィービーがうつ状態で自己破壊的な傾向にあるなどとは、父親には想像もつかなかった。一月の自殺未遂も何かの間違いのように思えた。フィービーはしばらくセロクエルも飲んでいなかったし、セラピストはフィービーに自殺の危険があるとは思えないという報告書を書き、学校へ戻る許可を出した。

ところが休暇中に父親が突然アイルランドに帰ってしまい、フィービーは打ちひしがれた。またこれからずっと父親に会えない。彼女は母親のせいだと思い、再び上級生の男の子たちに頼るようになった。フィービーが興味を持ったのは、タトゥーパーラー遊びのため訪れた友人宅で会った一二年生のオースティン・ルノーという男の子だ。彼なら自分の話を、共感を持って聞いてくれるのではないかと彼女は思った。彼の父親は急死し、母親が間もなく再婚したため、オースティンはそれに対する怒りを処理できず、学校でもうまくいっていなかったからだ。しかし最上級生になってからは落ち着きを取り戻し、何とか卒業できるめどが立っていた。教師たちは、彼を立ち直らせたのは一人の女の子だと考えていた。それが、フラナリーである。

高校では、誰もが「本物」と認める恋愛関係がいくつかあるものだが、オースティンとフラナリーの恋はその一つだった。生徒たちも二人はいつも一緒と考えていて、オースティンがフラナリーと付き合うようになってよかったと誰もが思っていた。フラナリーはそれまで男の子と付き合ったことはなかったが、オースティンの悲しみを知って、共感と愛情の混ざった気持ちが芽生えたのである。「私たちは本当に仲良しでした。心から愛し合っていたと思います」フラナリーはこう話す。教師たちもそのことは知っていた。「オースティンにとってフラナリーはとても大事な存在でした」と一人の教師は言った。「オースティンは長い間ずっと怒りを滾《たぎ》らせていました。でもフラナリーと付き合うようになって、本当に穏やかになりました。フィービーとのことで、また混乱させられたようです」

「フィービーとのこと」というのは彼らの肉体関係と感情的なつながりのことである。クリスマス休暇の間、彼は自分を頼ってくるフィービーの気持ちを受け止めた。「よく電話で話をしました。彼女はお父さんが恋しいとか、母親が勝手にここに連れてきて、自分は来たくなかったとか。名前は言わなかったけど、自分のことを好きな人はあまりいないと話していました。それと、家での問題があるからちょっと辛いって話も」

オースティンとフラナリーは、オースティンがフィービーに出会う直前にちょっとした喧嘩をした。それで数日間オースティンはフラナリーと会っていなかったのである。従ってフラナリーに、自分がフィービーと会うようになったことも言わなかった。フラナリーはこう言っている。「学校が始まると、オースティンが私を避けるんです。私は廊下で彼のそばに行って、何があったのかと尋ねました。そこにフィービーがやってきて、オースティンは彼女のことも避けようとしたけど、フィービーは彼の腕に手をかけて『オースティン?』って言うんです。何で彼女がオースティンの名前を知っているのかと思いました」

オースティンは、あの子はただの知り合いで、何でもないと言ったが、次の日フィービーの友達が、フィービーはオースティンを奪おうとしていると、わざわざフラナリーに警告した。さらに、フィービーは自信たっぷりで、「オースティンも私が好きなの」と言っていると告げた。「一年半も付き合っていたから、本当に悲しかった」とフラナリーは言った。「まさか彼がそんなことをするなんて信じられなかった。このフィービーって子はいったい何なのって思いました」

「人のカレシに手を出すんじゃない」

その夜自分の部屋で、フラナリーはフェイスブックに怒りをぶちまけた。それでも収まらずに、翌日化学のクラスで、友達のシャロンに話した。シャロンはフィービーと、ケーラの恋人であるショーンとの関係も知っていて、自分自身もボーイフレンドを他の女の子に取られた経験があったので、ひどく腹を立て、フラナリーとケーラの味方をするのが筋であると考えた。一月六日、シャロンは生徒でいっぱいのカフェテリアにフィービーを呼び出して、大声で「娼婦！」と罵り、「人のカレシに手を出すんじゃない！」と警告した。

「誰かとずっと付き合って、その子と何かするのは別にいいんだ」と、ある一五歳の女の子が話してくれた。「だけど、ろくによく知らない男の子たちと次々にする子は、スラット（あばずれ）って呼ばれるの」この定義がきわめてあいまいなのは、本人も実際に一線を越えるまで気づかない場合が多いからだ。社会学者のキャスリーン・ボーグルは、著書『Hooking Up（キャンパスの男女交際）』の中でこう指摘している。「スラットと呼ばれる女の子たちは、自分では気をつけているつもりなのに、周囲からは男の子たちを誘惑していると見られてしまうケースが多い」どちらにしろ、そういう評判がたつと、別の危害が及びやすくなる。全米大学女性協会の調査によれば、性的に奔放だと評判になった女の子は、性的嫌がらせのターゲットになるリスクが高くなる。その結果、集中力の低下、気持ちの落ち込み、学習困難、授業欠席などさまざまな問題につながるという。ミシガン大学の社会学者ジェームズ・グルーバー教授によれば、女の子にとって最もダメージの大きい嫌がらせは、スラットと呼ばれるなど性的なイメージを含むものであるという。

「このような嘲りを受けた子は、他のいじめの場合のように大人に助けを求めることができない」と、同様の経験をした一人のブロガーは書いている。「耐えがたくて仮病を使って学校を休んだ。何があったのかと母親に聞かれても、説明できなかった」

シャロンがフィービーに怒りをぶつけたように、女子は「スラット取り締まり」の警官の役目を果たすことがある。ティナ・フェイは映画『ミーン・ガールズ』の中でこの様子を巧みにまた凄惨《せいさん》に描いている。

シャロンはランチの後もフィービーのラテン語のクラスが始まる前に、彼女を再び「娼婦！」と罵った。自分の机にいた教師はシャロンの言葉は聞こえなかったが、フィービーが動揺しているのが分かった。フィービーが泣きながら近づいてきたので、教師は彼女を抱きしめた。それから男子が入ってきたので、フィービーは教師に何も言わないでくれと懇願した。しかし教師は、一応副校長にそのことを報告した。副校長はすでにカフェテリアでのできごとを聞いていたので、シャロンをオフィスに呼んで二日間の停学処分にした。

フラナリーはシャロンがしたことを聞いても、まだ怒りが収まらなかった。次の日、体育のクラスでクラスメートたちにフィービーのことを話し、「誰かがあの子を痛い目に遭わせてやらなきゃ」と言った。教師たちは不穏な空気を察し、副校長に告げた。副校長はフラナリーとフィービーを呼び、フラナリーに口頭の警告を与え、フィービーに近づかないようにと言った。これまでまじめな生徒だったフラナリーにはそれで充分だと思ったのである。

しかしケーラもまた、フィービーはやりすぎたと思っていた。フラナリーとは友達ではなかったが、フィービーが男の子たちを誘惑することを、許せないと考えていた。これは高校にありがちな、悪名高いダブルスタンダードである。いろいろな女の子と遊ぶ男の子は「プレイボーイ」として許され、女の子の場合は「スラット」と言われる。ケーラはフェイスブックに、「何よりむかつくのは、アイルランド人のスラットだよ！」と書いた。

フィービーはフェイスブックのアカウントを持っていなかったが、ジェームズが放課後、ケーラの書き込みを見せてくれた。ジェームズはその場で「こんなことを書いてはいけない。フィービーのことをよく知らないのに」と書き込んだ。

一方、オースティンはフラナリーに、彼女を裏切ってしまったことを詫び、これからも恋人同士でいてくれと懇願した。そしてフィービーにはそのことをメールで伝えた。フィービーはフラナリーとよりを戻したら自殺すると返事した。オースティンは慌てて、「バカなことを言うな。気を静めて、冷静になってくれ」とメールを返した。

次の朝、フィービーは学校の医務室に自分でつけたやけどの傷を見てもらいに行った。マリファナを吸っていてパイプを落としたのだと説明したが、不審に思った看護師はソーシャルワーカーに報告して、フィービーの様子に気をつけるようにと言った。

一一月半ば以降、ソーシャルワーカーは、フィービーとその母親に定期的に連絡を取っていた。フィービーが向精神薬を大量服用したことも知っていたからである。フィービーは嫌がったが、ソーシャルワーカーは母親に電話して、やけどのことを話した。母親は電話で、誰とマリファナをやっていたのかと問い詰めたがフィービーは何も言わず、家に帰ってから話したいと言った。しかしこの後、彼女が母親と話をすることは二度となかったのである。

「許して」

フィービーは昼休みに図書館に行き、クリスという一二年生の男の子のそばに座った。フィービーはしょっちゅう彼にメールをして数学の宿題を助けてもらっていた。そばのテーブルにはショーンとケーラが、アシュリーという女の子と一緒にいた。アシュリーは家庭に問題があって、そのうっ憤を他の生徒にぶつけることがよくあった。彼女はフィービーに向かって、「誰にでも脚を広げるんじゃないよ。低能の娼婦！」と嘲った。ショーンとケーラは笑った。フィービーは聞こえないふりをしてクリスに話しかけた。しかし始業のベルが鳴ると、アシュリーはフィービーのテーブルにやってきて、同じ言葉を繰り返した。

フィービーは放課後にも、駐車場へ向かう三人と顔を合わせることになった。アシュリーはまた「娼婦！」と叫んだが、フィービーは立ち止まらなかった。

フィービーはｉＰｏｄのイヤホンを耳に入れていたので、聞こえなかったのかもしれない、と周りにいた生徒の何人かは振り返る。数分後アシュリーは車でフィービーの横を通る時に、空のソーダ缶を投げつけた。

フィービーは午後二時二三分頃から、クリスに、みんなに嫌われる自分のような人間は死んだ方がいいのだという絶望的なメールを送りはじめた。クリスは言葉を尽くして必死でそれをなだめようとした。

二時五一分に送られたクリスのメールに彼女は返事を書かなかった。彼女はベッドルームで、自分がその後何をしようとしているかよく分かっていなかったことを示すように、携帯を充電器に入れた。そして、妹にもらった黒いスカーフを取りだした。

四時半少し前、フィービーはそのスカーフを階段の梁《はり》にかけて首を吊った。妹が見つけて必死にスカーフをほどこうとしたがほどけず、救急車を呼んだ。警察がフィービーの部屋を捜索すると、いくつかの絵が見つかった。一枚は女の子が首にロープを巻いている絵だった。その女の子の胸にはメモがピンで留めてあって、「許して」と書かれていた。

いじめっ子の断罪

ここまで述べてきたフィービーの自殺に至るまでの詳細はすべて、警察の調査資料に書かれている。警察はフィービーの家族や友人、学校関係者、何十人もの生徒たちに話を聞いた。フィービーの医療記録やカウンセリングの記録も調べ、何百ページにもわたる報告書をまとめた。そこには悲劇に至るまでの、危険な兆候、見逃された救済の機会、冷酷な仕打ちなどが満ちていた。

そして、フィービーの自殺には数多くの要因が関わっていたという事実が明らかに示されている。しかし検察官はこの複雑な状況を、「フィービー・プリンスはいじめによって自殺に追い込まれた」という単純なストーリーに置き換えてしまった。

フィービーの自殺はセンセーションを巻き起こし、メディアはそれに飛びついた。雑誌やテレビが大げさに報道する中で、無実の犠牲者であるフィービーが、一方的にたちの悪い生徒たちからいじめられたという構図が作り上げられた。「いじめ殺人」などという概念ができ上がると、事件の複雑な様相などはすべて覆い隠されてしまう。「生徒たちはフィービーをメールやフェイスブックで脅し、そのあげく命を絶つまでに追い込んだ」と、ABCの報道番組「グッド・モーニング・アメリカ」はフィービーの死後一一日間にわたって報道を続けた。番組に登場した元検事は、いじめは犯罪と位置づけるべきだと主張し、「こういうできごとを隠そうとすることが、フィービーのような犠牲者を生むことにつながる」と述べた。ネットでは、懲罰を求める過激な意見が次々と寄せられ、いじめた生徒の名前、住所、写真、車のナンバー、通学路まで公表して、いじめられる側の気持ちを思い知らせるべきだなどという、匿名の書き込みまであった。

これは、いじめに対する新たな関心の高まりの、危険な側面である。言葉は時に武器となる。そして誰が「悪者」かが判明したとなると、その相手を非難し処罰したいという衝動が、タガが外れたようになるのである。

サウス・ハドリー高校でのできごとは、最初は噂によって、その後は学校幹部の配慮不足によって広まっていった。何人かの生徒は、翌日にろうそくを灯してフィービーの死を悼《いた》んだのだが、校長のダン・スミスはその次の日に、学校のダンスパーティを予定通り行うという大きな間違いを犯した。このパーティで生徒たちは、警官に聞かれても口をつぐんでいたことを自慢げにしゃべってしまった。しかも、フィービーに「死ねばいいのに」と言ったことや、死後フェイスブックに「死んで当然」とか「ミッション完了」などと書き込んだことまで話していた。校長はさらに不用意にも、全校生徒の両親に長々と手紙を書いて、一部の生徒たちがフィービーに意地の悪い言葉を投げかけたことが原因であると生徒たちを非難し、フィービーが他の生徒たちと男友達の問題でトラブルを起こしていたことも報告した。スミス校長の中途半端な情報提供は、「どういうことだ」「誰が何をしたというのか」と無限の憶測を生むことになった。

フィービーの死の当日のできごとは、やがて明らかにされた。つまり彼女が学校で、スラットや娼婦といった言葉で罵られたということである。それと同時に、学校側がフィービーに全く支援の手を差し伸べなかったということに非難が巻き起こった。地元の人々が、関与した生徒もスタッフも正式に懲罰を受けなければならないと激しい攻撃を始めた。その一人、ダービー・オブライエンは、PR会社を経営しており、世の中で虐げられている人間を擁護することを身上としていた。オブライエンは、校長のスミスと教育長のガス・セイヤーが、無力な移民の少女を犠牲にして、裕福な家の人気者の生徒たちをかばうために事実を隠ぺいしたと決めつけた。フィービーをいじめた生徒たちが責任を逃れられるのは、フィービーに何の後ろ盾もないからだと考えたオブライエンは、自分のコネを彼女のために使うことにした。彼は友人であるボストン・グローブ紙のコラムニスト、ケビン・カレンに電話をして情報を与え、記事を書かせた。

一月二四日、「アンタッチャブルのいじめ少女たち」というヘッドラインの記事が新聞に載った。カレンは「いじめ集団がフィービーをつけ回して、アイルランド人のスラットと罵った。嘲りも、ストーカー行為も、恐喝も、容赦のないものだった」と書いた。さらにフィービーの死後も「彼らはフェイスブックでその死をからかった。このフィービーをいたぶった意地悪な少女たちが、何の咎《とが》めも受けずに学校に残っているのは、どういうことか」この過激な文章の横には、茶色い髪をバレッタでまとめた、愛らしいフィービーの笑顔の写真が載せられた。誰もが友達や恋人にしたくなるような、あるいは守ってやりたくなるような写真だった。

こんな可愛い子が、残酷な生徒たちのために、死んでしまったのだ――。

真実と作り話を混ぜ合わせたカレンのコラムは、メディアに火をつけた。教育長のセイヤーは、学校がフィービーの死にまつわる調査をどのように行ったかをきちんと説明する代わりに、まるで法律家のように「いじめに関与したすべての生徒は、停学などの処分の対象となる」と断言して火に油を注いだ。その間学校は、アシュリー、ショーン、ケーラを停学とし、彼らはその後、検察の結論が出ないまま学校を去った。学校は個々の生徒に下した処分については公表しない決まりになっているので、セイヤーはそれについてはコメントしなかった。そのことが、学校は明確な処分を何もしなかったと世間に思わせる結果になった。

インターネットには匿名のコメントが殺到した。「いじめた生徒たちを学校から追い出せ」というタイトルのページには、フィービーをいじめたとされる生徒たちの名前や写真も掲載された。彼らに危害を加えることを匂わせる書き込みもあった。

学校と地元の教育委員会はあくまで責任を否定し、フィービーの家族とも連絡を取らなかった。フィービーの名前を冠した追悼基金の集まりにも、学区の幹部たちは出席しなかった。教育委員会の誰かが遺族にお悔《くや》みを言いに行ったのかという質問にも、彼らはノーコメントを通した。

教育関係者に比べ、オブライエンははるかにメディアの扱いに長《た》けていた。雑誌「ピープル」がサウス・ハドリー高校にリポーターを送って取材していると聞きつけると、オブライエンはフィービーの父親に連絡を取って、娘の写真を何枚かピープル誌に送るよう提案した。さまざまな表情と服装のフィービーの写真がピープル誌に掲載され、「なぜフィービーはいじめられて、死に追いやられたのか」というタイトルがつけられた。

怒りの嵐は広まっていった。オブライエンは公然と、校長と教育長の退任を要求した。親たちは保護者会で、学校を非難したり、自分の子どももいじめられたと訴えたりした。

モンスターはいなかった

私が最初にフィービーの死とそれに続く激しい非難の嵐について知ったのは、一月の末だった。

カレンの記事を読み、ソーシャルメディアに寄せられる怒りに満ちたコメントを読んだ。サウス・ハドリー高校はその中で、まるで悪夢のような恐ろしい場所に描かれていた。人気者の生徒たちが弱い者を好きなようにいたぶって破滅させてしまう。哀れなその犠牲者が廊下で泣いていても、教師も友人も誰ひとり助けようとしなかったという。いったいなぜそんなことになったのか、彼らに何が起きているのだろう、と私は思った。ちょうど、オンライン雑誌のスレート誌に、いじめに関するシリーズを書きはじめたところだったので、この高校の事件を深く調べてみようと思った。

最初に電話をしたのはダービー・オブライエンである。翌週の保護者会では、教育長のセイヤーと校長のスミスに非難が殺到するだろうと彼が言うので、私はその保護者会を傍聴することにした。入り口では二、三人がフィービーのための寄付を募っていたが、ほとんどの親はそれを無視して通りすぎ、中には「校長を支援する」というスティッカーを配る人たちもいた。

スミス校長が立ち上がると多くの拍手が湧き、四分の三ほどの出席者が立ち上がった。校長は少し声を詰まらせながら語りはじめた。「この騒ぎを終わりにしなければなりません。私は我が校の生徒たちを信じています。お集まりのみなさんも同じ気持ちだと思います。彼らのためにも、前に向かって歩き出さなければなりません」

校長のスピーチが終わると、反校長派たちは席を立った。残った保護者と生徒たちは小グループに別れて、いじめ防止のために何ができるかについて話し合った。私は、スマホ時代の子育ての難しい点について語る、親たちの率直な意見に耳を傾けた。彼らはガイダンスが必要であると言い、それを学校で子どもたちにしっかり浸透させてほしいと言った。「運転免許を取る子どもの親に、二時間の講習が義務づけられているように、子どものインターネット使用について親が講習を受けた方がいいんじゃないかしら。私などはフェイスブックを見るにも娘に教えてもらっている有様ですから」と一人の母親は言った。また、校内に携帯の電波が入らないようにして、使用を禁止できないのかと尋ねた母親もいる。「Tモバイルならつながらないよ。アクセスブロックしたかったら、子どもにTモバイルを買ってあげたら」と一人の少女が甲高い声で言ったので、会場は笑いに包まれた。

その冬から夏まで、私は毎週のようにサウス・ハドリー高校に通った。ジャーナリズムのクラス、吹奏楽の練習、演劇リハーサル、校内の駐車場や近所のカフェなどに出かけていき、生徒たちと話をした。学年や仲良しグループに偏《かたよ》りがないように生徒を選び、演劇オタク、ホッケー選手、薬物使用者、優等生、ゲイ、トランスジェンダー・グループの代表など、実にさまざまな生徒と話をした。初めのうちは私にも、よそから取材に来た多くのリポーターたちと同様、「一見普通の公立高校のように見えるが、この学校は機能不全に陥った恐ろしい場所なのだ」という思い込みがあった。また、悪者たち（アシュリー、ショーン、ケーラ）が学校を去ったのだから、生徒たちは一様にホッとしているに違いないと思っていた。

私が探しに行ったのは、真っ黒な心臓を持った三人のモンスターたちだった。ところが実際には、それはうっすらとしたグレーでしかなかった。フィービーをいじめた三人の一二年生が去ったことに対して、ホッとしたと言う子も、喜んでいる子もいなかった。アシュリーは確かに辛辣なので有名で、アシュリーの友達が片思いしていた男の子と付き合いはじめた一六歳の少女は、彼女からひどいことを言われたと話してくれた。しかし多くの子たちは、アシュリーの家庭が荒れていることに同情していたし、ショーンやケーラに至っては、誰からも好かれていた。少々自己中心的なところはあったようだが、決して意地悪な性格ではなかった。「あの三人がいなくなって寂しいよ」と一六歳の生徒は言った。

この学校の生徒が、いじめを問題だと思っていなかったということではない。二〇〇五年の調査では、三〇パーセントの生徒が前年にいじめられた経験があると答えた。これは州平均の二四パーセントを上回る。その年の学校新聞の論説では、「学校は現実に問題が起きるまで、いじめの増大を放置するつもりか」と二人の生徒が問いかけた。「どれだけの生徒がいじめられ、どれだけの親が怒り、どれだけの生徒がうつになり、どれだけ自殺未遂が起これば、学校は対応するのか」

これらの問いかけは先を見越していたように聞こえる。しかし私が会って話した生徒たちはみな、フィービーが一方的ないじめの犠牲者だったとは全く思っていなかった。フィービーはいわゆる「ガール・ドラマ」の主要キャラクターで、いろんな相手とそれぞれ対立を引き起こしていたのである。生徒たちは「スラット」という悪口を許容しているわけではないが、仕方ないと見ていた。「あんなことになっちゃったから、意地の悪いこと言いたくないけど、転校したばっかりの学校で、次々と違う男の子と寝たら、そりゃ反発受けるよ」と一六歳の女の子は言った。生徒たちは、フィービーの自殺の責任を、アシュリーやシャロンやケーラ、あるいはショーンに押しつけるのはあまりに不公平だと思っていた。彼らは確かにやりすぎたかもしれない。だが結果が出た後で彼らを責めるのは易しい。自分たちの行為がこんな結末を招くと予測することが、彼らに可能だっただろうか。

一人の学校経営者はこう言った。「問題が起きると、その行為がいじめとされるのです。生徒たちから見れば、フィービーこそが力を持った存在でした」私はモニークのことを思い出した。ジャンナはモニークが自分と対等に渡り合える子だと思っていたために、やりすぎてしまった。ティーンエイジャーの間の力関係は非常に流動的である。サウス・ハドリー高校でも、フィービーが力を失い非常にもろい内面を抱えていたことを、取り返しがつかなくなるまで、誰も気づかなかったのである。

告訴

フィービーの死後、警察はたくさんの生徒と学校職員から事情聴取を行った。ネットに悪口を書き込んだ生徒も特定した。そのうち不可解な差出人のない小包や嫌がらせの手紙が、フラナリーの家に届きはじめた。そのうちマスコミまでやってくるようになった。母親は仕事をやめ、不安がる娘のそばにいることにした。母親の同性婚の相手は刑事弁護士で、フラナリーに弁護士の同席なしに警察に話をしてはいけないと教えた。

一方で、多くの子どもたちは、自分たちが傍観者であったことに罪の意識を覚えていた。アシュリーが図書館や講堂で、フィービーを「娼婦」と罵った時に、何人くらいそれを耳にしたのか分からないが、どうして誰も教師に言わなかったのだろう。調査によれば、誰かがいじめられている時に、それに介入する生徒はほとんどいないという。いじめの一〇件に九件は他の子どもの目の前で行われる。しかし犠牲者をかばう子どもは二〇パーセント以下で、それがなぜかはよく分かっていない。フィービーの場合も、ほとんどの生徒は、フィービーのやっている「ドラマ」に首を突っ込まない方がいいのだと、当然のように思っていた。後になって思えば「学校というコミュニティのモラル崩壊だった」と一人の少女は言った。

相手の気持ちを傷つけるような行為を、暗黙のうちに是認したり、あるいは少なくとも許容したりすることをどうしたらやめられるのだろうか。それには町全体が変わる必要がある。まず学校が悪い慣行を変えることを決意し、職員や生徒だけでなく、その家族、ひいてはコミュニティをリードしていくべきだろう。

マサチューセッツ州の心理学者で、フィービーの事件がもたらした混乱を困惑しながら見守ってきたエリザベス・イングランダーはこう言った。「親たちに話をする時には、こんな風に説明するんです。みなさんの母親が感謝祭の夕食にやってきたとします。一二歳の娘におばあさんにキスをしなさいと言うと、娘は顔をしかめてさも嫌そうにします。恥じ入ったあなたは娘の耳を引っ張って台所に連れていき、今すぐにおばあさんに謝らなければ、二度とＰＣも携帯も使わせないと言うでしょう。それが規範を教えると言うことです。正しい行動がどういうものかはっきり教えるのです」

実はフィービーの自殺の数カ月前、スミス校長と教育長のセイヤーは、いじめ防止の取り組みを行っていた。しかしそれは中途半端で長続きしなかった。サウス・ハドリー高校は、フィービーが九年生になった年度の初め、たった一日の職員研修に九〇〇〇ドルを投じた。ベストセラーになったいじめに関する本の著者バーバラ・コロローソに、六、七時間の講習を依頼したのである。しかし教師たちから、一方的な講義形式で、専門用語を並べただけのプレゼンテーションだったことに不満の声が上がった。保護者向けの講演も行われたが、学校文化の変革をうたったその場限りのパフォーマンスで、出席者は少なかった。とても効果的なものとは言えなかった。

フィービーが自殺した後、コロローソは、自分の教えた通りにしなかったとサウス・ハドリー高校を非難した。コロローソがこの学校に必要なガイダンスを与えたかどうかは知らないが、女の子を「スラット」と呼んだりする行為はやめようという学校を挙げてのキャンペーンがあったなら、その方が学校にとっても生徒にとってもよかったことは間違いない。

いじめ防止に関して、人々が互いを糾弾し合う中で、大事な点が忘れられていた。フィービーの死に先だって、自殺を予告する真っ赤な旗が振られていたことだ。それは「うつ」である。

大人も同様だが、ティーンエイジャーの場合も自殺未遂に結びつく大きな原因の一つが「うつ」だということは、数多くの研究が繰り返し結論づけている。いじめは、人をうつ状態にし得るので「リスク要因」といえる。しかしそれは、唯一の要因ではないし、最大の要因であるとも限らない。自殺の原因はほとんどの場合複雑なもので、それを防ぐにはいじめをなくす努力だけでは足りない。フィービーの死を、メディアがやったように「いじめ殺人」などと限定してしまうことは、誤った考え方を広めることになる。しかもこれは、かなり悪質な過ちである。「何かを原因だと決めつけることは簡単で、しかも人の心に衝撃を与え、センセーショナルな話題になります」とコロンビア大学の心理学者マデリン・グールドは言う。「しかしそれは同時に、非常に無責任な行為です。自殺は普通、単一の原因によって起きることはありません。今の世間の風潮は、その子を不安定で弱い状態にしていた他の要因を無視して、いじめられている子どもは自殺のリスクが高いのだと、親や学校や生徒たちに思い込ませてしまっています」

フィービーの死に続く過熱報道の中で、この最も大切なことをきちんと伝えたメディアはなかった。サウス・ハドリーの生徒たちがフィービーの自殺を後押しし、さらにオンラインでそれを祝ったと、センセーショナルに責め立てただけだ。フィービーを偲《しの》ぶページに、いくつかの冷酷なメッセージが書き込まれたことは確かである。しかしサウス・ハドリーの生徒が書いたものだという証拠などない。ボストン・ヘラルド紙が「死んで当然」とか「ミッション完了」などという書き込みについて匿名の証言を引用し、それがインターネットを通して広まり、全国テレビで取り上げられる頃には、それがサウス・ハドリーの生徒が書いたものだという「疑問の余地のない真実」のようになってしまっていた。もちろんこの書き込みに関与していなくても、アシュリー、ショーン、ケーラ、シャロンがフィービーを罵ったことは、間違いだった。しかしこの「ミッション完了」などの書き込みに対するメディアの報道は、「悪魔のようなティーンエイジャー」を実証することになってしまったのである。

そしてついに検察が介入してくる。

三月末、マサチューセッツ北東部の地方検事、エリザベス・シャイベルが、フィービーの死に関与した六人のティーンエイジャーに対して告訴の手続きをすると発表した。シャイベルはサウス・ハドリー出身で、校長のダン・スミスとは同じ高校の卒業生だった。記者会見で、シャイベルはフィービーが一月一四日に受けたとされる嫌がらせについて詳細に説明した。その当日を「フィービーに対する生徒たちの、三カ月に及ぶ学校での言語的身体的攻撃が頂点に達した日」であると言った。またそれらの行動は、「通常の十代の生徒同士で起きる喧嘩の限度をはるかに超えたもの」で、「拷問のように」「情け容赦のないもの」だったと述べた。

シャイベルは、これらの「理由」によって、高校生の非暴力のいじめに重大な刑事責任を問うという、前代未聞とも言える異例の行動に出た。私は全く理解に苦しんだ。サウス・ハドリーの生徒の誰一人、フィービーに対して三カ月の間、組織的に容赦ないいじめが繰り返されたなどと言った者はいない。

地方検事は、壇上で六人の生徒の罪状をすらすらと並べてみせた。それは強姦（少年たちはフィービーも望んだことだと言っているが、相手が一五歳なので、それでも罪になる）、公民権の侵害（フィービーをアイルランド人のスラットと呼んだこと）、身体的傷害（フィービーが自殺したこと）、ストーキング、嫌がらせ、凶器による攻撃（空き缶を投げたこと）、学校集会の妨害（フィービーに向かって悪口を叫んだこと）など、何と二〇項目にも及んだ。

記者会見の後、私はネットでマサチューセッツ州の刑法を調べてみた。ストーキングや嫌がらせは、最大二年半の懲役を科され、低年齢の相手との性行為に対する罪を問われたら、性犯罪者として登録されてしまう。

地方検事は五人の高校生に、一人の少女が自ら死を選んだことの直接の責任を問うというのである。そんなものが押しつけられたら、彼らはみな一〇年も刑務所に入ることになるかもしれない。

スミス校長は、この記者会見の一時間前にフラナリーの母親に電話をして、告訴手続きが始まった場合、当の生徒は学校にいることが許されないので、迎えに来るようにと言った。母親はどしゃ降りの雨の中をショックで凍りついたようになって学校に向かった。校長はフラナリーに、何も心配することはないとなだめているところだった。「地方検事にフラナリーはこの件に関与していないと話したから」それから校長は、オースティンが強姦罪に問われるだろうと言った。

フラナリーは「冗談もいいかげんにして！」と叫んだ。

フラナリーはテレビで記者会見の様子を見て、とても現実のこととは思えなかったと言う。「検事が『三カ月にわたるいじめ』って言ってました。何のことか分からなかった。いったいどこからそんな話が出てくるのか。そんなことじゃない。二人の女の子の間で起きた対等の喧嘩にすぎません」

それから少し息をついでフラナリーは言った。「私は、自分がしたことは全く普通の高校生がすることだったと思っています。ずっとそう言ってきました。でももう、誰も私の言うことを信じてくれないんです」

Part 2
エスカレート

第四章　モニーク
——大人を巻き込んだ闘い

二〇一一年二月のある夜、モニーク、母親のアリシア、祖母のアレクサはジープで、市の教育委員会に向かった。モニークを学校へ行かせなくなってから、二週間がたっていた。母親は、教育委員会のメンバーの前で、モニーク自身にいじめの実態と影響について語らせようと考えたのだった。モニークには、黒いパンツと白に花柄の長そでシャツを着せた。モニークの口述は祖母が書きあげた。会場には教師や保護者たちが何十人も集まっていた。こんな場に出たことがないモニークは緊張していた。

　モニークは母親と祖母に挟まれて、二列目に腰を下ろした。まず祖母が壇上に上がって話をした。その後モニークが加わり、小さな声で用意してきたスピーチを読み上げた。祖母の書いた下書きを、ノートから破いた紙に自分で書き写したものだ。

私の名前はモニーク・マクレインです。いじめられている生徒です。祖母は喧嘩をするなら暴力ではなく言葉でするべきだと言います。祖母は私のために長い間闘ってくれています。でもなかなかうまくいきません。

モニークが言葉に詰まると、母親が立ち上がってモニークの肩に腕をまわした。祖母は「大丈夫。しっかり」と耳元に囁《ささや》いた。目に涙を浮かべながら、モニークは続けた。

前は、学校が大好きでした。でも今は、危険な場所になってしまい行けません。学校に行けば誰かが傷つきます。どうぞ私に家庭教師をつけてください。先生たちに会えないのは寂しいですが、少なくとも家にいれば安全なんです……どうぞお願いします。

モニークが腰を下ろした後、母親が足りない言葉を補った。モニークはいつも一人ぼっちで落ち込んでいて、別の学校に行きたいと望んでいると言った。母親は、近くのトーマス・エジソンというマグネットスクール（特別カリキュラムの学校）への編入を希望したのだが、教育長のマイケル・フレシェットに拒否され、最後の手段として家庭教師を要請することにしたのである。母親は委員会のメンバー全員に、モニークをこれまで診《み》てきたセラピストからの手紙のコピーやその他の資料を配った。セラピストの手紙には、モニークが孤独と不安のために集中できず、学業に支障をきたしていて、別の学習機会が必要だと書かれていた。またその資料の中には、「いじめた子」として、シャイアン、デスティニー、ジャンナ、アミナ、ジャスミン、ダヴィナなど、一八人の子どもの名前が、それぞれが行った（とモニークが訴えている）いじめの行為と共に記されていた。ただし名前は読み上げなかったし、マスコミにも知らせなかった。

会議が終わると、教育委員会に批判的な地元のブロガー、エド・マキオンが、チャールズ・マルカ校長にどういう対応をするつもりかと尋ねた。校長は、市のいじめ対策方針に準拠してこの問題に対処してきたが、対応し切れなかった部分もあったと言った。

マキオンはこの校長の返事を、ジャンナが「マイスペース」に書き込んだメッセージと一緒に、ブログに載せた。モニークを擁護するコメントが殺到した。「こんな意地悪をする子どもの親の顔が見たい！」また、NBCの地方版イブニングニュースは、教育委員会におけるモニークの口述を掲載し、これまでのいきさつを報道した。ミドルタウン・プレス紙もまた「いじめの悪夢——かつて学校が大好きだったミドルタウンの少女」というタイトルで、モニークがアパートの窓辺で寂しそうに外を眺めている写真と一緒に記事を載せた。母親と祖母は達成感を覚えていた。

「これでやっとモニークは、別の場所で勉強できるに違いない」

教育長は、プレッシャーを感じていたかもしれないが、態度には表さなかった。彼は、この学区の中学と高校の成績低下を食い止めるという任務を帯びて、数年前に赴任してきた。その成果は少しずつ表れ、州平均には及ばないものの、白人とマイノリティのギャップも埋まってきていた。しかし今年は、教育委員会と警察の間もぎくしゃくして多難な一年だった。

四カ月前、モニークがシャイアンとデスティニーにいじめられていた頃、祖母はジュリアーノ市長に会いに行った。教育委員会と警察のあつれきなどを目にして、学校があてにならないと感じた彼女は、誰か力を持った人に頼めば、孫娘のために何とかしてくれるのではと考えたのである。ジュリアーノ市長は彼女の話を聞いて、世間に向けてもっと発言した方がいいとアドバイスした。それで祖母は、一〇月に教育委員会へ出向き、孫が悪口を言われて学校を怖がっていると訴えたのだった。

市長も予測できたはずだと思うが、教育長はこのように話が公にされ、地元新聞のネタにされることを、当然のことながら不快に思っていた。今回の委員会でも、教育長は憮然として座っていた。一三歳の少女たちの小さな内輪のいさかいが、今やはるかに複雑な力関係をはらんだ大人の世界での問題に発展していた。これによってモニークの問題は、もはや簡単に解決できなくなってしまったのである。

話が公になるにつれ、教職員でモニーク一家に味方する者はいなくなってしまった。祖母と母親が依頼した弁護士は、教育委員会に別の学校への転入か家庭教師派遣を力ずくで認めさせようと、この話を地元の新聞やブログにまき散らしていっそう騒ぎ立てた。学校関係者はみな激しく憤慨した。「ひどく脚色されて、まるでメディアショーのようでした」と校長は後で私に言った。

その間もずっとモニークは学校に行けなかった。地元のメンタルヘルスの団体が、こう着状態を打開しようと努力してくれたが、何も変わらなかった。三月の教育委員会にはモニークの父親、おじ、祖父まで参加して、なぜ問題が解決されないのかと詰め寄った。また秋には、モニークのボクシング教室のコーチのジョニー・カラスも加わり、モニークを別の学校へ転校させるように訴えた。カラスはソーシャルワーカーでもあり、コネチカット州の児童家庭局のオンブズマンも務めていた。

批判の集中攻撃をじっと耐えていた教育長は、市の特別教育のスーパーバイザーを壇上に呼んだ。スーパーバイザーは、パワーポイントの資料を次々に示し、この学区ではいじめ問題に対し、学校全体の環境を改善することによって対処していると説明し、だいたいにおいて学校側の対応は適切であると言った。さらに、いじめっ子といじめられた子は、最終的にまた仲が良くなることも多いとも言った。議長が「それでは状況は改善しているのですね」と問うと、スーパーバイザーはその通りであると答え、「できるだけのことはしますが、家庭内暴力が当たり前の環境で、学校にその影響が及ばないはずがありません。魔法の杖でもあればいいが。学校は法律の範囲内でできることをやっているということを、みなさんに分かっていただきたい」と言った。

その翌日、モニークの祖父の家に警官がやってきて、祖父を警察署に連れていった。教育委員会での「もしあんたたちが問題を解決できないと言うなら、私がその役を買って出る」という彼の発言が、学校に対する脅迫に当たる可能性があるという。しかし捜査官が会議のビデオを確認したところ、特に問題がなかったため、謝罪して帰らせた。モニークの家族にとって、これは権力側からの警告のメッセージのように思えた。

傍観者のジレンマ

私が話を聞いたウッドロウ・ウィルソン中学の生徒のほとんどは——アミナやジャンナやジャスミンも含め——モニークとその家族が、いじめにきちんと対処するように学校側に圧力をかけたことはよかったと考えていた。「モニークのお母さんは正しいことをしていると思う」とアミナは言った。「この学校は、いじめ問題を大げさに話すくせに、いざ誰かがいじめられてると、こうなんだ」と手を広げて肩をすぼめ、大人が関心を示さない時のしぐさをしてみせた。

青少年サービス局のソーシャルワーカー、メリッサ・ロビンソンは、学校の雰囲気が棘々しくなってきていることに心を痛めていた。仲間内での地位を争う女の子たちは特に神経をすり減らしているようだった。「ドラマを始めよう」のページは汚い悪口の応酬にあふれ、読んでいると暗澹《あんたん》たる気持ちになる。人をけなすことに夢中になっている少女たちは、家でも学校でも居場所のない子どもたちのように、ロビンソンには思えた。二、三カ月前、彼女は少額の予算を取って、いじめ防止のための課外プログラムを始めた。自由参加とし、入ってほしいと思う子たちには声をかけた。ジャスミンもアミナもこれに参加し、全部で一二名が集まった。中には罰として教師から参加を命じられた生徒たちも混じっていた。

三月の初め、私はこのクラスの活動を見に行った。生徒たちは火曜日の午後に一階の英語の教室に集合する。グループには、礼儀正しい優等生から騒々しいトラブルメーカーまで、あらゆるタイプの子どもたちが含まれていた。一つの机の上には、ドリトスとポテトチップとジュースが積み上げられていた。ロビンソンがドアを閉めに行くと、眼鏡をかけてアディダスのトレーナーを着た女の子が一人、息を切らせて駆けこんできた。本人にそのつもりはなかっただろうが、彼女の言葉は、まさにロビンソンが直面する問題の本質を明らかにしていた。

「二人の子が喧嘩を始めそうだったんで、遅くなっちゃった」と女の子は言い訳をした。「『やれやれ！』って応援してたの」

ロビンソンは呆れたという顔をした。「それは、正しいことだと思った？」

女の子はぽかんとした顔をして「え、何？」と言い、ドリトスの袋を取って席についた。

ロビンソンは頭を振りながら、ノートを取り上げた。使うように指定された教材は数年前に作られたもので、インターネットの問題も含まれず、対象年齢も少し下だった。しかし彼女はそれで何とかやろうとしていた。その日の目標は、「喧嘩やいじめを周りで見ている人は、直接関わっていなくても、それを煽り立てる役割をしているかもしれない」ということを、子どもたちに考えてもらうことだった。ロビンソンは「喧嘩が起きているのを見ながら、何もしないということは、喧嘩をサポートしていることです」という文を読み上げ、子どもたちに、この意見に賛成の人と反対の人に別れて、教室の両側に並ぶように言った。子どもたちは互いにぶつかりながら、およそ半数ずつに分かれて並んだ。

「もし誰かがあなたたちに喧嘩するようにけしかけたら、本当に喧嘩が始まることが多い？」と聞くと、子どもたちはうなずいた。

彼女は次に「さて、そばで見ている人が喧嘩をやめさせるのは、もちろん難しい時もあるでしょうけど、絶対やめさせられないと思う？」と尋ねた。「喧嘩の中に飛び込んでいったら、こっちが殴られるよ」と後から飛び込んできた少女が言った。「それに、止めに入ったのに、先生に喧嘩してると思われるかもしれない」

「文化という言葉は知っている？　これは、人がどういう風に考えるかということよね」ロビンソンは生徒たちを席につかせ、自分も向き合う形で腰を下ろした。「私には、この学校には――先生が間違っていると思ったら、そう言ってね――喧嘩が始まったのを見ても、関わり合いにならないようにしようという『文化』があるように思えるの。『傍観者』というのは、何もしない人のことです」

「だって、喧嘩が自分と関係がなかったら、関わらない方がいいでしょ」とその少女が言うと、他の子どもたちもうなずいた。

「じゃ、片方がいじめられている場合はどう？」とロビンソンは尋ねた。

「やっぱり関わらない」と同じ少女が答えた。「それがいじめだって分からない時もあるし、出ていったら今度は自分がやられるかもしれないし」

ロビンソンは子どもたちに、これまでに起きたいじめの一〇件のうち九件は、周りに傍観者がいたが、周りの生徒がいじめられている子を守ろうとした例は全体の二〇パーセントにすぎないという調査結果について話した。周りの生徒がただ何もせずに笑って見ていた場合、いじめは長引く傾向があるということも教えた。

「そばで見ている人が、もう少し何かするようにしたらどうかしら?」とロビンソンは言った。「喧嘩してたり、他の子を笑い物にして傷つけたりしているのを見た時、何かしてあげたら、少し状況が変わるのではないかしら?」

このことはよく話題になるが、なかなかやっかいな問題である。いくつかの調査によれば、いじめを傍観している子どもたちのほとんどは、いじめは嫌いだと答えており、自分に何ができるか分かれば、何かしたいと思っている。そして何かをすれば、変化は起きる。傍観者がいじめを止めに入った場合、およそ半数のケースで、いじめは収まるという。

「傍観者の生徒たちはそういう時、お互いの顔を見て、どうするか考えるのです」と心理学者のスーザン・スウェアラーは言う。「地元の小学校の四年生の話ですが、一人の転校性が校庭で弱い子をいじめはじめました。新しい環境で自分の立場を固めるためでしょう。しかし他の子たちが『ここではそんなことはしちゃいけないんだ』と言うと、いじめっ子はやめたそうです」

もちろんこういうことは「言うは易し、行うは難し」で、大人でも、誰かが喧嘩を始めた時には、なかなか介入できるものではない。介入しても、褒められるかバカにされるか分からないし、下手をすれば怪我をする。ある日私は、自分でそれを試してみたことがある。ワシントンDCの地下鉄の中で、四人のティーンエイジャーが年配の男性を罵っていた。何が発端なのか分からないが、最初から見ていた人たちは、一様にそっぽを向いて黙っていた。私も最初はそうしていたが、そのうち嫌がらせがエスカレートしてきたため、若者たちに「もう、お年寄りにかまうのはやめなさい」と言った。彼らは私に怒りを向けた。駅で降りても後をついてきて、エスカレータの上でさんざんに口汚く罵った。周りの人が、一体この女性は何をしたのだろうと思っているだろうと考えると、恥ずかしさで顔に血が上り、汗が噴き出した。やっぱり何も言うべきではなかったのだろうかと思った。

オルウェーズのいじめ防止プログラムでは、いじめられた子に「事後に」手を差し伸べることを勧めている。いじめっ子にその場で立ち向かう必要はなく、後でそっと、よりリスクの少ない方法でいじめられた子に寄り添うというものだ。「英雄」として称えられることはないが、いじめられた子には大いに救いになる。ある調査では、いじめられた経験のある高校生に、他の子たちにどんなことをしてもらいたいかと尋ねた。多かった答えは、いじめられた後、家に電話をかけてくれたり、一緒にいてくれたりすることだった。ある一三歳は、いじめられていた間もずっと友達でいてくれた子について次のように書いている。「その友達がいたので、自分は自分のままでいいんだって自信が持てました。このいじめで人生がすっかりダメになったりしないって思えました」

子どもたちはどんな理由で、いじめられている子を助けようとしたり、しなかったりするのだろうか。このことが研究されはじめたのはここ二、三年のことだ。当たり前のようだが、いじめられている子をかばうことは、同情心の有無と関係する。また男の子の場合は、どういう仲間に入っているかも関係する。

イリノイ大学の心理学研究者ドロシー・エスペラージは二〇一一年、六年生と七年生の友達関係のネットワークをマップ化した。いじめをよく行うグループに属している男の子は、誰かがいじめているのを見ても関わろうとしないということが分かった。つまり、いじめ防止プログラムを有効なものにするためには、各グループ内でどの程度いじめが起きているかを考慮する必要があるということのようだ。「子どもたちに助け合いを期待するのは、大人の幻想にすぎません」と彼女は話す。「困っている人を助けるのは人としての責任だと教え込むことはできても、いざという時には仲間の顔色を窺って、友達を失うことの方を心配するのです」

エスペラージは、子どもたちの社会がどのような状況か――つまり仲間内のフィードバックがどのように行われるか――をミクロレベルで知った上でいじめに取り組むことが重要だと説く。一番いい方法は、仲間内で高い地位にいる子どもたちに働きかけることである。彼らの影響力は非常に大きいからだ。これで思い出すのは、モニークが学校を休んでいた間に、彼女の大きな支えになった一人の少女の存在である。

「あたしの友達だよ」

ジョニー・カラスは、もとはアマチュアのフェザー級でチャンピオンだったが、一九八八年からは子どもたちにボクシングを教えている。その傍《かたわ》ら、大学でソーシャルワークの学位を取り、コネチカット州の児童家庭局で、子どもの虐待や育児放棄の訴えを調べる仕事をしている。

教室に姿を見せなくなったモニークのことを心配したカラスは、母親から事情を聞き、副校長に連絡を取って、もっとモニークを支援してほしいと伝えたが、何も変わらなかった。冬頃にはモニークがますます沈んだ様子になるのを心配し、チームのメンバーに、みんなでモニークを支えようと話した。

他の子どもたちに、一人の子どものいじめ問題を話すのは危険な賭けでもある。ティーンエイジャーが、必要なだけの気遣いと慎重さを持っているとは限らないからだ。だからこそ教師たちは二の足を踏む。しかしカラスは、自分のチームなら大丈夫だと思った。子どもたちは彼の信頼を嬉しく受け止め、練習時間をつぶして話し合った。

チームの中に、ジュリーベスという陽気で屈強な女子四〇キロ級のチャンピオンがいて、モニークと同じクラスだった。以前モニークと同じようにバスの中でいじめられた経験があり、やはり学校は何もしてくれなかったので、モニークの状況が痛いほど分かった。彼女はボクシングで成功したこともあって、今は自分に自信を持っている。彼女はモニークに同情して電話をかけ、二人は長いおしゃべりをした。ジュリーベスは、チームのみんなが待っているから戻っておいでと言った。

たった一本の電話が、たった一人が共感を示したことが、状況を大きく変えた。モニークは翌週から練習に復帰し、二度と休まなかった。四月に私が訪ねた時には、モニークは練習場の階段に四人の少女と一緒に腰を下ろしておしゃべりをしていた。中の一人が「グローブ見せて」とモニークに言った。その子はモニークが髪型をまねたとしていじめの発端になったデスティニーのいとこだったが、モニークは何も言わずにグローブを渡し、その子はグローブを手に嵌《は》めてみて、にっこりしながらモニークに返した。

ジュリーベスはジムで親切にしただけでなく、週末にはモニークを自宅に招いた。ジュリーベスの家の隣には、モニークをいじめた仲間の七年生が住んでいて、「何でモニークがいるのよ」と咎めた。ジュリーベスは「遊びに来たんだよ。何か文句ある?」と言い返したという。ジュリーベスはフェイスブックでも、悪口を言う相手に対してモニークを弁護し、「あたしの友達だよ」と言い切った。

これも小さな行為でありながら、モニークにとって限りなく大きな助けだった。「別に特に考えてやったわけじゃないよ。思ったことを言っただけ」とジュリーベスは言った。

やり返してはいけないのか?

この話がもし映画だったら、ボクシングで鍛錬を重ね、自信と力をつけたモニークが、ジュリーベスはじめチームの仲間が声援を送る中で、ジャンナをノックアウトして「完」となるかもしれない。

しかし今の世の中でそんなことをすれば、コーチは罷免《ひめん》されてしまうだろう。いじめに対処する方法は、特に学校では絶対に「非暴力」でなければならない。オルウェーズのプログラムにあるように「ひたすら時間をかけて話し合うこと」に尽きる。しかし、いじめた方をとっちめてやればいいんだという考え方も根強くある。親たちも暴力を推奨するべきでないということは分かっているが、悪い奴をやっつけるという「復讐の快感」は人間の本能なのである。

私がモニークをジムに訪ねる二、三週間前にネット上で話題になった「仕置人ケイシー」という四〇秒の動画がある。大柄な男の子のケイシーが、小柄な男の子に殴られるのをじっと我慢している。しかし最後にケイシーは相手を両手で抱え上げて地面に叩きつけるというものだ。この後二人とも停学になったのだが、それを批判するコメントも多かったようだ。

調査によれば、いじめの被害者が反撃した場合、相手との関係は一層悪くなったり、悪い状況が長引いたりするという。いじめる相手を挑発することになるし、いじめられる方は自制心をなくしてとんでもない過激な行為に走ってしまう可能性がある。第一、ケイシーの場合はいじめられる方が身体が二倍も大きいという特殊なケースである。普通はいじめっ子の方が身体的に優位にある。反撃すればさらにひどい目に遭うことになる。相手が反撃することが分かると、いじめっ子はその反応を期待し、それが起きるまでいじめ続けることもある。

私はコーチのカラスに、ボクシングができるモニークに、いじめっ子をパンチしてやれと言いたくならないかと聞いた。彼は「自分で学校に出かけていって、悪い奴らを叩きのめしたいよ。うちのチームのみんなもそうだと思う。しかしそんなことは絶対にしない。このジムでは、子どもたちに自尊心と謙虚さを教えているんだ。だけどモニークは今度誰かがいじめてきたら、自分で自分を守るべきだと思うよ」

ある日モニークの母親は娘に、「誰とでも仲良くするように努力するべきだけど、それでも相手がいじめをやめなければ、腕力に訴えてでも自分を守るんだよ。それで停学になったり逮捕されたりしたら、私たちが何とかする」と言ったそうだ。爪を噛んで黙っていたモニークは、母親の顔を見ずにつぶやいた。「私、喧嘩はしない」

ジュリーベスはこんなことを言った。「うちのママもいじめが大嫌いで、モニークは相手にパンチをお見舞いしてやればいいじゃないって。私、ママは分かっていないって言ったんだ。モニークは怖がっているんだ」

モニークはボクシングができてもできなくても、そもそも無抵抗で穏やかな少女なのである。彼女は闘わない。絵本に出てくる、闘うのが嫌で樹の下に座って花の匂いをかいでいる優しい闘牛の牛のようだ。その牛は闘わなくてもみなから愛されている。モニークが聞きたいのはそういう言葉かもしれない。

当たり前の生活に戻りたい

だが大人たちの世界で、闘いはエスカレートしていった。モニークが依然として学校に行けなかった間、教育長は、モニークを無断欠席の生徒として、州の児童家庭局に届けていた。「まるで彼らがいじめを引き継いだみたいだ」と母親は反発し、児童家庭局に訴え出た。親と学区が互いを「教育義務の怠慢」として責め合ったのである。

一月末から三月にかけて、教師たちはモニークに毎週プリントを渡し、家で補習ができるようにした。母親が月曜日に学校に行ってそれを受け取り、モニークが答えを書き込んだものをまた金曜日に届ける。しかし三月半ばになると学校は、これ以上はプリントを用意できないと言った。モニークを登校させるか、ホームスクーリングの手続きをするか、二つに一つだという。

母親が依頼した弁護士は、学校側が突然つきつけてきた最後通牒に対し、その一件をマスコミにばらすという乱暴な方法で対応した。州の公安官に学校に教材を取りに行ってもらい、それを拒絶された様子を、ミドルタウン・プレス紙と、ＮＢＣのローカルニュース局に報道させた。しかし弁護士は、教育長を少々見損なっていたようだ。教育長は動じなかった。

母親は仕方なく児童家庭局の長官にメールを書いて、ジュリアーノ市長と教育局長官も同報先に入れた。しかし彼らは巻き込まれることを嫌がった。長官は、州のいじめ対策のコンサルタントに相談することを勧めたが、そんなことはすでにやっていて、効果はなかった。

地元のＮＰＯがボランティアの学生を探してくれ、彼がモニークを週に二、三回教えてくれることになった。モニークはこの間、人権に関するエッセーを書いて、それがコンテストで二位を取ったり、カラスが紹介してくれたボクシングのミドルウェイト級チャンピオンに、試合のＶＩＰ席の招待券をもらったりということがあった。しかしそれらの華やかなイベント以外の時間は一人ぼっちで退屈し、学校に行っていないことを不安に思っていた。誰よりもモニーク自身が、当たり前の生活に戻りたかった。もうこんなドラマは終わりにしたかった。

ウッドロウ・ウィルソン中学では、七年生の女の子たちはすでにモニークのことを話題にしなくなっていた。いつまでもこだわっているのは大人たちだけだった。学校側はモニークの家族が十分な理由もなく我が子に特別扱いを要求しているように考えていた。教育委員会も、これ以上この問題に時間を取られることにうんざりしていた。

裕福な家であれば、学校が気に入らなければ他校に行くという選択肢がある。モニークの母親にそれだけのゆとりはない。引っ越すことも考えたが、もう一〇年もミドルタウンに住んでおり、ここには仕事も友人もある。別の土地で一からやり直したいとは思わなかったし、そうさせられるのはおかしいとも思った。

児童家庭局は、学校とモニークの母親から提出された訴えについて調査し、どちらの側にも過失は認められないと判断した。法務担当のディレクターがモニークに同情し、モニークに特別教育が必要であると認定されれば、転校が可能だと母親に告げた。しかしモニークは心身共に健康と診断され、成績も基準を満たしていたので、実際にはモニークに当てはまる特別教育はなく、児童家庭局にはそれ以上できることはなかった。また近くのマグネットスクールへの出願は、すでに締め切りが過ぎてしまっていた。

多くの人々は母親がかたくなに娘を学校に戻さないでいると考えていたようだ。しかし母親は、校長にも教育長にも信頼を失っていて、モニークが再びいじめられて自殺でも考えるのではないかと怖れていたのである。「子どもが自ら命を絶った後に、周囲は初めていじめに対して何ができただろうかと考える。でもそういう順序である必要はないじゃありませんか」

「仲間の中で一番強い子になりたい」

マルカ校長はその頃、敗北感を漂わせたよそよそしい存在となっていた。廊下を歩いている時には、誰とも目を合わさないし挨拶もしない。いじめに関わったアミナやジャンナにいらだちをぶつけて、すぐ立ち去ったこともあったらしい。私が学年末に話を聞きに行った時にも、彼の口を衝いて出るのは職員や生徒たちへの不満ばかりだった。

校長は学校を良くするための取り組みをいろいろと行ってはいたのだが、学校の文化を変えるには強力なリーダーシップがいる。彼には机上のアイデアはあっても、人の心を動かす情熱と、実際の場でそれを進める実行力がなかった。

第八章で詳しく紹介するが、ＰＢＩＳ（ポジティブな行動介入と支援）と呼ばれる「報酬システム」は、いじめの対策として考案された方法で、きちんと実行すれば生徒の行動を変える効果があることが立証されている。マルカ校長はその一部を試してみることにした。教師が、良いことをした生徒に「プライド・カード」を褒美として渡す。生徒たちの悪い行いよりも、小さな「良い行い」に注目するという考え方だ。また六〇人の生徒を選んで、いじめを見た時に何をすべきかという研修を受けさせ、「プライド・パトロール」というパトロール隊を作った。人気のある子どもたちを選んでロールモデルにしようというのだ。パトロール隊は首からストラップを下げていて、ひと目で分かるようにした。校長はパトロール隊の人数をさらに四〇人増やすつもりだと言った。

私はジャンナとアミナとジャスミンに、「プライド・カード」と「プライド・パトロール」の効果はどうかと尋ねてみた。最初三人は、私が何の話をしているのか分からなかった。この様子では、取り組みがうまくいっているとは思えない。ＰＢＩＳはその指針の中で、取り組みが日々の学校生活に定着するように、絶えず生徒たちに働きかけなければいけないと述べている。いろいろ説明するうちに、ジャスミンが「ああ、あれね」と思い出した。「カードを配ってたのは一人の先生だけで、それも二カ月前くらいからやらなくなっちゃった」と言う。プライド・パトロールについては、アミナがこう指摘した。「あんなの意味ないよ。パトロール隊の中に何人もいじめっ子がいるんだから。先生だって知ってるよ。あの子たちはいじめっ子の欄に適当な名前を書いて先生に渡しているんだ」

スクールカウンセラーのロビンソンは、引き続き放課後のリーダーシップグループの会をやっていて、私は子どもたちが変わっていくだろうかと期待を込めて、毎回顔を出していた。しかし彼女の努力にもかかわらず、春の終わりになっても、ウッドロウ・ウィルソン中学の文化に改善の兆《きざ》しはなかった。あまりに文化の根が深く張っていたからだ。一握りの生徒たちにいじめに立ち向かうように頼んでも、他の大多数の子どもたちは変わらない。

ただこのグループの良かった点は、子どもたちに心の中のジレンマについて語る場を提供したということだ。最後の集会の日、ロビンソンの都合が悪くなったため、青少年サービス局のディレクター、ジャスティン・カルボネッラが代理を務めた。彼は子どもたちに、この一〇週間で何を学んだかを考えさせようと思い、「君たちは今、他の人たちからどういう人だと思われたい？ それから、将来大人になってから、どういう人だと思われたい？」と尋ねた。

「誰だって、仲間の中で一番強い子になりたいって思っているよ」とジャスミンの友達のアシュリンが答えた。「軟弱な子だって思われたくない」

「そりゃ問題だな」とカルボネッラは言った。「じゃ、ちょっと考えてみよう。君たちが大人になって成功するためには、どんな人だと思われたらいいと思う？」

アシュリンは迷わず答えた。「同じだよ。仲間の中心にいる強い人。怖がられてたら、他の人が手を出さないじゃん。優しかったらやられちゃう」

「じゃさらに二〇年後のことを考えよう。例えば、君は一流の保険会社で働いているとする。周りの人たちが『あいつは優しいからやっつけてやれ』なんて言うかな？」

アミナが割り込んできた。「そんな歳になったら、周りからどう思われたっていいよ」

「それじゃ、優しくてもいいんだね」とカルボネッラが言うと、何人かの子どもたちはうなずいたが、一部の子どもたちは首を振った。「今は怖がられる方がよくて、大人になったらそうじゃない方がいいのはなぜだろう。人はそんなにうまく変われるかな」とカルボネッラ。

「強い子だっていつも怖いわけじゃないよ。信頼できる友達といる時は優しい子だよ」とアシュリンが言った。

「そうそう、どっちにもなれるんだ」とアミナが賛同した。

「あたしだって両方だよ」と強い子代表のジャスミンも言った。「教室の中で、仲間が一緒じゃない時はただの優しい女の子だよ。ちゃんと勉強していい成績を取りたいって思うし。でも廊下では成績とか関係ないし、堂々と振る舞ってないとだめなんだ。人のことなんかどうでもいいって態度を取る。廊下では強くて怖い子なんだ」

ジャスミンもアミナも、周りの子たちに怖がられなくてはと思い込んでいた。しかし一方で、できることならそういう態度をやめられる日を望んでもいた。

校長の辞任

年度が終わる六月にマルカ校長は辞任した。家から遠いことを理由にしての辞任だったが、職員たちは、彼にはこの仕事は無理だったと噂した。校長が変わっても、状況は何も変わらず、モニークの母親は新学期に娘を学校にやらなかった。モニークが八年生に進級できたのかどうかも、しばらくはよく分からなかった。

秋になった頃、私は教育長のフレシェットに会いに行った。彼は非常にポジティブでにこやかな態度だったが、モニークのことは話したがらなかった。「報酬システム」を取り入れてから、ミドルタウン市の各小学校では、子どもたちがとても元気になったと言った。ウッドロウ・ウィルソン中学も新しい校長のもとで雰囲気が変わりはじめていると言ったが、マルカ校長を批判することはなかった。

フレシェットは、教師や教育関係者の仕事は、ますます大変になっていると話した。今の子どもたちには、一〇年、一五年前には見られなかった問題行動が出てきている。その結果、学校側に社会面やメンタル面の教育まで求められるようになってきた。「各学校にヘルスケアセンターを増やしています。しかし教師にも学校管理者にも精神衛生面の知識はなく、そのための研修もないので、病院と提携して対処している状況です。おまけに他校との成績の差も埋めなければならない。やらなければならないことは増える一方なのに、予算は追いつかない」

つまり、そんな状態で、学区にモニークの特別扱いを求めるのは難しいということのようだ。

しかし私は、解決のめどがたたない不安を抱えて家にこもっているモニークを見ているのが辛かった。モニークの家族はあまりにことを公にしすぎたために、学区全体を敵に回したようになっていた。硬派の教育長が頑なに、モニークのために例外を設けようとしない心情も理解できた。支援が必要な人々は、しばしばそれを求める手段を誤ることがある。そしてますます状況を悪化させてしまう。しかし大人の抗争の渦の中に取り残されてしまった当の子どもに罪はない。モニークは高望みをしているわけではない。普通の子どもと同じ暮らしをしたいと思っているだけだ。生徒の転校など当たり前のことなのに、彼女にやり直すチャンスを与えることがなぜそんなにも難しいのだろう。

私は何人かの知り合いに話をして、意見を求めた。そして、母親と祖母に代わって、自分のコネを使うことにした。そんなことはジャーナリストの仕事ではないと承知していたが、やるべきだと思った。友人が紹介してくれた教育専門の弁護士、ジョン・フランダースには、ミドルタウンの教育関係者に知り合いがいた。私はアリシアを彼に会わせた。そして近くのマグネットスクール、トーマス・エジソン校に空きがあるらしいと分かった。

また、今度コネチカット州の教育委員長に就任する人が、たまたま私のロー・スクール時代の友人だということを知り、モニークの話を聞いてもらった。そして彼を通してモニークのトーマス・エジソン校への受け入れが決まった。

母親は電話口で「娘がまた学校へ行ける！」と喜びの声を上げた。彼女の笑い声を聞くのはこの一年間で初めてだった。そしてモニークはその週のうちに、新しい学校へ、スクールバスに乗って通いはじめた。周りの子どもたちは、「ニュースに出ていたいじめられっ子」に興味を示し、いろいろと尋ねてきた。モニークは「ああ、またか」と身体が緊張するのを感じた。しかし子どもたちは特に気にかける様子もなく、モニークのそばに座り、おしゃべりをしたという。「明日から一緒にランチを食べる友達ができた」とモニークは母親に報告した。

母親は一月末に、モニークの誕生パーティを大々的に開いて祝った。ウッドロウ・ウィルソン中学を去ってから、ほぼ一年がたっていた。パーティには市長や弁護士のフランダース、家庭教師をしてくれたボランティアの学生、ボクシングコーチのカラスが招かれ、トーマス・エジソン校からも新しい友達が五人来てくれた。

私は残念ながらこのパーティに行けなかった。この本のプロローグで述べた私の古い友人のアリーがその日に、ベビー・シャワー（出産前の女性に贈り物をするパーティ）を予定していたからだ。数日後、様子を尋ねようとモニークのアパートを訪ねると、ちょうど学校から帰ってきた彼女と会った。モニークは満面の笑顔を見せ「学校は最高！」と言った。

モニークは学校で貸し出されるパソコンを私に見せてくれた。スペイン語と数学と社会の試験が全部Aで、作文では満点を取ったのだそうだ。そして、「先生たち、みんな好き！」と言う。

モニークによれば、教室を移動する時は、子どもたちは列になって歩き、教師もそれに同行する決まりになっているのだそうだ。だから何事も起こらない。木曜日には「セカンドステップ」（第七章で説明する）と呼ばれるプログラムがあって、いじめがあった場合には、それについてどんなことができるかを、みなで話し合う。また生徒がそれに対して何らかの行動をする時は、パートナーとペアで行う。これらの活動は学校全体で、それぞれのホームルームの時間に行われている。

モニークはすっかり、明るい普通の女の子に戻っていて、これまで何度か会った時とは別人のようだった。翌日カラスにそれを話すと、彼も全く同意見だと言った。「今ほど幸せそうで自信に満ちたモニークを見たことがない」

モニークは私のためにバースデーケーキの一部を取っておいてくれたので、私たちはキッチンのテーブルでそれを一緒に食べた。アイシングの表面には、赤いボクシンググローブが描かれていた。

第五章　ジェイコブ
——学校と親子の対決

ジェイコブの欠席日数は四〇日となり、三つの科目を落とす可能性があった。進級するためには夏休みに補習を受けなければならない。ジェイコブにとってこれは悪い話ではなかった。サマープログラムには、周辺の街から大勢の生徒が参加するので、普段のようにいじめられる心配もなかったからだ。それよりもこの一年間ほとんど勉強に集中できなかったために、学習がかなり遅れていたので、ジェイコブは自信をなくしていた。

七月、ジェイコブの支援を引き受けた人権協会の女性弁護士は、学区に手紙を書いて、ジェイコブにカウンセリングと家庭教師をつけることを要求した。またジェイコブが九年生になってから問題なく学校に通えるように、関係者が集まって話し合うことを提案した。ジェイコブ、父親、教育長、学区の弁護士が中学に集まり、冷ややかな空気が流れる中、人権協会側と長テーブルを挟んで向き合った。

人権協会は、新学期にどのような対策を講じるつもりかと問いただし、それが学区側を防衛的にした。ニューヨークから来た弁護士に、教育や学校やこの地域の事情の何が分かるのだと、彼らは思っただろう。話し合いは激論となり、ジェイコブは怖くなった。学校側は、ゲイの子どもに対する扱いに問題はなかったと主張した。他にもカミングアウトした子どもはいるが何の問題も起こしていない。父親からの苦情にもきちんと対応し、学校としては最大限の支援をしたと言い、問題は周囲の注目を浴びようとするジェイコブの言動であると印象づけようとした。

「あの教育長は私がゲイの子どもを持ったことを、そしてその子のために一生懸命に何かしてやることを、何か悪いことであるかのように思わせようとしました。こっちが恥じるべきかのような物言いだった」と父親はその時の様子を語っている。

学区の弁護士であるエリック・ウィルソンはこう言う。「どっちが悪いというような一方通行の問題じゃない。みんなまだ子どもなんです。カミングアウトする子どものやり方も未熟だし、周りの子どもたちの反応もまた未熟だと言えます」

ゲイのクラブGSAを作る活動が、発案者のアリックが卒業してから自然に立ち消えになったことについても、学校側は、それは予算の関係で他のクラブと一緒に削減されたのであり、生徒たちにとって益があるという根拠が見出せなかったからだと言った。

他に解決策も見つからないまま、人権協会の弁護士たちは、ジェイコブがいじめっ子と同じクラスにならないようにすること、教室移動の際に教師が付き添うこと、いじめられた時に逃げ込める部屋を用意すること、家に連絡できるように携帯電話の持ち込みを許可することなどを要求した。また学校スタッフを対象に、いじめ問題や同性愛に関する研修を行うことも提案した。しかし学校側は、ジェイコブ個人に関する対策はともかく、学校全体を対象にした対策を採る必要は認めなかった。学区の弁護士はテーブルに身を乗り出して言った。「不満なら、我々を訴えたらいい」

法廷で争われたいじめ問題

ジェイコブにはどんな法的な選択肢があるのだろう。人権協会の弁護士たちはずっとそれを考えてきた。簡単に言えばジェイコブのケースに確実な解決策はない。それでも彼らはこのケースを公の場に持ち出す意味があると考えた。

いじめられた生徒はなぜ学校を訴えることができないのか。この問いから考えてみよう。これは法律家が一〇〇年も前から考えていたことだ。一九三六年、米国法律協会は、他者を世話する立場の人間の「危険を予測する義務」について議論を始めた。この理論では、「上級生が下級生に傷害を与えるようないじめをしばしば行っている」ことを知っていた校長には、そういう行為が起きた時に介入する義務と、「予測される場合に監視を怠らない義務」があるということになる。

しかし当時はこの問題に対する関心は薄く、法廷はこれを学校の義務として強制はしなかった。一つには校長の判断に介入したくなかったからだ。現在では、生徒がいじめを法的に解決したければ、それが「差別」によるものであると主張しなければならない。これなら憲法修正第一四条でうたわれている市民の平等の権利が侵害されたということになる。

ゲイの生徒の人権侵害が初めて法廷で問われたのは一九九三年、ウィスコンシンに住むジェイミーという一七歳の少年のケースである。七年生頃から他の男の子と違うということでいじめに遭い、次第にカミングアウトしていった。中学、高校とひどい嫌がらせや身体的攻撃を受けたが、学校に訴えても教師たちは全く味方になってくれず、何度も自殺未遂と家出を繰り返したあげくに、ついにミネアポリスまで逃げてゲイとレズビアンの組織に助けられた。

その組織が紹介した弁護士が彼の学校を告訴した。訴えは二点あり、ジェイミーがゲイであったために受けたいじめに対し、学校が必要な措置を講じなかったこと。もう一つは、女子に対する性的ハラスメントは罰せられるのに、ジェイミーが男子だったために相手が罰せられなかったことで、男女差別があったという点だ。法廷はジェイミーの受けた損害に対して学校側の責任を認め、学区に九〇万ドルの賠償金と六万ドルの医療費を支払うように命じた。

それ以来、全国の学校は責任を追及されることを怖れ、ゲイの生徒の状況に対して注意を払うようになった。これまで何も声を上げられなかったゲイの子どもたちが、学校で安らかに過ごす「権利」を保証されたのである。さらに男女教育機会均等法がいじめのケースを訴える二つ目の道を開いてくれた。学校は、生徒から教育の機会を奪う悪質ないじめに対する「意図的な無関心」についても責任を問われるようになった。

米国教育省も、男女教育機会均等法により、ゲイの生徒もいじめから保護されるということを明確に述べている。ジェイミーのような生徒が学校を訴えることもより容易になってきた。

このような成り行きを考えて、人権協会の弁護士はジェイコブのケースも、性差別として法廷に持ち込むことができると判断した。ジェイコブは、ゲイであるというだけでなく、普通の男の子と違う、つまり女っぽいという点でいじめられてきたからだ。学校が父親の訴えに組織的に対応しなかったことも、「意図的な無関心」と主張できる。またニューヨークでは、公立学校の生徒を性的指向によって差別することは州の法律に違反するので、それを主張することも可能だ。このような訴訟はニューヨーク州では初めてのケースであり、この世界に新たな道を開く可能性が期待された。

全面戦争

九年生の新学期が始まる直前、人権協会は訴訟を起こした。ジェイコブは地元の新聞社に提出する写真に、ピンクや紫に髪を染めていない、ピースマークがついたトレーナーを着た一枚を選んだ。訴訟に対する周囲の反応はさまざまだった。地元の新聞は学校に苦言を呈する論説を載せた。フェイスブックでサポートしてくれるグループもあった。しかし友達はだんだんと離れていき、ジェイコブは周囲の冷たい視線を感じることが多かった。ラジオのモーニングショーは、ジェイコブ親子が学区の苦しい台所から金をむしり取ろうとしているのではないか、ジェイコブといじめる側の少年の一人は、実は恋人同士なのではないか、といった憶測について報じた。視聴者の中には、電話をしてきて、ジェイコブの苦境は当人がまいた種だと言った人もいる。それまで家族に親切だった牧師も、事情を打ち明けると同性愛は自然の摂理に反すると答えたという。父親は、なぜこんなことを始めてしまったのかと悩んだ。それまで信じていた人たちがすべて信じられなくなった。

弁護士たちは、新学期が始まる前に、学校側がジェイコブの支援を十分に行わなかったことを立証したいと、教育長、前校長、現校長の簡略な証言録取を裁判官に要求した。裁判官はそれを許可し、学校側にもジェイコブ親子の証言録取を認めた。当日の朝、学区の弁護士は人権協会の弁護士に交渉を持ちかけた。二時間かけて同意に達したのは、学校側が以前に提出して実行されなかったジェイコブ側の要求をすべてのむという形で新学期を迎えるということだった。やっと学校側が自分たちに問題があることを認めたと、人権協会の弁護士は言った。

しかし新学期も不安な幕開けとなった。それぞれの対策はどれも不十分で、病人にバンドエイドを貼る程度の効果しかなかった。ジェイコブは再び嘲られたり、石を投げられたりしていた。学校側はいじめっ子のアーロンを六カ月の停学処分としたが、アーロンの母親は、学校側は裁判を前にして息子をスケープゴートにしたと非難した。人権協会側は戸惑った。学校を相手にしているのであって、一四歳のアーロンをターゲットにしているわけではないからだ。そもそも人権協会は、子どもの教育に悪影響を与える長期停学には、反対する立場を取っていたし、長期停学によって子どもの行状が改善されるという実証もない。ただ学校側に望んでいたのは、ゲイの生徒が安心して通える学校にしてほしいということだけだった。アーロンの両親は弁護士を立てて学校と争い、結局二カ月半後にアーロンは学校に戻った。

ジェイコブとアーロンは互いから距離を取って数週間過ごしたが、ジェイコブにとってもはや学校は居心地のいい場所にはならず、母親の住む郊外の町へ引っ越し、新しい学校に通うことになった。

その後、ジェイコブの訴訟はニューヨークからワシントンDCに移り米国司法省の人権部門の弁護士たちの目にとまった。これによって賠償金額が一気に上がった。

判決

最終的に二〇一〇年の春、学区がジェイコブ側に、五万ドル、カウンセリング費用、人権協会の弁護士費用二万五〇〇〇ドルを支払うことで結審した。モホーク中学はまた、外部から専門家を招いて、性的指向に関わるいじめに対処するための研修と計画作成を行うことに同意した。だが一年後、教育長と新しい校長は、「そもそも二人の生徒の間の個人的なトラブルだったのに、学校全体がゲイ嫌いとレッテルを貼られて、不当に罰せられた」と言っていた。

しかし裁判のあと三年たって、当時の校長のリナルドは、「もっとうまく対処できたのではないかと思っている」と言った。「振り返って思うのは、ジェイコブの父親が愛情あふれる人物で良かったということです。他の子たちにも、あんな頼りになる父親がいたらいいのにと思いますね。ジェイコブと両親にはずいぶん辛い試練だったが、このできごとから私も学びました」それから少し言葉を切って彼は続けた。「今後はジェイコブのような立場にいる子どもの擁護者になれたらと思っています」

私はモホークから帰る車の中で、学区の弁護士が最後に言った言葉を思い返していた。「学校や教育委員会が子ども同士の人間関係にまで責任を負わされるという風潮の変化が全国的に起きていて、この学区がその変化の渦の真ん中に巻き込まれてしまった」これに関しては、彼の言う通りである。ジェイミーの裁判も、ジェイコブの裁判も、非常に短期間に起きたそういう変化の表れだ。私が子どもの時代には、ゲイとかエイズという言葉さえ、誰も表立って口にすることはなかった。だがわずか一世代後の今、裁判所も連邦政府の法律家も、学校はこれまでとは全く違う、新しい規範を受け入れなければならないとしている。生徒たちが同性愛を怖がったりタブー視したりせずに、私たちの生活の一部として認めるように、指導しなければならないというのだ。

しかし現実には、裁判官や弁護士がその変化を強制できるのは、紙の上だけである。ゲイの権利さえいまだに受け入れられないモホークのような場所で、世間の文化が実際に変わるかどうかは分からない。黒人差別の問題と同様に、この問題も性急に解決を期待してはいけないのだろう。「我々は、家庭や教会ができないことを、学校に求めている」と司法省のある弁護士は話す。「こういうことは、時間がかかるプロセスなのです」

モホーク中学では、教育長と校長が、ニューヨーク州が新しく制定した「いじめ防止法」をどのように実行に移すべきかを話し合っていた。学校に義務づけられている人格形成カリキュラムに、性的マイノリティの問題を含めることが求められていた。それに加え、学区はオルウェーズによって作成されたいじめ防止プログラムを、全校を挙げて実施することを計画していた。「これは学業の面でも大いに効果があります」と校長は言った。「子どもたちが教室でバカにされることを心配せずに、安心して質問できるからです。子どもたちがもっと積極的になって、勉強への意欲も増すと思います」

ジェイコブの仇敵のアーロンは九年生になり、着実に自分の人生を歩んでいた。卒業したら軍隊に入って士官になりたいと話す。ジェイコブのことを振り返って「別に後悔はしていない」と彼は言った。「ジェイコブはうまいことやった。それだけ」母親も電話に出たが、いまだにジェイコブとその父親、それに学校に対する怒りが収まらないようだった。アーロンも彼の家族も、あの一連の騒ぎではずいぶんひどい目に遭った。アーロンが自分のしたことを反省する気持ちになれない心情も、母親の腹立たしい気持ちも分からないではない。

ゲイの生徒として最初に裁判を起こしたジェイミーは、自分の裁判を肯定的に振り返っている。三六歳になった彼は今、あの裁判での勝利が自分の人生を救ってくれたと考えている。あの時勝っていなかったら、危険な性行為や薬物、アルコール依存につながる道に入っていたかもしれない。勝訴したおかげで良い治療を受けることができ、再び立ち上がって闘うことができた。もちろんそれが直接今の幸せに結びついたわけではない。何年もの間、彼は過去の苦い感情に向き合うことを避けてきた。しばらくは、メディアのインタビューも断って仕事に専念した。今彼は、ノースダコタのウェルズ・ファーゴ銀行で働いている。

彼はドキュメンタリー映画の制作にも参加している。二〇一〇年に完成した『Bullied（いじめられて）』という映画は、ジェイミーの経験を元にしたもので、いじめ防止教育に欠かせない教材として全国で使われている（私の息子の六年生のクラスでも上映した）。ジェイミーはこれをきっかけに、全国の学校を回って、自分の体験を語るようになった。「映画を作ることによって、自分が単にいじめられた子どもだというだけではなく、立ち上がって闘い、他のたくさんの子どもたちのために世の中を変えたんだと思えるようになったのです」彼は生徒たちに語りかける中で、いじめを見たら仲間を助けようと励ました。そして教師やカウンセラーたちには、相手の目を見ること、相手の気持ちを考えることの大切さを教えてほしいと言った。「僕をいじめた相手は、正面から僕の目を見て殴りかかってきたりしませんでした。いつも背中から襲いかかってくるんです」

ジェイコブが彼の裁判を、ジェイミーのように感謝と誇りを持って振り返れるようになるかどうかは、まだ分からない。母親の家に移って新しい高校に行っても、いじめはついてまわった。二カ月後、ジェイコブはほとんどの科目をオンラインで勉強し、運転免許を取ってウェイターとして働くようになった。ボーイフレンドにも会いに行ける。「今はまずまず幸せですよ」と彼はピースサインをしてみせた。

次に会った時には、彼は高校に戻っていて、最終学年の最後の学期の最中だった。みんなと同じように高校の卒業証書を取って大学に進学しようとしていた。「五日間で二回オカマって呼ばれたけどね」と彼は言った。「前よりはいいよ。それに、どこに行っても僕を気に入らない人はいるんだから」彼はこれまでの苦しみから、何よりの教訓を得たようにみえた。それは、「自分がそうさせないと思っていれば、完全に自分を打ちのめすほどに悪いことというのはそうあるものではない」ということだ。彼はマニキュアを塗ることで自分を表現するのではなく、それに加えて学業で成功することで自己実現することが大事だと悟った。「僕は決めたんだ。顔を上げて歩いていく」

第六章　フラナリー
——死の責任を問われる

フラナリーを含む六人のティーンエイジャーが告訴されたことで、サウス・ハドリー高校は、世界のいじめの中心地のようになってしまった。メディアの過熱報道に再び火がついた。町に集まってくるレポーターたちは、いじめっ子たちの悪評だけを集めることが目的だった。六人の生徒は、法律の観点からフィービーの死の責任を問われていたからだ。地元のブログ「リターボックス」はいじめっ子たちに実刑を、それもできるだけ長い刑を求める書き込みで溢れた。この狂乱の中で、このできごとの悲しみと責任に関して真摯《しんし》な議論をすることは望むべくもなかった。

「フィービーが自殺したことについては、とても心が痛みます」とフラナリーは言った。しかしメディアが彼女に求めるほど自分の行為を恥じてはいなかった。シャロンやアシュリーがフィービーを嘲った時や、ショーンがそれをはやし立てた時に、確かに止めようとはしなかった。しかし彼女自身にフィービーをいじめた記憶はないし、自殺につながるようなことは何もしていない。

しかしフラナリーがどう思っているかなど、メディアにはどうでもよかった。「テレビをつけると、いつも決まったストーリーが語られる。可愛い女の子が、意地悪な女の子たちとそのボーイフレンドに攻撃されて死に追いやられたって。フィービーは天使で私たちは悪魔なんです。フィービーには裏の顔がいろいろあったのに、誰もそんなことは言わない。亡くなった人を責めることは誰もしたくないから」

フラナリーはフィービーと、ろくに口をきいてさえいない。フィービーが自分のボーイフレンドのオースティンと寝たことが分かって、体育のクラスで彼女に怒りの言葉を投げつけて以来、副校長室で短時間顔を合わせたことを除けば、ほとんど会ってもいない。しかしテレビもタブロイド紙も、誰が何をしたかなど、おかまいなしだ。六人をひとくくりにして「サウス・ハドリーのいじめっ子六人組」として、顔写真を学校のイヤーブックから抜き出して掲載した。

二カ月半に及ぶ調査の間、フラナリーはフィービーの家族に対して一度も謝罪しなかった。何に対して謝るべきか分からなかったし、何かを言ってメディアの注目を浴びたくなかった。フィービーの家族にとっては腹立たしかったと思うが、他の子どもたちも謝らなかった。地検が起訴を決めた時に、謝ってはいけないと弁護士が子どもたちに指示したのである。これが子どもたちにさらなる「冷酷ないじめっ子」のイメージを与えることになった。

「告訴されたりしなかったら、違う成り行きになっていたと思います。後悔の気持ちもあったかもしれない。でも追い詰められて、自分を守らなきゃならなかった」とフラナリーは言った。

地検は青少年のプライバシー保護を無視して、全員の名前を公表した。メディアはお墨付きを得たかのように、いっそう容赦ない取材を始めた。フラナリーの家の前庭に泊まり込むレポーターまでいて、彼女は家から出ることさえできなかった。近所の人の中には、フラナリーを見かけるたびに罵り言葉を浴びせ、彼女の一挙一動をブログで報告する者までいた。家族のストレスは耐えがたいものだった。「検事の意図は子どもたちを徹底的に悪者に仕立てることだとしか思えませんでした。まるで暴走する貨物列車でした」と母親のジェンは話す。

フラナリーの弁護士たちは、こんな不備だらけの起訴はあり得ないと、彼女の家族に請け合った。しかし、オースティンと話したり会ったりすることを禁じられたフラナリーは、心細く神経質になっていた。自分の人格そのものが問題視されたかのように感じられ、元の普通の生活には二度と戻れないような気がした。

地方検事のエリザベス・シャイベルは、教師や教育委員会に対しては告訴しなかったが、記者会見で、学校職員にはフィービーに対するいじめが報告されていたことを指摘した。「学校にいる大人たちがしたこと、あるいはしなかったこともまた、問題が多い。学校側は過失を否定しているが、『何もしなかったこと』もフィービーを守れなかったことに結びついていると考えられる。フィービーが学校にいる時は、学校側に彼女を守る義務があった」と述べた。

今回の過熱報道の黒幕であるオブライエンは、この検事の発言を武器に、テレビ番組などで校長と教育長の辞任を求める発言を始めた。こんな学校に安心して子どもを行かせられないというのである。教育長は学校に対する批判の高まりを鎮めようと全国放送のテレビ番組に出演したが、こういうことに慣れていないためについ言いわけがましくなってしまい、話は説得力を欠いた。教育長はボストン・グローブ紙にも、「子どもたちのすべての言動を把握することは不可能だ。人々は学校にこういった問題を解決するように期待するが、我々にも特効薬があるわけではない。我々はできる限りのことをしていた。いじめがあったことを、知らされなかったのが大変残念だ」と述べた。

しかし、教育長のこの戦略はまずかった。ボストン・グローブ紙はこの発言を批判して、「できることはすべてやったと言い張る代わりに、いじめのどんな兆候を見逃したのか、なぜ見逃したのか、徹底的な調査に乗り出すべきだろう。もし本当に教師たちが一週間前まで何も知らなかったと言うなら、もっと早く知るためにはどうするべきだったのか。もし知っていて何も対策を採らなかったのであれば、なぜそういうことが起きたのか」と書いた。

「人はみんな嘘をつく」

フィービーが死を選ぶまでのできごとが、何カ月にもわたって延々と報道された。フィービーの両親の悲しみと怒りはよく理解できるが、私は検事の陳述の中の「三カ月にわたる容赦のない攻撃と人権侵害」という部分は、これまでたくさんのサウス・ハドリーの生徒から聞いた話とは全く相いれないものであると思った。フィービーはショーンやオースティンの恋人になろうとした。それがうまくいかず、彼らやそのガールフレンドたちと対立し、周りの生徒たちからも睨まれる事態になったというのが、生徒たちの話から私が理解したことである。それとも何か私の知らないことがあるのだろうか。

それから私は、地検がサウス・ハドリー高校の六人の生徒を起訴する根拠を記した裁判書類を見る機会を得た。検事が大陪審に提出した書類で、警察の取り調べ記録、携帯電話の通話記録、学校からの報告書その他が含まれていた。読み終わって私の混迷は深まるばかりだった。そこに書かれていたのは私がこれまで知り得たことを裏付ける内容だったからだ。つまり、フィービーのストーリーは、検事がメディアに語っているストーリーとは全く違う、ずっと複雑なものだったということだ。

私が知らなかった事実は、フィービーの精神的な症状はこの一月のいじめの前から、あるいはサウス・ハドリーに引っ越してくる前から見られたと母親が証言したことである。フィービーはアイルランドの二つの学校で、友達とうまくいかず、自傷行為を始め、抗うつ薬を飲みはじめていたという。サウス・ハドリーに来てからも、間もなくうつ状態になり、感謝祭の後、ショーンとの関係が終わった後に自殺未遂を起こしている。母親との絶え間ないいさかいがあったことや、クリスマスの間に両親が関係を修復できなかったことも、別の書類に書かれていた。自殺当日の母娘のやり取りが自殺の原因になったのではと、母親が悩んでいたことを、刑事が報告書に記している。母親はフィービーがマリファナを吸っていることを知って、アイルランド旅行に行かせないと脅したのである。また、一一月の自殺未遂の後フィービーは、抗うつ薬を飲むのをやめてしまったことも記録されている。フィービーに助けを求められたものの、あまり支えになれなかった上級生の男の子は、彼女が精神的問題を抱えていたと言い、自殺をしたと聞いても驚かなかったという。

自殺当日のフィービーの携帯には、ショーンがアシュリーに、フィービーを「娼婦」と呼ばせたことがショックだったと書かれていた。このできごとが自殺の最終的な引き金になった可能性は否定できない。しかしそれにしても、フラナリーもオースティンもシャロンも関係のない話だ。これらの書類全体からは、フィービーの問題の全部ではなくともその多くが、学校とは関係のないものだということが読み取れる。

また警察は、フィービーの部屋から彼女の書き残したメモを発見した。そこには、「人はみんな嘘をつく」とあり、その下に、「ママ?　パパ?　私?」と書かれていた。

また別のページには、クエスチョンマークと目の絵、それに縁取り文字で書かれた「助けて!」という文字が紙面いっぱいに書かれていた。また自分の名前が斜めに立体的に書かれ「ママが私を見る目で、どう思っているか分かる」と書かれていた。自殺の前のフィービーの心には、ショーンとの破局のこと以外に、両親との関係が重くのしかかっていたことが分かる。もちろん私は、両親が責められるべきだと言っているのではない。しかし検事が作り上げた、高校生たちにフィービーの死の責任があるとするストーリーが、あまりに単純すぎるものだったことが分かる。

この書類を読み終わって、私はフィービーの心情を思って泣いた。家族の辛さも思った。しかし六人の高校生にフィービーの死の責任という重荷を背負わせようとする検事の判断は、全くもって理解に苦しむ。これほど多くの要因が絡んでいることが明らかで、フィービーに長い精神疾患の病歴があることが分かっていて、どうしてあの六人にフィービーの自殺を引き起こした「刑事的責任」があるなどと言えるのか。

殺到した非難のメール

フィービーの死の真相について裁判所の記録から得た情報を、人々を傷つけずに公表するにはどうすればいいか、私は悩んだ。一五歳の少女のうつの病歴や自殺に至る経緯などは、通常は公表しない。遺族にさらなる苦しみをもたらすことにも胸が痛んだ。しかし検事は自分が創作したフィービーのストーリーを公表しており、それを六人の高校生をマスコミや法廷で追い詰めるという誤った目的のために使っている。私の知り得た重要な情報が、この状況に違う方向から光を当てることができるのなら、これを隠すことなくしかも細心の注意を払って公表することがジャーナリストの仕事であると、私も編集部も考えた。フィービーの死から六カ月後、私はスレート誌に「フィービー・プリンスの死にまつわる真実」と題して記事を書いた。

記事が掲載される二日前、私は検事に電話をして意見を求めた。具体的証拠についてコメントしないという返事だったが、その二時間後彼女は、ワシントンDCのスレート誌のオフィスに電話をして、報道を止めるため告訴すると脅迫してきた。我々はかまわずに、記事を掲載した。

法律の専門家たちからも意見が寄せられた。「誰かを死に至らしめるほどにいじめた場合、それは殺人である。しかし誰かをいじめて相手が死を選んだ場合、その自殺を予期できなかったとしたら、それは犯罪とは言えない」とノースカロライナ大学チャペルヒル校のジョセフ・ケネディ教授は書いた。「検事が社会の怒りに応えたいと思う気持ちは分かるが、それは法律に従って行わなければならない。ある人間が犯した行為そのものではなく、結果的に犠牲者が取った行動に対して、その人に罪を問うという考え方には、懸念を覚える」とジョージ・ワシントン大学のオリン・カー教授は述べている。

法廷においては、これらの主張はおそらく正当なものと認められるだろう。しかし世間の反応はそうではなかった。私の記事を称賛してくれた人たちもいたが、私のもとには「いじめた方が悪いに決まっている。いじめっ子に加担する人間は許せない」「亡くなった子を責めるのか。恥を知れ」という非難のメールが殺到した。真実がどうだったかということはもはや問題にはされなかった。フィービーはすでにいじめの犠牲者として、シンボル的存在になっていたからだ。

私は六人の高校生に全く非がなかったと言っているのではない。彼らの行動は罰せられるべきだが、それはあくまで学校において「指導」として行われるべきで、刑事責任を取らされる筋合いのものではないということだ。私は学校や両親を責めるつもりはないが、学校にも、フィービーを救うための「見逃された機会」があったことは事実である。例えばサウス・ハドリー高校には「生徒支援チーム」というのがあり、カウンセラー、学校関係者、看護師などが生徒に関する情報を交換して、学習や行動に問題がないかを話し合っていた。しかしフィービーに関する情報はこの会議に上がってきていなかった。また、フィービーは、自殺した日の朝に、自分でつけたやけどの傷を学校の看護師に見せている。彼女にうつ傾向があり、自殺未遂を起こしたばかりであることから、看護師やカウンセラーはもっと深く事態を把握できなかったのだろうか。母親に迎えに来てもらうとか、彼女を助けるような何らかの行動が取れなかったのだろうか。

フィービーの両親もそのことを考えた。彼らは二〇一〇年七月、「サウス・ハドリー高校が、敵対的で、性的暴行が起こるような教育環境を放置した」として、マサチューセッツ州の人権擁護委員会に訴え出た。ただ、同じ頃、私が父親に話を聞いた時には、彼は学校側に謝ってほしいのだと言っていた。「悪かったと言ってもらえば、許すことができる。そうしたら裁判所に寛大な処分を願い出るつもりです」青少年犯罪の法廷では、処罰よりも本人に責任を自覚させて謝罪させることを目指す場合が多い。しかし今回のケースでは地検も地域全体も、当事者間の関係修復ではなく報復を目指しているようにしか見えなかった。

地方検事のシャイベルは女性として、虐げられた少女のために闘うという激しい情熱を持って、六人の高校生たちを起訴しようとしていた。一七年に及ぶ任期中に、彼女が今回ほど注目を浴びたことはない。シャイベルは任期満了にあたり、自分の育てた弟子にフィービーの事件を引き継がせようとしたが、弟子が落選してしまい、この件に中立の立場を取っていた別の候補者が後任に選ばれた。

新しい地方検事は予想通り、司法取引によってこの過熱した問題の幕引きを目指した。六人の中でショーンだけが、「フィービーに対する嫌がらせ」の罪を認めることを要求された。ケーラの場合は、嫌がらせをした責任は認めるが罪を認める必要はなく、社会奉仕活動を行い、保護観察期間が終われば、犯罪歴は残らない。法律を専門とするハーバード大のアラン・ダーショウィッツ教授は呆れて言った。「あれだけの起訴内容からこんな取引に持ち込むなんて、いかにいい加減にやっていたかが分かる」

司法取引は裁判官が承認しなければならないので、ショーンとケーラは二〇一一年五月、ノーザンプトンでの公聴会に出頭した。まずショーンが法廷に呼ばれた。新しい地方検事はできごとのあらましを述べた。その上で、あらかじめ合意していた通り、保護観察を要求した。地方検事は、これはフィービーの家族の同意によるものなので、母親に話をさせてほしいと言った。

ショーンの家族と反対側の席に座っていたフィービーの母親が証言台に立った。思ったことを何でも話していいと言われていた。彼女は、娘の希望に満ちた将来が奪われたことに対する無念と悲しみを、怒りを込めて語った。また娘はショーンを信じていたのに、彼に裏切られて死に追いやられたと、恨みの数々を投げつけた。

ショーンがこの非難に耐えることは、寛大な処置を与えられたことの代価だった。裁判官は母親に感謝し、ショーンに保護観察の判決を与えた。

その後、ケーラが呼ばれた。母親はケーラに対しても恨みと怒りをぶつけた。母親の攻撃が終わるとケーラが立って、「フィービーとそのご家族に、心からお詫びいたします。自分は誰にも親切で寛容であれと教えられて育ち、いつもそのようにしてきました。フィービーにひどいことを言ったのは、ボーイフレンドを取られたという怒りと嫉妬のために自分を見失ってしまったからです。フィービーにもっと親切にできなかったことを、今は本当に後悔しています。どうぞ許してください」と、涙ながらに述べた。

ケーラはあのような悲劇が起きると予測できなかったにもかかわらず、その結果に対して自分の責任を認めた。弁護士はそのことを指摘し、さらに「ケーラはこの一年、事情をよく知らない世間の人々からの攻撃を受け続けました。しかし結果のすべてについて、彼女に責任を問うことはできないと私は考えます。またケーラは、これまで何一つ問題のない素晴らしい生徒でした」と述べた。

前を向きたい

翌日はフラナリーがシャロンとアシュリーと共に、隣町にあるもう少し小規模の少年裁判所に出頭した。フラナリーは司法取引を受け入れるべきか悩んだ。自分の行為を立件できるならやってみろ、という気分だったと彼女は言った。

しかし受け入れなければこれから何カ月も、ことによると何年も、この裁判を終わらせることができない。彼女は一八歳になっており、自分の人生を一変させたこのできごとを忘れて先に進みたかった。彼女は、体育のクラスで「誰かがあの子を痛い目に遭わせてやらなきゃ」という言葉を口にしたことの罪を認めた。またシャロンがフィービーを罵ったことに対しても（シャロンが終始一貫フラナリーは無関係と述べているにもかかわらず）、責任を認めた。それによってフラナリーは、保護観察処分となった。社会奉仕活動を行った後は、記録は抹消される。アシュリーとシャロンも同様だった。オースティンも強姦容疑を取り下げられた。

フラナリーは糊《のり》のきいたきちんとした白いシャツを着て、ブロンドの髪を後ろでまとめていた。予審は省略されたので、フィービーの母親が、証言台に立ってメモを読み上げた。

「フィービーにもフラナリーと同じように普通に学校生活を送る権利がありました。あの子は頭の良い子で伸びる可能性を持っていました。上級の英語クラスをとても楽しんでいて、ブログにも文章を載せていました。歴史の授業も好きでした……難しいラテン語に挑戦し、先生の教養に感心していました……ところがフラナリーの、フィービーを叩きのめしてやるという脅しのために、学校はあの子にとって耐えがたい場所となりました。もはや穏やかな知的チャレンジの場ではなくなり、傷つけられないように日々をやり過ごすだけの場所になってしまったのです」

フラナリーはまっすぐに前を向いたまま、表情を変えなかった。母親は続けた。

「フラナリーは教室でも廊下でも、チャンスさえあればフィービーをいじめました……ところが学校関係者の前で、フラナリーはその責任を認めず、悪いのはフィービーだと言ったのです……フラナリーはトイレ、廊下、教室とフィービーをつけ回しました。フィービーはそれでも頑張って学校に通いました。次の日はいくらかでもましになるのではないかと信じて。フィービーは私が学校の書類をしまっているフォルダーの上に、火を灯したろうそくの絵を描きました。ろうそくの下にはこう書かれていました。『どんな時にも希望はある』」母親はフラナリーの方を振り返って続けた。「フィービーは頑張ろうとしました。でも相手を打ちのめすことしか考えない人間がいるのです」

母親は言葉を切ったが、まだ止めなかった。

「フィービーはフラナリーをはじめ、大勢の生徒から与えられた痛みを自らの手で断ちました。その中の誰かが思いやりの心を持ちさえすれば、いじめをやめることは簡単だったでしょう。私はまだ娘の遺灰を埋葬していません。平穏な日々が訪れてからするつもりでした。しかしそんな日は二度と来ないのだと分かりました。だから今日これから、埋葬しようと思います。あの子は思いやりがあって人生を楽しんでいました。私の人生に最高に幸せな日々を与えてくれました。私の苦痛は耐えがたいもので死ぬまで消えることはないでしょう。こんな思いをする親が二度と現れないようにと願っています」

激情をぶちまける中で、母親は子どもを失った親の権利を行使するかのように、調査によって明らかになっている事実をゆがめて語ったが、それについて誰も異議を申し立てなかった。

フラナリーはわき上がる反発の感情を抑えきれなかった。フィービーの母親の辛い気持ちは分かる。しかしフィービーの死に関する今の話はとうてい受け入れがたい。「私が法廷で涙を見せなかったから冷淡だって、後でいろんな人に言われました。でも私は、自分は何もしていないって思っていたんです」とフラナリーは私に語った。「フィービーが自殺したというのは本当に悲しいことだけど――でもそれが私のせいみたいに、お母さんが私に向かって金切り声を上げたのは――こんなこと言っちゃいけないんだろうけど、大人のすることじゃないって思いました」

私はフラナリーに、名前を変えたり引っ越したりすることを考えたかと聞いた。彼女は首を振った。「私、恥ずべきことはしてません。自分で自分を守れます。名前や住む所を変えて自分が誰だか分からないようにするのは、嫌なんです。私に問題があると思うなら、面と向かって言ってくればいい。そしたらちゃんと説明して相手の誤解を解きます。真実が明らかになれば、マスコミの描いたフィービー像は本物じゃないって分かってもらえる」フィービーが自殺してしまったために、それは不可能だと彼女は分かっていたが、それでも真実を曲げるつもりはなかった。

いじめと自殺の関係は、非常に複雑である。無論そこには、何らかの関係がある。男女を問わずいじめられた子には自殺を考える傾向があることは、調査の結果にも表れている。いじめられた子がゲイである場合、その確率は特に高くなる。

しかし、いじめが自殺の直接の原因かというと、それはまた別の問題である。自殺に走りやすい性格的特徴がある子がいじめられやすいのか、いじめ被害を受けたことによって自殺の傾向が高まるのかは、ニワトリと卵のようなもので、確定できない。調査の結果もさまざまだ。フィンランドとオーストラリアの研究では、子どもの元々の精神状態を考慮に入れた場合には、いじめがうつや自殺未遂の原因であると特定できないとしている。つまりティーンエイジャーが、自殺の危険を増やすうつ症状を起こす可能性は、いじめられた場合にもそれほど増えないというのである。その一方で、ノルウェーのオルウェーズによる一一歳児を対象にした調査は、いじめがうつや自殺未遂の直接の原因になるという結論を出している。また韓国の、七、八年生を対象とした調査でも同様の結論が見られる。また別のフィンランドの調査チームは、八歳の時に頻繁にいじめられた子どもたちの、その後の一〇年間を追跡調査したところ、女子の場合は、その後うつ症状がコントロールされても自殺未遂を起こす傾向が続き、男子の場合は、そういう傾向は見られなかった。

結論を言えば、子ども時代にいじめられた経験はうつや自殺につながる可能性があるが、因果関係はそれほど明確ではないということだ。

高校生のいじめ経験に関してはいっそう不明瞭である。コロンビア大学の心理学者マデリン・グールドの研究チームが行った調査では、ティーンエイジャーをスクリーニングで三グループに分けた。第一グループ（二二一人）は、もともと自殺未遂や自殺を考えたことがあり、うつ傾向、薬物使用の経験があった。第二グループ（九六人）は第一グループと同じような傾向があり、さらにいじめ経験があった。第三グループ（二三六人）は、いじめ経験があったが、自殺未遂、うつ、薬物などの傾向はなかった。

四年後、全員を再び集めて面接を行った。第三グループの二三六人は平均して、他のグループよりも自殺傾向は少なかった。グールドは次のように結論づけている。「高校においていじめに関与すること（被害者として、加害者として、あるいは両方）は、他のリスク（もともとのうつ傾向、自殺傾向、薬物使用など）がない場合には、うつ傾向、自殺願望、自殺未遂との因果関係は認められない」

グールドは、メディアがしばしばやりたがるように、生徒の自殺をいじめのせいであると結論づけるのは、単純化しすぎだと話す。「『いじめ殺人』などというストーリーによって、世論が間違った方向に誘導される傾向があります。これまで生徒の自殺が起きると、誰かをスケープゴートにしてきました。教師、ダメな親、働く母親、離婚した両親などです。今はいじめっ子、特にインターネットで意地悪を書き込む子どもたちが非難の的になります。もちろんそこにいくらかの真実が含まれていることも事実ですが、忘れてならないのは、そういう単純化したストーリーが生まれるのは、私たちの中に説明のつかないできごとを何とか理解したいという気持ちがあるからだということです」

ただ、そういうストーリーに執着する遺族を責めてはいけない。スタンフォード大学の法学教授ミシェル・ドーバーの二五歳の娘は、長い間うつ病と闘った末に自ら命を絶った。彼女は私にこう言った。「こういう経験をしたことのない人とは、私は違うでしょうね。何一つ約束されてはいないんだって分かったの。いいことをすればいいことが起きるのでも、悪いことをすれば罰が当たるのでもない。どれほど避けようとしても悲劇は起こってしまう。そういうことがいざ起こると、世界はもはや何の興奮も楽しみもない場所になって、仕事をすることにも料理をすることにも意味が感じられなくなる。自分が真っ先に死なない限り、愛する人たちが一人一人去っていくだけの悲しく恐ろしい場所に思えてくる。子どもを失った親はそんな気持ちなの。だからものごとが正しく見られないからといって、その気の毒な親たちを責めることができる？」

子どもを失うという悲劇に見舞われ、心の整理がつかない親たちは、メディアや周りの人の「あの子はいじめられたから死んだのだ」という理由づけを信じたい。ドーバーはこう続けた。「納得できる理由が空いた穴を埋めてくれないと、親は精神的に参ってしまう。またいじめが部分的に原因となっていることも事実。いじめによるストレスがうつを悪化させて、死に追いやることもある。でも親が、自分がもっと早くに兆候に気がついて適切な対応を取っていたら、結果は変わっていたのかもしれないということにすぐに思い至らないとしても、それで親を責めてはいけないわ。親は、その後ずっと長く辛い道を歩いていかなければならないのだから」

二〇一一年秋、フラナリーの聴取の数カ月後、私は教育関係者と警察のための、いじめ防止研修会に参加した。いじめ問題に詳しい講師は「いじめ殺人」という言葉を使ってはいけないと繰り返し注意した。「大人が泥沼の離婚劇の果てに自殺しても、私たちは『離婚殺人』とは言いません。なぜ子どもの場合には、ものごとを単純化したがるのでしょう」ただ、フィービーのケースのようないじめ問題がメディアで騒がれたことによって、いじめ防止の取り組みが一気に高まったことはよかったと言っていた。「いじめ防止法」も次々制定され、ティーンの自殺件数はこ二〇年で大きく減った。フィービーの事件と、その後起きたスプリングフィールドの一一歳の黒人少年の自殺以来、各州で次々にいじめ防止の法律が制定されている。

マサチューセッツ州でも新法が功を奏した。人々の意識が高まり、校長も教師たちもいじめ問題を真剣に捉えはじめた。幸い同州では、地元の心理学者エリザベス・イングランダーが他の研究者や大学院生たちと共に、教師たちの研修、学校のコンサルティング、生徒たちへのリーダーシップ研修プログラムなどを提供していた。これは、研修を受けた教師がその知識を学校に持ち帰って、他の教師たちを教育するというプログラムで、学校側には費用がかからない。

しかし、イングランダーのような人材を持たない他州では、財政的負担の大きさに不満があがった。ニュージャージー州の「いじめ防止法」は、いじめに関する学校側の対策をこと細かく定め、その報告を義務づけており、州の教育省はその成果を学校ごとに評価して公表するとしていた。学校側は予算の後ろ盾のないこの命令に反論したが、州議会は取り上げなかった。その結果学校側は神経質に子どもたちの言動を取り締まるようになった。ドッジボールが「攻撃的である」として禁止されたり、友達を冗談半分にからかっただけでも処分の対象になったりした。

イングランダーは私にこう言った。「法律を作ってそれに盲目的に従わせることが目的になっては意味がありません。教育者たちは、子どもたちの行いが実際にどのような問題を引き起こしているのかを判断する裁量を与えられるべきです。大人たちにそれができなければ、何の解決にもなりません」

それに、ニュージャージー州のような形式的な対策は、生徒たちが精神的に成長する「ゆとり」を奪ってしまいかねない。「大人が介入せず、通常のルールが存在しない場所が、子どもたちの成長には必要です」とイングランダーは言う。「大人が何でも決めて解決してしまわない、子どもだけの自由な世界で、彼らは自力で問題を解決する術を学んでいくのです」

フラナリーの未来

フラナリーは、コミュニティカレッジで夜間のクラスを受講し、高校の卒業に必要な単位を満たすことができた。夜間のクラスでは、高校の知り合いに会わずに済むことがありがたかった。

しかしある日、彼女の事情を知らない教師がサウス・ハドリー高校の事件のことを話題にした時、フラナリーは黙っていられなかった。「私はクラスのみんなに、誰も本当のことを知らないんだと言いました。これからも分からないままだと思う」と彼女は言う。フラナリーは、弁護士にかかった費用と授業料の一部を稼ぐために、昼間は近くのホリヨークという町にある不動産会社の事務所で働いていた。サウス・ハドリーからは数キロの距離だが、大きな町なので、そこには自由があった。母親には内緒にしていたが、友人とアパートを借りることも考えていた。すでに一九歳になっていて、独り立ちの時が来ていた。

この頃には、校長のスミスと教育長のセイヤーも引退していた。年金が減額されることにもならなかった。地方検事のシャイベルはボストン・グローブ紙によって功績を称えられ、フィービーの死から一年後に引退した後も、六人の生徒を告訴したことを後悔していないと言った。

検事が何の痛手も受けなかった一方で、生徒たちの人生は狂わされた。シャロンは一七歳で妊娠した。アシュリーとオースティンは飲酒運転で逮捕された。フラナリーはオースティンのことが心配でならなかった。母親が愛想を尽かして彼を家から追い出したため、友人の家を泊まり歩いていたからだ。学校もやめ、精肉工場で働いていたが、巨大な冷凍庫の中で何時間も作業をするのだという。「私たちにとっては、何も終わっていないんです」とフラナリーは言った。「私たちに罪があったのか、それとも検察が間違っていたのか、誰にも分からない。だから、終わったのにいつまでも終わらない」

近所に、いまだにフラナリーを「娼婦」と罵る人がいて、嫌がらせの罪に問われている。フラナリーは自分が被害者側にいるという皮肉な状況をむしろありがたいと感じている。地方検事からしょっちゅう電話がかかってくる。しかし彼女はもはや過去にこだわるよりも、将来を見つめていきたいと思っている。あと一年で、コミュニティカレッジを卒業して準学士号を得ることができる。この後どの大学に進もうかと考えている。心理学を学びたいという。

Part 3

解決策

第七章　フリーダム中学
――オルウェーズのいじめ防止策

一九三八年、七歳のピーター・ポール・ハイネマンは、家族と共に小さな船でスウェーデンに向かっていた。彼らはユダヤ人で、ナチスの迫害から逃れてきたのである。

家族はスウェーデンの西海岸にあるヨーテボリにたどり着き、ドイツでは弁護士だったピーターの父親は、この土地で苗木農場を始めた。生活は落ち着いたが、ピーターは自分だけが他の子どもと違うという感覚が消えなかったという。その感情は三〇年後、自分の息子がいじめられた時に戻ってきた。

ピーター・ハイネマンは外科医となり、医科大学の同級生と結婚して、ストックホルムから二〇〇キロほど離れたエレブルーという町に暮らしていた。子どもがなかった彼らは、父親が分からない生後七カ月の赤ん坊を引き取って養子にすることにした。連れてこられた子どもは黒人だった。

当時、黒人の子どもを見たことのある人は周囲にいなかった。デイヴィッドと名づけられたその子をマーケットに連れていくと、「この子は寒いところでも生きられるの？　あなたは宣教師？」などと質問された。こういう人たちは礼儀正しいつもりで無礼なのだ。黒人の子を引き取るなんて立派だと褒められても、それも攻撃のように思えた。反撃しようのない攻撃である。幼子は、そういうやり取りを目を見開いて聞いていた。

最も辛辣な言葉は、他の子どもたちから浴びせられた。「ニガー」とはやし立てる集団に常に立ち向かわなければならない息子の痛みは、ハイネマンには我がことのように感じられ、ドイツにいた子ども時代の暗い恐怖がよみがえるようだった。それはホロコーストの恐怖にもつながっていた。

家族以外にこの痛みを分かってくれる人はいなかった。教師たちは、悪口を言われるのは仕方がないと肩をすくめるだけなので、アドバイスを求めるところもなかった。当時は「子どものいじめ」などという話題は、教育の本にも出てこなかった。こうした問題を研究している学者もいなかった。だが確かなことは、周囲の子どもたちからのいじめによるトラウマほど大きいものはないということだ。

ハイネマンは、何とかしなければと決心した。彼は公立校の校医として働きはじめ、オフィスの窓から、子どもたちが、少し変わった子や弱そうな子をいじめるのを観察して、一九六九年に小さなスウェーデンの雑誌に論文を書いた。人々に関心を持ってほしいという心からの思いだった。

　彼は子どもの残酷な行為を説明する理論を打ち出した。子どもたちは集団で相手を攻撃する。彼はそれを動物学の用語である「モビング」という言葉で呼んだ。モビングは、鳥が群れを作って違う種類の鳥や弱いメンバーを攻撃することだ。「これは人間の世界では集団でのリンチ、集団犯罪などに近い。しかし、モビングが子ども時代にすでに始まっていることは忘れられている。子どもが仲間から繰り返し嘲りの言葉を浴びせられることは、その子にとって破滅的な影響を及ぼす」とハイネマンは主張し、学校はそのような状況にできるだけ早いうちから頻繁に介入すべきであると呼びかけた。「子どもたちは外からの影響を受けやすく、習癖を変えることが可能である。すべての学校や幼稚園はこういう教育を怠るべきではない」

　当時移民の流入が増え続けていたスウェーデン国内で、ハイネマンの訴えは多くの人々の心に響いた。また「モビング理論」は、大人とは違う子どもの攻撃行動に関する研究を始めていた精神医療の研究者たちにも注目された。ハイネマンは時の人となった。彼はさらに、いじめられる子どもの実情に関する論説を書いた。

　ハイネマンの論説を誰よりも強い関心を持って読んだのがダン・オルウェーズである。オルウェーズは当時三八歳のスウェーデン人で、心理学の博士課程を修了したばかりだった。子どもたちの攻撃性の問題に注目していた数少ない北欧人の一人である。彼の博士論文は、男の子の性格と攻撃的行動の関係についてだった。「この問題の社会的な影響について調べたいと思っていた時に、ハイネマン博士のモビング理論が発表されたのです」とオルウェーズは私に語った。

さらにオルウェーズは、子どもやティーンエイジャーの研究を全く新しい視点から行い、新たな研究分野を切り開いた。また、学者の枠を超え、全国的ないじめ防止のキャンペーンを立ち上げて、ハイネマンの願いに答えたのである。その活動は、最終的には世界中に広まっていった。

ハイネマンへの反論

ダン・オルウェーズは、一九三一年にスウェーデンのカルマルという小さな町に生まれた。ある時よそから男の子が越してきて、二人の男の子がその子をひどくいじめた。無理やり虫を食べさせるなど、いじめは暴力行為にまで発展した。「私自身にいじめられた経験があるのだろうと思われるのですが、そうではなく、私がこの問題に関心を持ったのは学問的興味からでした」と彼は言う。

彼はハイネマンの論文を読んで、本当に子どもが鳥と同じように群れを作って仲間の一人を攻撃したりするのだろうかと、疑問に思った。子どもたちはそういう攻撃をどう見ているのだろうか。攻撃する側の子、あるいは犠牲になる子は、性格に共通点があるのだろうか。学校の環境は子どもたちの攻撃性に何か関係があるのだろうか。

オルウェーズはそれから三年を費やして一二歳から一六歳までの男子一〇〇〇人を対象に調査

を行った。子どもたちだけでなく親や教師にも話を聞いた。その結果、攻撃する側の子どもたちと犠牲になる側の子どもたちの行動について、ハイネマンとは違う結論に達した。「ハイネマンはいじめを集団行動と見ていました。しかし実際には、いじめはごく少人数の生徒によって行われることが多く、いじめられる子の三〇パーセントは、いじめっ子は一人だったと答えています」

いじめを行うのは一人のボス（lone alpha）と少数の手下で、「モビング」という言葉は適切ではないと考えた彼は、一九七八年に自著を英訳するに当たって「ブリーイング（bullying）」という言葉を使い始めた。昔から英語にあった言葉だが、スウェーデン語にない概念で、学術的に使われたのはこれが初めてである。第一章でも述べたが、オルウェーズはいじめを次のように定義した。いじめとは「言語的あるいは身体的攻撃であり」、「ある程度の期間繰り返され」、「両者の間に力の差が存在する」ものである。この定義は四〇年後の今も学会の標準になっている。

強い者による弱い者への一回限りの攻撃や、同等の力を持つ者同士の長引く喧嘩は、問題ではあっても「いじめ」とは言わない。オルウェーズの定義にあてはまるようないじめは、犠牲になる子どもに破滅的打撃を与えるものである。彼は、表面に見えているいじめに対処するだけでなく、すべての学校で全校を挙げた防止キャンペーンを行う必要があると呼びかけている。

ハイネマンは、学校の規模が大きく、一クラスの人数が多いほど、モビングが起きやすいとしていたが、オルウェーズは、学校やクラスの大小はほとんど関係ないと結論づけている。彼はまた、そういう問題を起こすのは主に社会の下層部の子どもたちだとか、田舎の子どもよりも都会の子どもの方が残酷な行動を取る傾向があるという一般的な思い込みも誤りであることを示した。いじめというのは、機会均等の問題なのである。

彼はまた、いじめられる子は、ハイネマンの子どものように、外見が他の子と違うことが多いという通説にも反論した。服装や外見はあまり関係がない。いじめられる子に共通するのは、身体的に弱いことと、臆病であることだった。そしていじめる子もいじめられる子のどちらも、周囲の人間の言動に対して感情的に反応しやすい子どもであると、鋭い洞察をしている。また子どもの生来の性格と生育環境は、どちらがより大きな問題かということではなく、どちらも関係しているとオルウェーズは考えている。「学校や教育システムにいじめ問題の責任を問うというのは、理屈に合わないし公正でもない。とはいえ、これらの問題をできるだけ減らしたり防いだりして子どもたちを守るのは、学校の重要な役目である」と彼は書いている。

一九七〇年代にこれらの反論を発表した頃、オルウェーズはノルウェーのベルゲン大学の心理学教授として迎えられた。現在に至るまでそこに住み続けている。

ノルウェーを震撼させた連続自殺

世の中は好景気だったが、暗いできごともあった。一九八二年一二月、ノルウェー北部トロムソ近辺で、たったひと月の間に三人の男子生徒が自殺を図った。いずれも一〇歳から一四歳の間で、学校は違っていたが、三人とも自殺する前にいじめられていた。一人は麻疹によるあばたのためにひどいあだ名で呼ばれていたという。この事件によって、子どもたちというのは互いに深刻な被害を与えかねない存在であり、被害者は孤独の中でじっと耐えているのだということを、みなが理解するようになった。

国を挙げてこの問題に対処しようとする機運が起こり、オルウェーズのもとにはマスコミや政府からの問い合わせが相次いだ。誰もがこの問題に対する答えを求めていた。オルウェーズはこの機会に、いじめを深刻な人権侵害として受け止め、学校が大規模な防止プログラムを取り入れることを勧めた。「大人たちが、こんなことは絶対に許さないという姿勢を明確にすることが大事です」と彼は言った。

教育省もついに重い腰を上げた。オルウェーズは学校向けのいじめ防止キャンペーンを作成する委員会のメンバーに指名され、政府は彼に二つの大規模な調査を依頼した。その結果、全国一三万人の小中学生のうち、およそ一五パーセントの生徒が日常的にいじめの加害者ないし犠牲者として関わっているという驚くべき事実が明らかになった。

続いて一九八三年の秋には、四二校の二五〇〇人を対象に介入プロジェクトが行われた。学校文化が介入によってどう変化するかを見るための調査である。教師やその他の大人たちが、生徒の生活に積極的に関わり、きちんとしたルールを作り、違反者には十分に考慮された罰を与え、大人たちが権威ある良いロールモデルとなる。このプログラムは学校全体で、三つの互いに関係するレベルにおいて実施された。①学校レベル（いじめに関する明解なルールを作る、休み時間の監督方法を改善する）②学級レベル（教師が主導して話し合いの場を設ける）③個人レベル（いじめが起きた時の対処の仕方を子どもたちに教える、いじめの加害者、犠牲者、その両親などに働きかける）の三つである。

プログラムの成果は上々だった。八カ月後、生徒たちの回答を集計すると、いじめは五〇パーセントも減っていた。教師たちの意見も同様だった。校内が荒らされることや盗難も減り、教室内も落ち着き、子どもたちの関係も良くなった。ただし、このプログラムを実施しなかった学校は調査対象に入っていないため、いじめに対する世間の認識の高まりがこの結果に影響しているのか、純然たるプログラムだけの効果なのか、明確には分からなかった。しかし、二〇〇一年に同じ調査を実施して効果が確かめられたため、教育省はこのプログラムを全国の学校でも実施することにした。新年のスピーチの中で、国王も首相も、いじめ問題を優先課題として取り上げると表明し、政府と教職員組合はいじめに対してできるだけの努力をするという合意に署名した。さらに追加調査が行われ、オルウェーズのプログラムは、いじめを三五〜五〇パーセントも減らすことが実証された。

「いじめ防止の父」と称えられたオルウェーズは、現在八〇歳を超えるが、その研究は今でも学術雑誌に引用され、彼は世界各地に講師として招かれている。米国心理学会は最近、オルウェーズに二つの主要な賞を贈っている。

私は、オルウェーズがコロンビア大学で、いじめと自殺に関する学会の基調講演をするためにニューヨークを訪れた際に、彼と話をする機会があった。紺のカーディガンにジーンズ姿で現れた彼は、優しい物腰の中に強固な信念を覗かせていた。私はずっと疑問に思ってきたことを尋ねた。アメリカの心理学研究者たちが、オルウェーズの研究に注目するのになぜ何十年もかかったのかということだ。一九九〇年代まで、いじめ問題は研究テーマにもならなかった。ヨーロッパやアメリカの学会は、子どもたちの間の人気と地位のヒエラルキーに狭く注目しすぎていて、力の不均衡というオルウェーズの視点を取り入れようとしなかったと彼は言う。そのために子どもたちに深刻な被害を与えている問題や行動の核心をつかむことができなかった。だが、この一〇年ほどで、統計に基づくオルウェーズの主張の正しさは学会でも現場でも認められ、彼の立場は他を圧倒するようになった。ノルウェーの学校で達成したいじめ防止の成果も、アメリカの研究者たちの間で注目されはじめた。

アメリカでの取り組みが遅れたもう一つの理由は、ノルウェーを震撼させた三人の子どもの連続自殺のような事件がアメリカでは起きていなかったために、意識が高まらなかったことである。ネブラスカ大学リンカーン校の心理学者、スーザン・スウェアラーはこう言った。「私たちはよく理解していなかったのです——コロンバインの事件が起きるまでは」

ごく普通の町の殺人鬼

一九九九年四月、コロンバイン高校で、この高校の生徒であるエリック・ハリスとディラン・クレボルドの二人による恐るべき銃乱射事件が起きた。彼らは当初、銃乱射事件などではなく、爆破事件を起こすつもりだった。それも、オクラホマシティ連邦政府ビル爆破事件級の。

爆弾は正しく配線されていなかったために幸い爆発しなかったが、銃撃によって一三人が殺害され、二四人が負傷した。この事件は国中を震撼させた。コロンバイン高校は郊外にあるごく普通の高校である。いったい何がこの二人の高校生を恐るべき殺人鬼にしたのだろう。責められるべきは両親なのか、その生徒たちなのか、それとも学校か。

これらの疑問が差し迫ったものとなった理由は、同じような事件が次々に起きたからだ。一九八〇年代に約三〇件だった学校銃乱射事件が、一九九〇年代には五〇件以上に増加していた。シークレット・サービスは一九七四年以降の三七件の学校銃乱射事件について、その原因と状況を大々的に調査した。その結果、加害者たちの七一パーセントが、暴力事件を起こす前に、長期にわたって悪質ないじめ、脅迫、攻撃、傷害を受けていたことが分かった。

多くのケースにおいて、学校の襲撃を決意させた要因は「いじめ」だった。ある加害者は、学校中の生徒たちにからかわれ、ロッカーに叩きつけられたり、廊下で転ばされたり、プールの水に顔をつけられたり、物を投げつけられたりしていたという。

また、学校で銃乱射事件を起こした生徒たちは精神的な問題を抱えていたという共通点もあった。約四分の三の加害者は、自殺を考えたり未遂を起こしたりしていた。六〇パーセント以上にうつの症状があった。そして九八パーセントが重大な挫折感や喪失感を味わったことがあった。しかしコロンバイン事件以降、学校側が対処を求められたのは、自殺願望でもうつでもその他の問題でもなく、いじめだった。

医療政策に関連した提言を行っているカイザーファミリー財団は、二〇〇一年に調査を実施した結果、生徒たちにとって最大の懸念は、ドラッグでも差別でもなく、いじめであると発表した。親たちの心配を感じ取ったメディアは、いじめを糾弾しはじめた。コロンバイン事件から二年後にカリフォルニアの高校で二名が死亡する銃乱射事件が起きた後、司法長官のジョン・アシュクロフトも「非常にやっかいないじめの文化がある」と発言した。

こうしてアメリカでもいじめ問題が注目されるようになり、議会もそれに反応した。次々に各州で「いじめ防止法」が成立し、いじめ問題に対策を講じることが学校に義務づけられた。

学校で銃を撃つのは男子に限られるが、女子に多いのがいわゆる「意地悪な子」で、彼女たちは、男子のいじめっ子に負けないほど、悪質である。陰口、嘲り、仲間外れなどは、それまで友達だった子を標的にすることも多いために、とりわけ打撃が大きい。「男子は仲間以外の子どもを標的にすることが多いが、女子は非常に緊密なネットワークの内部で攻撃する」と、『女の子どうして、ややこしい！」（鈴木淑美訳、草思社刊）の著者レイチェル・シモンズは書いている。

「女子の間では友情が武器である。友達が口をきいてくれないというのは、大声で怒鳴られるよりもこたえる。友達に背を向けられるほど怖ろしいことはない」意地悪な女の子の生態を詳述したロザリンド・ワイズマンの『女の子って、どうして傷つけあうの？』（小林紀子、難波美帆訳、日本評論社刊）は、シモンズの著書と同様にベストセラーとなり、映画『ミーン・ガールズ』の原案となった。女子の「ペッキング・オーダー（序列）」に対する関心が広まったことは、問題を解決するのに役立つはずだが、そう簡単にはいかない。しかし少なくとも二〇〇〇年代初めのいじめ撲滅の動きは、教師やカウンセラーたちに真剣な取り組みを促す効果があった。

長年スクールカウンセラーとして働いてきたスタン・デイヴィスは、私にこう言った。「八〇年代や九〇年代に、大人がいじめられている子に与えていた助言は、『いじめられても平気だっていう顔をしてなさい』『やめろと言えばいい』『胸を張って相手の目を見返してやれ』などというものでした。こうした誤った助言を防ぐためには、いじめというのは、力の差に基づく攻撃であるという理解が重要です。それを理解すれば、役に立たないいじめ対策がかなり減ると思います」

いじめ撲滅キャンペーンは大いに盛り上がったものの、すべて順調だったわけではない。自己流のいじめ対策エキスパートと称する人たちが多く現れ、たった一回の集会や講演によって問題が解決するかのように宣伝した。「学校によっては、一万ドルか一万五〇〇〇ドル払って、そういう人や本の著者を呼んで話をさせれば、いじめ対策終了と考えるところもあります。それでも子どもたちの態度が少しは改まるかもしれませんが、二、三日もすれば元に戻ってしまう」と心理学者のドロシー・エスペラージ教授は話す。

効果が実証できないこういった対策に資金を投ずることにも疑問が投げかけられた。また、『Raising America（アメリカを育てる）』の著者、アン・ハルバートは、大人の頭で考えた対策が、行きすぎた監視を生み、子どもの成長の機会を奪うことになるのではという懸念を示した。ニュー・リパブリック誌のベン・ソスキスは、「いじめがあまりに広く定義されると、感心しない行為であっても子ども時代には普通の行為までが、病的なもののように捉えられる惧れがある」と書いている。

現場で通用するのか？

一九九〇年代の半ばには、オルウェーズがノルウェーで開発したいじめ防止プログラムがアメリカの学校で初めて使われた。コロンバイン事件が起きる前のことである。だが、最初の結果は失望するようなものだった。サウスカロライナ州の一八の小学校と中学校でプログラムが導入されたが、七カ月後、生徒たちはいじめが減っていないと報告した。ワシントン州で行われた追加調査では、結果は学校によってさまざまだった。ノルウェーのような均質的で平和な国では効果があっても、人種のるつぼで暴力沙汰の多いアメリカでは効果がないのではと、疑問を呈する人たちもいた。

しかしオルウェーズは、問題はモデル自体ではなく実践の方法にあると考えた。クレムゾン大学の協力を得て、教師たちの研修を強化し、学校側を指導した。このプログラムを採用する学校が、指定された教材を使って、指示された通りのステップで忠実に実行するように念を押した。

オルウェーズのプログラムは、効果があったと考える学校から評価を得るようになり、コロラド大学が一九九六年に立ち上げた「青少年の暴力予防プログラム」からの支持も得た。九〇〇以上の暴力予防プログラムを厳格に調査したところ、効果的と認められたものはわずか一二しかなく、オルウェーズはその中の一つで、いじめを対象にしたプログラムの中では唯一のものだったという。

現在四〇州の八〇〇〇校以上の学校がオルウェーズのプログラムを導入している。ペンシルベニア州は、州内全域の学校にこのプログラムを実施するための予算を提供したので、長期的効果の評価が始まっている。最初の二年間の結果は期待が持てるものだったようで、教師たちも賛同しているという。ピッツバーグ東部のある高校の化学教師はこう言った。「以前は本当に荒れた学校だったんですよ」二〇〇九年から二〇一一年の間に、激しい口喧嘩が三分の一減ったという。「あんまり荒《すさ》んでいたので、辞めていく教師が後を絶ちませんでした。今はその頃と比べると、すっかり落ち着きました。今年はこれまでで一番いいですよ」

学校あたりの人数も多く生徒たちも多様なこの国で、オルウェーズのプログラムがうまくいくだろうかと疑問視していたアメリカ人学者たちの中には、評価の独立性に疑問を呈する人たちもいた。オルウェーズとその協力者たちが評価に加わっていたからだ。また、学校側の負担の大きさも問題にされた。「このプログラムの実行は容易ではありません」と、ドロシー・エスペラージは言う。

教師の負担が大きいというのは、その通りである。オルウェーズのプログラムは「トレーナーをトレーニングする」方式で行われる。学校側は、選んだ教師やカウンセラーを三日間の集中トレーニングに送る。彼らはその後も継続的に、オルウェーズのスタッフからフォローアップと支援を受ける。これらの教師やカウンセラーがそれぞれの学校のプログラム導入の責任者となる。彼らは学校全体から人を集めて委員会を設け、キックオフのイベントを行い、学校中にルールを掲載し、教師たちに教室での話し合いの仕方を教える。教室ではいじめについて、またそれを見かけた時にどのように介入するかについて話し合う。これは時間と労力のかかる取り組みである。アイオワ州で行われた三日間の集中トレーニングの講師は、「一年だけやって終わりというものではありません」と、全国から集まった四〇名の教師たちに言った。「この取り組みの実行には三年かかります。各学校は委員会を週に二度開き、教師たちは学年別に定期的に集まります。またそれぞれのクラスで子どもたちと話し合いを行います。これは『体系的な変化プロセス』なのです。すでに一〇年もこの取り組みを続けている学校が何校もありますが、いじめは毎年減ってきていると報告されています。ただし、一、二年でも必要なステップを省略すると、またいじめ件数が増えてしまいます」

エスペラージは、シアトルの非営利団体「こどものための委員会」が製作したプログラム「セカンド・ステップ」の方が使いやすく安価であると主張する。幼稚園から始まって各学年向けのプログラムがあり、思いやりの心、問題解決、怒りのコントロールなどを年齢に応じて学ぶようになっている。教師たちが話すべきことを説明してくれるスライドもあり、子どもたちに尋ねる質問リスト、ビデオなども揃っていて、他の科目を教える傍ら、短い準備時間で比較的容易に使用することができると、エスペラージは言う。関連するプログラム「ステップ・トゥ・リスペクト」も有効性が実証されている。

このような教育を毎年実施し続けることによって、生徒たちに望ましい言葉やプロセスが定着していく。「幼稚園では、『イライラする』とか『かっとなる』という言葉の意味や、『ストップ』という言葉を使うことを教えています」と「セカンド・ステップ」を三年前から導入している、ミネアポリスのアニー・サリバン・スクールのカウンセラーは話す。「子どもたちは小学校低学年になると『あの子がかっとなったので、ストップって言ったの』などと言うようになります。子どもたちには、かっとなった時には、まず自分に『ストップ』って言うように教えています。それから何が問題かを考えて、どうするべきか考えるように教えています。そしてその解決法は、安全で正しいか、他の人がどう思うか、効果があるか考えなさいと教えます」

オルウェーズのプログラムと、「セカンド・ステップ」の両方を観察して思ったことは、どちらも「退屈で陳腐なもの」にも「めざましい効果を生むもの」にもなり得るということだった。つまりすべては、それを行う教師の手腕とやる気と、子どもたちの関心の高さによる。また数多くの学校をめぐり、多くの専門家の意見を聞いて分かったことは、経営者、教師、親たちが納得する方法をどれか一つ導入し、それを貫くのが一番いいということだった。アメリカの教育界は、何か新しいアイデアが出ると、何でもすぐに飛びつく傾向がある。校内暴力を防ぐ取り組みを、平均して一校が九つも使っているという。実施するのは一つで十分なのである。どんなにプログラムが優れていても教師にやる気がなければ無意味で、教材をたくさん購入して華々しく取り組みを始めても、校長や教育長が交代すると、それらが棚にしまわれてしまうようでは仕方がない。

フリーダム中学の取り組み

ジョージア州アトランタ郊外のフリーダム中学校は、二〇〇五年に人口増加中のチェロキー郡から生徒を受け入れるようになった。二年後に新しく校長として着任したカレン・ホーリーは言った。「ここで初めてオルウェーズのプログラムに出会いました。うちの子どもたちが学校は冷たくて活気がないというので、何とかしなければと思ったんです」

ジョージア州は全公立校に、いじめや暴力の芽を摘むための方法としてすべての学年で「人格教育」を行うことを義務づけている。オルウェーズの米国における最初のトレーナーの一人、マイケル・カーペンターが、フリーダム中学のいじめの実態を調査することになった。すると、およそ四分の一の生徒が過去数カ月の間に一度か二度いじめられたと答え、八パーセントが日常的にいじめられていると答えた。また、二〇パーセントが一度か二度いじめに加わったことがあると答え、五パーセントがもっと頻繁にいじめに加わっていると答えた。教師がどの程度いじめを止めているかという質問では、いじめ全体の五八パーセントを止めているにすぎなかった。

この最後の部分は、教師たちをハッとさせる効果があったようだ。オルウェーズは、学校職員の態度は、生徒や家族の態度と同様に重要だと考えている。学校にいる大人たちがいじめを見て止めなければ、子どもたちに「別にかまわない」というメッセージを発しているのと同じことだからだ。このことを校長は肝に銘じた。「子どもたちが何か意地悪なことを言った時には、『男の子だから(あるいは女の子だから)しょうがない』などと考えることなく、介入することにしました」

教師たちは、「いじめとは繰り返される行為である」というオルウェーズの定義に捉われがちである。例えば生徒の一人が、他の子の持っている本を叩き落としたとする。これは一連のいじめ行為の一部なのか、その場限りのことか、どうやって見分けたらいいだろうなどと考えてしまう。しかしその違いが問題になるのは罰を与えるかどうか決める時点である。従ってその場ではともかく行動すべきだ。「その行為が意地悪だと感じられたら、介入する」とオルウェーズのトレーナーたちは指導する。教師は意地悪をした生徒にその行動を指摘し、二度としてはいけないことを分からせる。しかし罰を与える必要はない。罰を与えるのはそれがパターン化していると分かった時である。

ホーリー校長は、フリーダム中学ではこの「介入」と「懲罰」の使い分けがうまくいっていると言った。「誰かが他の子どもの悪口を言っているのが耳に入ったら、悪口を言った子どもの親に電話します。最初はそれだけです。それでもかなりの効果があります。九〇パーセントの親は、事態が大きくならないうちに対処できることを喜んでくれます」

私はホーリー校長に、いじめ問題に関わっていない子どもの親や、関心のない親たちがこの問題に興味を持つようにさせるにはどうするのかと尋ねた。答えはこれまで聞いたことのない画期的なものだった。親たちに定期的なプレゼンテーションに参加するように呼びかける。それに参加するとポイントがもらえ、それが子どもの最終的な成績に加算されるのだそうだ。

学校の廊下を歩いていると、「傍観者の勇気ある一歩」という壁のポスターが目に入った。オルウェーズのプログラムは子どもたちに、関わり合いにならないようにするだけでなく、他の子どもへのいじめを防ぐべきだと教えている。私はモニークが通っていたウッドロウ・ウィルソン中学のことを思い出した。学校全体にそういう雰囲気がない場合に、子どもたちに友達を守る行動を取るよう勧めることは極めて難しい。しかしフリーダム中学は、放課後に十数人の子どもを集めてやるのではなく、学校を挙げてそれに取り組んでいる。ガイダンスカウンセラーが、いじめの報告を集計していて、報告した生徒はみんなのために立ち上がったことを褒められる。「報告した子どもは英雄のようなものです」とホーリー校長は言う。およそ六〇パーセントの生徒が、自分と同じくらいの歳の子がいじめられていたら、助けるべきだし、助けたことがあると答えている。その統計は、いじめられている子のために何かをすることは、誰もがする普通のことなのだと教えるために使える。

これは、ニュージャージー州の五つの中学を対象にして行われた調査の非常に興味深い結果と合致する。まずいじめの実態調査を行い、その後次のようなメッセージを書いたポスターを作って学校中に貼り出した。「この中学では、一〇人中九人が、友達を仲間外れにしていない（二〇〇六年一二月の調査の結果）」そして再度実態調査を行ったところ、五校すべてで「いじめは許されない」と答えた生徒の数が増え、「いじめに関与した（加害者、被害者）」と答えた生徒の数が減った。ポスターのメッセージを覚えている生徒が最も多かった学校の場合、その差は最も歴然としていた。

私はフリーダム中学で、早朝に活動している「ＨＯＰＥクラブ」（Helping Other People Enthusiastically〈熱意を持って人の力になる〉）の生徒たちと話すようになった。生徒たちはいろいろな活動をして資金を集め、困っている人たちに寄付をしている。

私はこのクラブの八年生たちに、オルウェーズのプログラムについて、どこが良いか、どこが良くないか分析してもらった。彼らは、孤立しがちな生徒一人一人を支えようとする校長やカウンセラーたちの行動を高く評価した。しかし、月に二回教師が行ういじめ対策の学級会はあまり感心しないと言った。

「生徒たちはあまり真剣にやってないの」とポニーテールの八年生が言った。「だって、『いじめはいけません』なんて言うんだもん、そんなこと分かってるって思う」別の女の子もため息をついて言った。「ここ何週間か、何をやってたかほとんど覚えてないなあ」

そのあと六年生の「いじめ防止学級会」を見学して、彼女たちが言ったことが良く理解できた。数学教師が、子どもたちにオルウェーズ・プログラムの「正誤クイズ」をやらせていた。教師がある文章を読み上げると、子どもたちが手を挙げて、「本当」または「ウソ」と答える。例えば「いじめる子は、実は心の中に不安を抱えている。本当かウソか？」といった質問などは、それについて議論をさせたらいいのにと思う。しかし教師は、本当またはウソと答えた子どもに、その理由を説明させることも、それについてどう思うかも尋ねなかった。まるで車の運転の仕方を教えるみたいに機械的で血が通っていない。

ＨＯＰＥクラブの子どもたちにもっと人気があったのは、年に一度行われる「レイチェルのチャレンジ」と呼ばれるイベントである。これはコロンバイン高校銃乱射事件で死亡したレイチェル・スコットの両親によって設立された非営利組織の活動で、もっと突っ込んだ話し合いが行われる。生徒たちに、小さな親切行為の重要性や互いにどう振る舞うべきかをしっかり考えさせる。フリーダム中学でも他の学校でも、この取り組みは有意義だという評判である。「どんないじめっ子でも、心を動かされるよ」とポニーテールの八年生が言った。

「『レイチェルのチャレンジ』は、自分の行動を考えさせるんだ」と、フットボールチームのTシャツを着た少年が、後を続けた。「誰かが一人ぼっちで座ってたら、そばに行って座ってあげるべきかとか」

「レイチェルのチャレンジ」を行うには毎年四〇〇〇ドルかかる。このプログラムの効果を実証した調査はまだない。しかしフリーダム中学の教師もカウンセラーも、このイベントの後の数週間は、確かに学校が変わったことが感じられたという。友達を作るのが得意な子どもたちは、カフェテリアで一人ぼっちの子のそばに座るようになった。廊下ですれ違う子どもたちが以前より優しい言葉をかけ合うようになったことにも、教師たちは気づいた。そしてHOPEクラブに入る子が倍に増えた。

　しかしこういう気分は一度盛り上がっても、次第に消えていくものだ。中には以前のような意地悪をして、仲間内の地位を高めようとする子も出てくる。そうした時に、オルウェーズのプログラムはどんなツールを提供しているのだろうか。

ニコールの場合

フリーダム中学のカウンセラー、ローレン・モスは、ここに来る前は精神的な問題を抱えた高校生のための特別教育に携わる教師だった。二〇〇七年にフリーダムに来てすぐ、オルウェーズ・プログラムのトレーニングを受けた。段階を踏む実践的なところがいいと、彼女は言った。

「大学院では、いじめに対処するプロセスについて議論は全くありませんでした。このプログラムはその方法を示してくれていてとてもいいと思います。いじめの記録も、やり方が示されているので、生徒たちは報告しやすいです。教師はそれをもとに調査ができます。いじめがあると分かった時に何をすべきかも示されています。二度目に見つけた時にどうすればいいかも分かります」

私はオルウェーズのアプローチが実際にどのように効果を発揮しているかを知りたかったので、いじめられた経験のある中学生に会いたいと頼んだ。紹介してもらったのは六年生のマディという子だ。花とチョウチョの柄のワンピースを着ている。黒と灰色の縞の靴下をはいた足の片方には、装具が固定され、靴も特別なものだ。「みんなと仲良くなるのは、最初ちょっと難しかった。私生まれつき二分脊椎症なんです」とマディは率直に答えた。「私はみんなと違うの。もう一人同じ病気の子がいるけど、その子は特別クラスだし」

「マディは脚や背骨を五回も手術したので、幼稚園の時から時々車椅子で生活しながら、学校に通っているんです」とモスが説明した。

マディは小学校時代の友達と一緒にフリーダム中学に入学したが、ニコールという名の別の小学校から来た子としばしばいさかいが起きるようになった。ニコールは彼女の足のことを意地悪な言い方で尋ねる。マディは気にしないようにしていたが、ある日ニコールが友達を引き連れてやってきて、わざと本を落としてマディに拾うように命じた。マディは拾わなかった。それ以来彼女をのけ者にし、落としたペンを拾おうとしたマディの頭を自分のペンで叩いたという。「マディは誰にでもとても優しい人。それで、二人の間のできごとを知らなかった教師は、いつももめごとばかり起こすニコールとペアにしたらいいのではないかと考えて、二人を組ませたんです」カウンセラーのモスは呆れたという表情で言った。「私はマディに、起こったことをすべて書き出しなさいと言いました」

ニコールに嫌な思いをさせられているのはマディだけではなかった。モスは、もう一人ベスという女の子を紹介してくれた。ベスの母親は薬物中毒で、去年はほとんどグループホームで暮らしていたという。今は母親と一緒にトレーラーハウスで暮らしているが、家が貧しく新しい服を買う余裕がない。ニコールはそれを知っていてわざと意地悪な質問をする。モスは、私との話を終えたベスが部屋を出てから、ニコールに関するいじめの記録を見せてくれた。マディとベスの他にも、数人の生徒が記録していた。

私の髪や服や靴を笑った
どこでその服を買ったのかと聞いて、笑った
ちぎった紙を投げつけた

私を見ながら友達に何か耳打ちして笑った
アリサにチョコレートチップクッキーを投げつけて笑った
ベスをトレーラーのゴミと呼んだ

モスは数カ月分の記録を集め、ニコールの意地悪はパターン化されたものと判断し、ニコールの母親に電話した。「母親はあまり何も言わなかったので、こちらの言いたいことが伝わったのかよく分かりませんでした。それから父親が電話をかけてきました。私はニコールの学校での態度を懸念していると言い、いくつかの例を挙げました。父親は何も知らなかったようです」

ニコールは次の日、父親に伴われて学校に来た。父親は不況のためにすべてを失ったことを話し、家族がこれまでどんな暮らしをしてきたかを考えれば、娘が他の子の服をバカにするなどとは信じがたいことだと言った。モスはニコールに、自分の言葉が人を傷つけていないかよく考えるようにと諭《さと》し、ニコールは「やってみる」と答えた。しばらくは効果があった。

しかし一カ月ほどたって、マディとベスが再びやってきて、ニコールの意地悪を報告した。モスはこのことを学校の幹部に報告するかどうか迷っていた。ニコールに会って話を聞くと、彼女には自分が悪いことをしたという意識はなく、「悪口なんか言った覚えはない。きっと作り話よ」と言う。本人に自覚がない場合、指導をするのは非常に難しい。

それから一年後、私が再びモスのもとを訪ねると、ニコールはその後すっかり変わったという。

七年生になってからはいじめの記録に登場しなくなった。「新しい友達の影響か、彼女は本当に成長しました」とモスは言った。「やはりオルウェーズのプログラムが、この変化の土台にあると思っています。一番大事なことは、大人が『いじめはどうやったってなくならない』などとあきらめないことです。子どもたちはそういう空気をすぐに感じ取ります」

サイトに氾濫する悪口

オルウェーズのプログラムなど以前からある「いじめ防止プログラム」は、学校でのできごとだけを対象にしている。だが現在は、ネットでのいじめも当然視野に入れなければならない。一番簡単な方法は教室で「ネットいじめ」について話し合うというやり方だ。モスはフリーダム中学のいじめ防止カリキュラムに、ＳＮＳについての授業と、メールの書き方の講習を加えている。しかし、ネットいじめの場合は、どの時点でどのように介入するかが、現実世界のいじめよりさらに難しい。このことを理解しているホーリー校長は、カウンセラーたちのために、「我が校の生徒の安全を守るため以外は、キャンパス外のできごとに学校は関与しない」というガイドラインを設けた。

こういうルールは確かに重要だ。カウンセラーや教師たちが、生徒たちの学校外での生活に年がら年中首を突っ込まずに済み、それでいて、いざ生徒に危険がおよぶ場合には踏み込むように教師に命じられるからだ。ただし、教師はたくさんの微妙なケースについて判断しなければならない。私は自ら死を選んだフィービーのことが頭から離れない。自分を傷つける可能性のある生徒に、学校やカウンセラーはどんな支援ができるのだろう。

モスは私のこの問いかけに対して、七年生のメーガンという女の子の話をしてくれた。「フォームスプリング」というウェブサイトはもともとビジネスデータを集めるためのものだったが、匿名のブロガーたちによって利用されるようになった。ここでは自分の名前を明かさずに、質問と回答を自由に投稿できる。例えばあるティーンエイジャーが、「誰かむかつく人間いるか」などというメッセージを匿名で投稿すると、自分のネットワークの七五人がそれを見ることができる。すると、彼らの回答が質問の下に次々と表示される。このサイトに登録した人は、開始後四五日で一〇〇万人にのぼった。

「これは全く自由なサイトです。制約などはないので、誰かの投稿をブロックすることも簡単にはできません」とサイトの担当者は言う。

それから二年間で、サイトの登録者数は二五〇〇万人に増え、その三分の一が一七歳以下だった。規模としてはフェイスブックには到底及ばないが、フリーダムやその他の中学校では、影響力はフェイスブックを上回っていた。姿を隠して残酷なコメントを書くには絶好の場だ。他でやられた意趣返しをすることも、相手の自尊心をずたずたにすることもできて、尻尾を摑まれることがない。ティーンエイジャーたちの匿名でのいじめに関する批判を受けて、サイト側はプライバシー・コントロールを導入して、質問の受け手は相手が見られる範囲を選べるようにし、攻撃的な内容をブロックしたりそれを掲載した人間を報告できるようにした。これはいい考えかもしれないが、フリーダム中学のモスも生徒たちも、意地悪な書き込みをブロックしたケースは聞いたことがないという。ある一四歳の女の子は、フォームスプリングは綱渡りみたいな怖さがあると言った。「自分が人からどう見られているかが分かるから、嫌なことが書かれてるとしてもやっぱり見たい」

しかしそれも最後には、見たいとは思わなくなる。

メーガンは学校から帰ると、宿題の前にまずパソコンに向かう。ある日自分に関する書き込みを見つけた。「メーガンの本性を知っているよ。あんなデブの娼婦、死ぬべきじゃない？　みんなでやってしまおう。賛成する？」その二、三日後にも、「メーガンは自分で首をくくったらいい。男を誘って回るけど、誰も相手にしない。賛成する？」とあった。

メーガンはもちろん、学校で周囲が気になって仕方がなくなった。「一人ぼっちで廊下を歩きながら、みんな私となんか口をききたくないって思っているだろうかって考えてた。ランチの時も、こんなものを食べたら後で何か書かれるだろうか、テストの点が悪かったら、やっぱり駄目な人間だって思われるだろうかって思った」メーガンは耐えきれなくなって友人にこのことを話し、その子の母親がカウンセラーに話すように勧めた。

カウンセラーのモスのオフィスにやってきたメーガンは、泣きながらサイトの書き込みのことを話した。モスはその夜自宅に帰って、フォームスプリングに登録した。メーガンのページにも彼女のネットワークのページにも、おぞましい書き込みが見つかった。

モスは事態の深刻さに驚いた。メーガンは大丈夫だろうか。ばかなマネをしないだろうか。とりわけひどいのはこんなメッセージだった。「家族にも好かれてない」「母親も見限った」「父親もお前なんかいらないって」「殺されたおじさんだってお前を愛しちゃいなかった」確かにこれらの内容のいくつかは真実だった。メーガンのおじは殺害された。メーガンは両親にではなく、祖母に育てられた。しかしそんなことを知っている人はほんのわずかだ。明らかに誰か彼女に近い人間が裏切ったのである。メーガンも反撃して「いつか誰かが手首を切ることになって、あんたたち後悔するよ」と書き込んでいた。

モスは夜中まで見ていたパソコンを閉じ、疲れ切った頭で、一体どうしたらいいだろうと考え込んだ。そして「のぞき見」をやめ、自分が誰であるかを明かす決心をした。彼女はメーガンのページに「私はあなたのカウンセラーです。私がここの書き込みを全部読んだことを他の人に伝えてください。これほどひどいとは想像もしていませんでした」と書いた。

モスはまたフォームスプリングのルールも読んでみた。そこには「フォームスプリング・コミュニティのメンバーを、攻撃したり中傷したりしてはいけない」と書かれている。モスはサイトに抗議を書き込んだ。「このサイトはまさにネットいじめの温床です。このサイトは、子どもたちにおぞましい匿名の質問の場を与えて、いじめをけしかけています」これに対するサイト側からの返事はないという。

モスはホーリー校長にどうすべきか相談した。これらの書き込みが、メーガンやその他の子どもたちの精神の安全を脅かしているということで意見が一致した。校長はモスに、メーガンの祖母と、自傷を口にしたことのある子どもたちの母親に電話をして事情を話すように言った。「この年頃の子どもたちは、まだ自分たちだけでは正しい判断ができないんです。だからそれを支えてやるのが大人の仕事です」とモスは親たちに言った。

メーガンの祖母は、すぐにサイトを開かせて内容を読み、ショックを受けたという。そして孫に「面と向かって悪口を言えない卑怯な人たちのために、自分の時間を無駄にすることはない」と言って、登録を取り消すように言った。しかしそれは簡単ではなかった。中断する方法は書かれているが、脱会して履歴を消去する方法は書かれていない。

メーガンはサイトをチェックするのが習慣になっていて、いつでも戻れる状態なのにそれを開かずにいることは難しかった。しかしモスと祖母に説得されて、もう見ることをやめると約束した。また、匿名の敵が誰なのか思い悩むこともやめようと思った。「一方では知りたい気持ちがあった。それで誰を信用していいか分かるから。でも知りたくないとも思った。その子たちには何か問題があるのかもしれないし、私は自分の道を行けばいいって。いじめは正直すごくこたえたけど、もうこんな気持ちでいるのは嫌だと思った。友達が、『前はいつもにこにこしてたじゃない』って言ったの。それで、自分はハッピーでいようって思った」そう言ってメーガンはにっこり笑ってみせた。元気になっただけでなく、前よりも強く成長したように見えた。「ハッピーにしていると、他の子に尊敬されるの」

メーガンが教室に戻った後、私はモスに、このフォームスプリングの介入にオルウェーズのトレーニングが何らかの影響を与えたかを尋ねた。それともこれは、モス自身のカウンセラーとしての資質が発揮された結果なのだろうか。モスは校長が関わってくれたことと、二人が直感的に生徒を助けなければならないと思ったことが良かったと言った。しかし、オルウェーズのプログラムによって意識が高まっていたことも関係しているだろう。それによって、カウンセラーと校長、カウンセラーと生徒本人、カウンセラーと生徒の家族というコミュニケーションのチャンネルが開かれたものになっていたからだ。「私があのサイトに乗りこんだことは、いくらか越権行為の部分もありました。でも私が見ていると知って、四〇人の生徒がフォームスプリングを使うことをやめたそうです。私はそれでいいと思いました。私があの行動を取ったのはメーガンを守るためです。生徒の安全が私にとって一番大事で、それが私の任務だからです」

それから数カ月後、私はメーガンと彼女の祖母に電話をした。九年生になったメーガンは、よくおしゃべりをし、自信に満ちているようだった。高校は規模が大きくて圧倒されるけど、先生たちも好きだし、新しいお友達もできたという。フォームスプリングのことを尋ねると、「もう絶対にあんなものはやらない！」と言った。「高校生の友達は、誰もやってないわ。匿名で質問して無意味なドラマを作り出すなんて、何であんなバカみたいなことしてたのかって思う。何か気に入らないなら、直接相手に言えばいい」

ここでメーガンの祖母が電話口に出た。「本当にひどい話で、うちの孫がターゲットになったことにずいぶん心を痛めました。でも今はすっかり元気になって、成績もいいし、コミュニティに奉仕するクラブ活動もしているんです」

メーガンはモスが自分のためにしてくれたことに感謝していると語った。祖母も「学校はできる限りのことをしてくれました。あれ以上何も望むことはありません」と言った。

第八章　オールドミル・ノース中学

――罰するより褒めるアプローチ

オールドミル・ノース中学の保護者たちが、もう子どもをこの学校には通わせられないと騒いだのはつい最近のことだ。学校では、不良グループが幅を利かせ、ナイフや銃が持ち込まれ、マリファナを売買したとして長期停学になる者たちもいた。喧嘩騒ぎは日常茶飯事だった。校長のショーン・マクエラニーは、一〇年前に初めてこの学校に赴任してきた時のことをこう語った。

「廊下で生徒たちが喧嘩しているところに行くと、私を押しのけて喧嘩を続けるんです。止めるように言うと、汚い罵り言葉を浴びせられました」

彼は、荒れた学校を落ち着かせるための体系的な戦略などは知らなかった。時にそういうことを成し遂げた校長や教師たちの英雄譚を耳にすることはあったが、その魔法を瓶詰にして譲ってくれはしない。学校改革は、超人的に優れた資質によって行われるもののように思えた。静かで秩序ある環境がなければ学業の成果は上がらないし、生徒同士の関係も、生徒と教師の関係も築けない。しかし、オールドミルのような問題のある学校を良くするための包括的で使いやすい段階的プロセスなどは開発されていなかった。

オールドミル・ノース中学はメリーランド州東部の郊外にあって、近くにはアナポリスのような大都市や海軍兵学校もあり、高級ショッピング街もある。ヨットが停泊するチェサピーク湾も近い。しかしオールドミルには、ヨットを持つような家庭の子はいない。九五〇人の生徒（六年生から八年生）の三分の一以上は、親の所得が低いために給食費が割引か無料になっていた。二〇〇人ほどはドロップアウトし、ホームレスになる生徒も年に数人出ていた。白人と黒人がそれぞれ四割ほどで、残りがヒスパニック、アジア系、ネイティブアメリカンである。

マクエラニー校長自身は、ペンシルバニアの白人の多い閑静な環境で、教育熱心な親のもとで育った。しかし彼は勉強嫌いでフットボールに夢中だったので、八年生になっても文章をすらすら読むことができなかった。驚いた両親は周囲に内緒で彼を特訓した。スポーツ奨学生として大学に進んだ彼は、自分のような勉強嫌いの生徒の手助けをしたいと教育の道に進むことにした。数学教師になった彼の最初の赴任地は、裕福な地域にあって成績もトップクラスの中学だった。

一〇年後に副校長として赴任したボルチモアの学校は、生徒も多様でさまざまな問題を抱えている子どもが多かった。そこで彼は、人の話をよく聞いて問題を解決することの面白さを知り、また自分がそれに向いていると知ったという。彼はスーツを着ることをやめ、金曜日にはジーンズを穿き、保護者にも生徒にも自分を「ミスター・マック」と呼ばせた。喧嘩が起きるとフットボールのレフリーが使う耳をつんざくような笛を吹いて止めさせた。「彼はどうやって生徒たちを面白がらせて、彼らの心のバリアを壊すかを心得ています」とこの学校で三〇年もフランス語を教えているスーザン・シェルビーは言った。

ボルチモアの次に彼が副校長として派遣されたのが、オールドミル・ノース中学だった。テストの成績も、評判も、生徒の意欲レベルも最低にランクされていた。「学習と呼べるようなものは何も行われていませんでした」とシェルビーは言った。「完全に無秩序状態で、運営側も何の対処もできていませんでした。子どもたちは教師に対し全く敬意を持たず、どんな素晴らしい授業を行っても意味がないという状態でした」

マクエラニーは一緒に赴任してきた校長と共に、不良グループと取引をし、学校の外で何をしようとこちらは手を出さないが、校内で他の生徒を引きこまないでほしいと言い渡した。また学校側の権威を立て直し、大量の生徒を退学処分にした。最初の年には五二名が放校になった。郡内で最高の退学率である。「最初はまず少々荒っぽい懲罰を行いました」とマクエラニーは言った。全く反省の見られない、変わる意欲のない生徒は退学させ、それによって明快な基準を示したのである。その間、教師も三分の一（六六人中二二人）が、学校の荒廃に怖れをなして辞めていった。二〇〇五年には校長自身も辞任した。そして、ショーン・マクエラニーが校長になったのである。

汚染を断つ

一八五四年、うだるような夏の終わりに、ロンドン市のソーホー地区をコレラの大流行が襲った。数知れない人たちが感染して死んでいった。住民の四分の三は町を逃げ出した。その当時コレラは、空気感染によって肺を通して移ると考えられていた。しかし英国人医師ジョン・スノーはそれを疑っていた。まだ細菌が病気を運ぶということは知られていなかったが、スノーは不衛生な食べ物や水が怪しいと考え、人々の生活習慣や病人の出た家の場所を調べ、汚染された水源を突き止めた。その水源を使用禁止にしたことにより、感染の勢いは一気に収まった。それでも病気になる人たちはいたが、その人数が減ったことで、より集中的な治療を行うことができた。

一九九六年、ジョージ・スガイという教育学の教授は、オレゴン大学の数人の研究者と共に、この公衆衛生の考え方を教育に当てはめることを思いついた。スガイは大学の研究者になる前は、精神的に問題を抱えるティーンエイジャーを指導する仕事を五年間ほどやっていた。彼らの学力だけでなくソーシャルスキルを伸ばすために、スガイは努力を重ねた。しかしどれほどの時間と努力を投入しても、あまり期待した進歩がみられない。そして次第に、生徒の進歩は彼のコントロールがきかない教室の外の要因に大きく左右されるということが分かってきた。つまり学校環境全体である。「他校のベストプラクティスであっても、環境が悪いところでは失敗するということです。一人一人について考える前に、システム全体について考える必要があります」

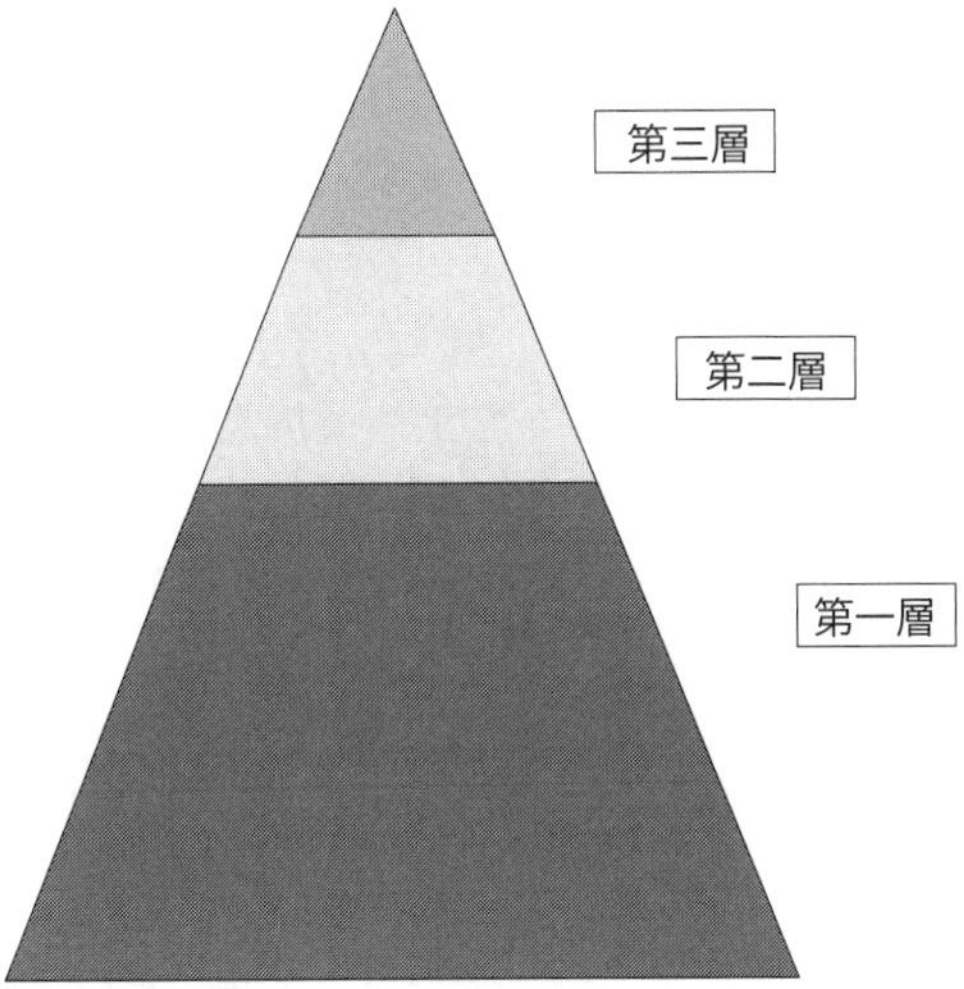

つまり、ロンドンの汚染問題と同様に、学校全体の混乱を鎮めるような介入策が必要だということだ。教室や廊下がもっと平静であれば、多くの生徒はその平和を維持しようとするだろうし、それを壊す犯人にされたくないと思う。それでも騒ぎを起こし続ける生徒は、深刻な問題を抱えていたり、注目を欲していたりすることが多いから、学校はその生徒たちに集中的に対処すればいい。

スガイはこのアプローチを、公衆衛生の予防モデルにならい、ピラミッドの形に表して、学校関係者が理解しやすいようにした。

底辺の第一層は広く効果がある介入で、すべての生徒を対象とする。

第一層の介入は、子どもたちにどういう行動が期待されているかを、各学年で明確に教えていくことだと、スガイたちは結論づけた。ソーシャルスキル、つまり対立が起きた時にどう処理するかということ、どういう時に「ありがとう」や「ごめんなさい」を言わなければならないかということ、相手の目をきちんと見ること、相手の気持ちを考えることなどを教える必要がある。そしてソーシャルスキルを強化するために、それらが正しくできた生徒は、ただちに適切な方法で報奨されるようにする。

第二層の介入は、それでも問題を起こす二〇パーセントの生徒を対象として、小グループでもう少し積極的に行う。期待される行動を定着させ、各自の進歩を追跡する。第三層の介入は、それにも反応しない生徒に対して行われる一対一の介入である。これは、カウンセリング、あるいはセラピーの形で行われる。

このスガイのアプローチには一つ難しい点がある。彼は教師と生徒の関係を強化することを重視しているので、学校全体で罰の代わりに褒美を使う方法を勧める。悪い行動よりもいい行動に注目するという考え方である。これは実際にやってみるとなかなか面倒である。

スガイたちはこのアプローチを、オレゴン州の約三〇校で試してみた。また、その成果を論文やプレゼンテーションで発表し、政治家たちが関心をもってくれるように努めた。その結果、一九九七年と二〇〇四年に、議会は二つの特別教育法を制定し、州内の学校に「問題行動へのポジティブな介入と支援」を取り入れるように指示した。オレゴン州は国内でも停学や退学の率が高いため、この取り組みによる生徒の行動の改善が期待されたのである。さらにオレゴン大学に研究センターが設立され、スガイたちはそこで学校全体の規律と学級管理のベストプラクティスを集めはじめた。それにこれまでに蓄えた知識を加え、彼らのアプローチを全国に広めようとした。「問題行動へのポジティブな介入と支援」は略されてＰＢＩＳと呼ばれた。

スガイは、ソーシャルスキルの指導と規律管理の戦略を四つの部分に分けた。①学校が校内で実際に何が起きているかを調べて、そのデータをもとに、「何を変える必要があるか」を特定する。②それによって判明したニーズに関連する、すでに効果が実証された方法を使うことを確認する。③子どもたちにとって社会的に重要な目標を明確に定義する。つまり「子どもたちにどういう行動を求めるか」をはっきりさせる。④それらの基準を達成するためのシステムを作る。つまり生徒たちがそのゴールに達するために「大人が何をするべきか」を考える。

スガイは非常に整然とした話し方で、教師としての自信と情熱を込めて語る。「これら四つが我々がすべきことで、実施することを学校に勧めています。学校に行って、データを見せてもらい、どんな結果を望んでいるのかを聞くのです。そして、どんな実証に基づく方法がそれを可能にするかと尋ね、大人のために何を作ることが必要かと尋ねます。我々のすることはすべてこの枠組みを基にしています」

ＰＢＩＳを取り入れた学校は、まずデータの分析から始める。具体的に言うと、校長室に生徒が呼び出される回数だ。スガイによれば、この回数は生徒が校則を破っている頻度を表し、停学や退学の前兆でもあるからだ。この数値が、学校の健康状態の指標なのだという。教師が子どもたちを校長のもとへ送る回数が非常に多いということは、教師が教室をコントロールできていないということだ。また、生徒が頻繁に呼び出されているということは、彼らが授業を聞き逃すということであり、当然学業の成功はおぼつかない。

スガイは教師たちに、子どもたちが懲罰を受ける理由と、どこでその悪い行為が起きたのかを明らかにするように求める。子どもたちがカフェテリアで騒ぐのは、ランチタイムが長すぎるからか、教師の監督が不十分なためか、大人の関心を引きたいと思っているからか。彼らが他の生徒にひどい言葉を浴びせたりするのは教室内か。他の生徒を突き飛ばしたり嘲ったりするのは廊下でか。そして、そのトラブルが起きやすい場所の秩序を取り戻すにはどうするかを教師たちに考えさせる。解決策は時に驚くほどシンプルだった。私が訪れたことのある、PBISを取り入れている学校では、廊下での悪質行為が急増したのは、教室移動の時間を一分増やした後だったということを発見した。データを見ると、移動時間の増加と悪質行為の増加に関連が認められたのだ。校長が移動時間を元に戻すように指示すると、廊下はまた静かになった。

PBISを実施するには、熱心な教師、管理者、カウンセラー、スクールバス運転手、カフェテリア職員などから成るチームを作る。そこで校長室に呼び出された生徒について分析し、どの場所の何を変えるべきか、誰がそれをするかを決定する。またその情報をもとに、教師や生徒が受け入れやすい介入の仕方を考える。

オールドミル・ノース中学では、マクエラニー校長とそのスタッフが、学校の目標を三つの短い文にまとめ、それを「パトリオット・プレッジ」と呼び、毎朝声に出して読み上げた。

「敬意を示す」
「責任を持つ」
「するべきことをする」

さらに教室にもそれを書いたポスターを貼り、それが具体的にどういうことかを教師が説明した。例えば、「ありがとう」「どうぞ」「すみません」などの言葉を使うことによって、相手に敬意を示すことができる。また、宿題をきちんと出すことは、責任を持つことである。するべきことをするというのは、授業に積極的に参加して、課題を時間内に終わらせることなどだ。

マクエラニーは、教師たちもまた「敬意を示す」というルールを守らなければならないと強調した。初めの頃、汚い言葉を使ったとして校長室に呼ばれる子どもが多かったが、そのわけを尋ねると、先生が彼らをバカにしたからだと言うのである。「子どもを罵れば、その子を敵に回すことになって、子どもも罵り返します」と彼は言った。「私は教師たちに、彼らが一歩後に引かなければならないと伝えました」

マクエラニーはあるできごとについて話してくれた。ある朝、一人の女子生徒が教室に遅れてやってきた。かなり泣いたらしく顔をまだらに赤くして、目に涙を浮かべている。席に着くと頭を机につけて、宿題を出すように言っても無視する。教師がさらに促すと反抗的な態度を取ったというので、校長室に呼ばれることになった。マクエラニーが、責める調子ではなく心配する気持ちをこめて「何があったの？」と聞くと、彼女は泣き崩れた。「もういや。先生は私を問い詰めてどなり散らすばかりなんだもの。私ここにいたい」夜明け頃、警官がいきなり彼女のアパートのドアを蹴破って催涙ガスを撃ち込み、父親を逮捕したのだという。父親は家族に別れを告げる時間を一分間与えられただけで、連行された。

マクエラニーは警察に電話して確認を取った。そしてその午後、教師たちを集めて言った。「我々は彼女にちゃんと学校に来てするべきことをしなさいと指導した。しかし今朝誰ひとりこの子に何があったのかと聞いてやれなかった」教師たちは愕然とした様子だった。かねがね厳しすぎると校長が懸念していた教師たちは、それからしばらく言葉の調子が柔らかくなったという。学校全体の傾向はすぐには変わらなかったが、教師たちは自分の教えていない生徒たちの様子にも注意を払うようになった。学校全体の雰囲気は、それまでバラバラだったのが少しまとまりを持ちはじめたという。

「最近、ある生徒の父親が殺されました」とフランス語教師のシェルビーが言った。「以前はそういうことがあっても、たまたま知った教師以外には伝わりませんでした。でも今は教員会議で報告したり、メールで伝えたりして、教師全体に情報が確実に行き渡るようにしています。そうすればその生徒に廊下で会った時に、その子のイライラした様子を咎めたりせず、優しい言葉をかけることができます」

マクエラニー校長は、父親が逮捕された少女のことを話した時の教師たちの反応を見て、学校が変わりはじめていると確信した。PBISによる変革に関心を示さなかった教師たちを除外してきた結果、今のチームはこのシステムの価値を信じる教師の集まりとなった。「私たちは一丸となりました。離職する教師も一気に減りました」とシェルビーは言った。

貧困家庭の子どもが多い学校では、一部の生徒を不良と決めつけ、校長室に送り込みさえすればいいと考える教師たちが変革の障害となる。マクエラニーはまず五二人の生徒を放校にすると同時に、そういう教師たちもクビにした。オールドミル・ノース中学の再出発には、この粛清が必要だった。

今スタッフは、教師と生徒の関係を強化するとされるPBISの「報奨システム」に集中的に取りかかっている。生徒たちの学業成果を表にまとめ、成績に応じて褒美を与えるのである。また学業以外の成長を認めるために、良い行いをした者に「パトリオット・パスポート」を与えた。良い行いといっても特別なことではなく、宿題を期限までに提出するとか、教師の質問に手を挙げて答えたとか、集中して授業を聞いたとか、廊下でもめ事を起こさないなど、ささいなことだ。

このやり方が功を奏するためには、このパスポートが、通貨のように「誰もが欲しがる」ものでなければならない。マクエラニーと教職員は知恵を絞った。子どもたちは、パスポートを使うと、カフェテリアの列の一番前に並ぶことができ、ランチを好きな先生と一緒に食べることができる。またPTAが用意するカートから学用品を買うことができる。年に何回かは、パスポートを映画のチケットや、アイスクリームパーティのチケットとしても使うことができた。校長はさらに「オールドミル・カフェ」を設けた。ここは通常のカフェテリアとは別で、座り心地の良い椅子、パソコン、ゲーム機、イヤホンなどが備えられていて、パスポートを持った子どもは友達と一緒にここに入ることができた。このカフェにないのはコーヒーだけだ。

学校によっては、この「報奨制度」に疲れ果ててしまうところもあった。アイスクリームパーティも、わざとらしさが目立ちはじめた。落ち着きのない生徒たち、方針の定まらない教師たちは、昔のやり方に戻ってしまいがちだった。スガイは報奨というのは「その場で良い行いを認めること」であり、無料でアイスクリームを与えることではないと言う。「与える紙自体に価値があるのではない。教師が子どもと握手して行動を褒めることに意味があるのです」とスガイは言う。「大人は、子どもが褒美につられて一生懸命やるだろうと考える。それも一面では正しいが、年上の生徒の場合は握手でも十分に効果があります。率直に言えば、その紙切れは、教師に子どもの良い行いに注目させるためのものとも言えます」

マクエラニー校長は、「パトリオット・パスポート」を追加注文した教師のオフィスのドアに星を貼っている。また、教師（あるいは副校長、カウンセラー）と何人かの生徒をセットにしたアドバイザリーグループを結成した。これは中学の三年間変わらないので、教師には生徒の事情もよく分かり、強い関係が築かれる。

ＰＢＩＳの戦略はすべて、大人と生徒たちの関係の強化を目的としている。「互いの絆ができれば、子どもたちはついてきてくれます」とマクエラニーは言う。シェルビーによれば、オールドミルでは、この取り組みが始まる前、誰かが学校に武器やドラッグを持ちこんでも、他の子たちは気にも留めなかったという。今は誰かがすぐに報告する。「一人の生徒がナイフを持っていたのが見つかった時には、子どもたちが『エエッ?! ナイフ?!』と反応しました。こういう純真さが増えつつあることは、素晴らしいことです」とシェルビーは言った。

オールドミル・ノース中学がPBISを導入してから六年、校長室に連れてこられる生徒も、停学になる生徒も半減した。また放校になる生徒はゼロになった。

PBISはいじめ防止を直接目指すものではない。しかし二〇一二年の調査によれば、これを使っている学校におけるいじめの件数は明らかに少ない。オールドミルでも、PBISの取り組みは、オルウェーズのプログラムや「セカンド・ステップ」がきちんと行われたケースと同様に、いじめ防止にも効果を現したのだ。二〇〇六年から二〇一〇年の間に、次のグラフのように、いじめに関する数字のすべてが劇的に減っている。

二〇〇七年にはすでに、オールドミル・ノース中学のいじめの件数は、地域の中学の平均を下回っていた。また、七〇パーセント近い生徒が、学校は安全な場所だと答えており、五人に四人が学校に愛着を感じていた。「PBISは我が校の基本です。私たちがすることはすべてそれが基準になっています」とマクエラニーは言った。「学区は、他校の教師たちを見学に送ってきます。ここでは、どうすれば学校がちゃんと機能するようになるかという設計図が作られつつある

オールドミル・ノース中学における生徒のいじめ報告件数の変化（2006〜2010年）

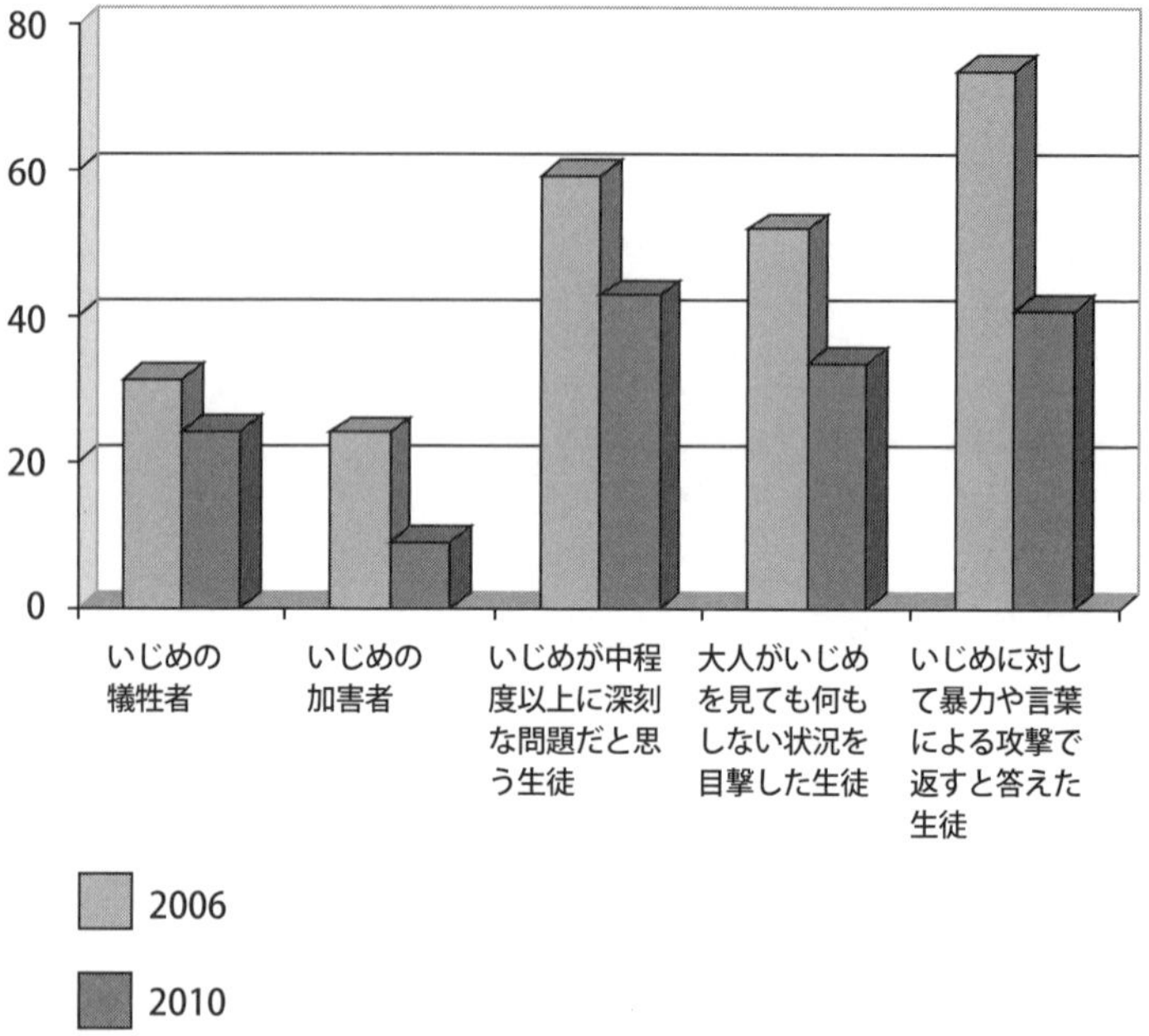

からです。私の息子が通うずっと裕福な地区の学校と比べても、引けを取りません。息子は学校でいじめられて、校長がいじめた子を呼んで話しましたが、同じことが繰り返されました。私の部屋に呼ばれた生徒は、ここで何でも好きなことが言えます。罵っても叫んでもかまわない。しかしここから外へ出る時は、この学校ではみなが共に生きていかなければならないということを理解しています。そしてそれを実践します」

子どもたちが幸せであること

マクエラニー校長と一緒にオールドミル・ノース中学の校内を歩きながら、私はまるで若き起業家と共に、小規模ながら彼がゼロから作り上げた優れたビジネスを見学しているような気分だった。この学校は彼の子どものようなものであり、大いに誇りを持っている。廊下で生徒たちにすれ違うと、誰もがにっこりして「こんにちは」と挨拶して通りすぎる。その間もマクエラニーは、生徒たちのことを話し続けている。

図書館は広々したスペースで、生徒たちがテキサス出身のアーティストと一緒に描いたという絵が飾られていた。マクエラニーは、背の高い書棚を撤去し、部屋が隅々まで見渡せるようにした。一つのコーナーにはソファと二つの肘掛椅子とコーヒーテーブルがあって、テーブルの上には花の生けられた花瓶と、オックスフォード英語辞典が置かれていた。別のコーナーにはジャクソン・ポロックの絵を思わせる絵具を散らしたような壁画が描かれていて、鮮やかな緑とピンクで、「Thinker（思索する人）」「Caring（思いやり）」「Balanced（偏りがない）」などの言葉が書かれていた。

これらの言葉はオールドミル・ノース中学の国際バカロレアのカリキュラムから取られたものだ。

ＰＢＩＳが成功し、教師たちがようやく学習に専念できるようになったため、マクエラニーは国際バカロレアを導入した。公立高校の最終的な評価は学業成績で示されるからだ。全国のＰＢＩＳを導入している四五〇〇校では、学業の面でも改善がみられる。二〇一〇年にメリーランド州の三七の小学校を対象に行われたジョンズ・ホプキンス大学の調査では、ランダムに選んだ学校の五年生にＰＢＩＳを導入した結果、児童たちの成績は、その他の学校に比べてはるかに高かったという。オールドミルでも、マイノリティや特別教育を受けている生徒たちの成績が平均に大きく近づいた。学校全体の読解や数学の成績も上昇を続けている。生徒たちの家庭は学区内で最も貧しいにもかかわらず、成績は学区の平均に達している。国際バカロレアプログラムを導入してから、学校の学業成果はさらに改善するだろうとマクエラニーは期待している。またこれによってオールドミル・ノース中学は「マグネットスクール」に認定された。以前は人が寄りつこうとしなかったこの学校に、毎年六〇人の生徒が編入に応募してくる。

マクエラニーは彼の右腕である副校長のレネッキ・ウィルソンと、カウンセラーのカレン・ジョーンズを私に紹介してくれた。二人は六年生から八年生までの三〇〇人を担当している。ウィルソンが生徒に厳しく接し、ジョーンズが優しく話を聞くという役割分担をしているのだという。オールドミルには「レッド・ゾーン」というものがあり、三回以上呼び出されたことのある要注意の生徒たちがリストアップされている。レッド・ゾーンに属する生徒の数は、ＰＢＩＳのおかげでここ二、三年大幅に減った。残っているのは「第三層」の、なかなか改善しない生徒たちである。彼らに対してオールドミルはどのように対処したのだろう。私はレッド・ゾーンの生徒であるメリッサ、キャシー、エイミーの三人に会わせてもらった。この三人の対立はあまりに根深く、教師たちがひと月も努力しているが、なかなか解消されない。

一四歳になったばかりのメリッサは成績も良く、まじめな生徒だった。しかし八年生の夏、キャシーと付き合うようになってから変わった。キャシーは同じ歳だがずっと大人びていて、高校生たちと遊んでいた。カウンセラーのジョーンズはその点を心配してメリッサに忠告していた。やがて男の子をめぐるトラブルを発端に、メリッサはキャシーの仲間から攻撃されるようになり、フェイスブックにも中傷が書き込まれた。またメリッサは、救いを求めた友人のエイミーとの関係も悪化させていた。

ウィルソンとジョーンズはまず、メリッサとエイミーを呼んで話をさせた。二人の関係はこれによって修復された。しかしキャシーとメリッサの関係は同じようには行かないと考えた二人は、校長を巻き込むことにした。キャシーは私にこう言った。「校長先生は、君たちにはこのトラブルを解決するだけの力があるって言ったの。君たちは本当はもっとずっといい子なんだって。私、先生の言う通りにして、こんなことはやめようって思ったんだ。何となくいい気分だった」

一〇年前には、オールドミルのような中学で、このような生徒間の対立を教師が解決するなどということはできる相談ではなかった。生徒たちがいじめやドラマによって傷つくことを防ぐのは、学校の役割ではなく、学校には関与する権限もなかった。しかし今日、学校は親たちと共に、その仕事に乗り出している。この役割を、マクエラニー校長やそのスタッフは進んで受け入れている。「私は職員たちが、我々はみんな家族なのだという考えを理解してくれるように、努力してきました」とマクエラニーは言う。「私たちはみんなで、この子たちを育てているのです。毎朝子どもたちに微笑みかけておはようと言わなくてはいけません。よほどのことがなければ、声を荒げるようなことをしてはいけない。学校は、子どもたちが安心して幸せに暮らせて、そして学べる場所でなくてはならないのです。子どもたちが幸せであること、それが一番大事です。幸せであれば、成績とかその他のことは後からついてきます。それがまさに私たちが見てきたことで、真実です」

介入セッションの効果

オールドミル・ノース中学で、ＰＢＩＳが生徒や親たちにもたらした恩恵は明白である。しかし私は、ＰＢＩＳを取り入れた学校は、十分なリソースさえあればさらに何かできるのではないだろうかと思った。前述のコレラに対処した公衆衛生の例のように、効果的な第一層・第二層戦略を持っている学校や、ＰＢＩＳによって生徒たちの問題を減らすことのできた学校であれば、真剣な取り組みを継続して行うことによって、一〇％を占める第三層の生徒たちの生活をも変えられるのではないだろうか。

それは学校の役割の範囲を超えたものかもしれない。しかし学校は子どもたちが毎日通う場所で、さまざまな問題が起きる場所でもある。これらの子どもたちの行動を見ると、もっと一人一人に注意が払われるべきであることが分かる。彼らが必要としているのは、どれほど熱心なカウンセラーでもなかなか与えられない「継続的なカウンセリングやセラピー」である。学校が彼らの生活を良くすることに責任を持つ社会機関であるなら、どんなリソースがあれば学校のそういう役割が可能になり、また容易になるのだろう。

私は、ネブラスカ大学の心理学者スーザン・スウェアラーにその質問を投げかけてみた。教授は研究のかたわら、故郷のネブラスカ州リンカーン市にあるアービング中学で、第三層の一番問題の多い生徒たちにどう対処するかについて、自分の理論を実験によって試していた。アービング中学の生徒はほとんどが白人だが、近年ヒスパニックの生徒が増えてきており、また四〇パーセント以上が低所得家庭の子女だという。スウェアラーはいじめ問題を起こす少数の生徒を対象にした介入プログラムを開発した。

スウェアラーがこの学校に関与するようになったのは、校長のヒュー・マクダーモットがいじめ問題に手を焼いて助けを求めてきたからである。アービング中学もPBISを導入していて、二〇〇七年度からその枠組みに従ってやってきた。大部分において生徒たちはそれによく反応した。マクダーモット校長はマクエラニーよりも控えめな人柄だが、彼もまたPBISを成功させていた。これはいいことだと私は思う。校長のカリスマ性が役に立つのは確かだが、それがなければ改革ができないというのでは困るからだ。アービング中学の廊下は静かだった。第一層（一番問題のない層）への介入は順調で、第二層にも対処できていた。特別に選ばれた教師がいる「タイムアウト教室」というのがあって、授業中に騒ぎを起こした生徒はそこで一〇分間、気持ちを鎮めることになっていた。

アービング中学でも、オールドミル中学同様、第三層（一番問題の多い層）の生徒への対処は、まずカウンセラーのオフィスで話をすることから始まる。ところがカウンセラーたちは、ほんのひと握りの生徒たち（おそらく学年に一〇人ほど）のために、膨大な時間を費やしていると感じていた。決まった顔ぶれの生徒たちが、ひっきりなしに他の生徒を喧嘩に引きこんだりいじめたりするからだ。マクダーモットも初めは他の校長と同様に、その生徒たちを停学などで処罰していたが、無力感を感じていた。「何度停学にしても、二週間後に戻ってきて同じことをするんです。停学では何も変わりません。誰にとってもフラストレーションでした。子どもを家に送り返して、何が達成できますか？　そこでスウェアラー先生に、何かもっと子どもたちの心に届くやり方はないだろうかと尋ねたのです」

スウェアラーには一つのアイデアがあった。停学中の生徒に、一日だけの「介入セッション」を行うというものだ。彼女はマクダーモットの助けを借りてプログラムを作り上げ、アービング中学でそれを試すことにした。

校長とスタッフが指名した第三層の生徒たちは、まず訓練を受けた心理学の大学院生によって一時間ほどの心理テストを受ける。「うつや不安などがないか、学業の面やスポーツの面などで自分自身をどう見ているか、などを調べます」とスウェアラーは説明した。これで精神の健康状態を確認し、結果は後で両親に知らせて、両親が許可すれば学校に報告する。

次に生徒たちにいじめに関する短いビデオを見せ、大学院生とそれについて話し合わせる。これは、いじめが習慣になっている生徒やいつもいじめられる生徒たちに、そのビデオの中に自分を見出させる効果があるという。その上で、自分たちの行動を変えるための具体的なステップを考えさせる。一日のセッションが終わると、大学院生は両親に提出するレポートを書く。これには心理学的評価と観察の結果に加え、今後その生徒をどのようにサポートすべきかの提案が書き込まれる。「レポートには素晴らしいフィードバックが含まれていて、両親は多くの場合、それを私たちに見せてくれました」とカウンセラーの一人が言った。「これを機会に、この生徒が社会的に好ましい行動を取るようになるために、私たちは何をしたらいいか、この生徒には何が必要なのかを、両親と話し合えるようになりました」

マクダーモット校長は、慢性的ないじめっ子、しばしばターゲットになる子、被害者でもあるいじめっ子など、幅広い生徒たちに、このような機会を与えた。これまでのところ、子どもと参加することに同意しなかった親はいないという。アービング中学を含め市内三校で、五年間にこれに参加した生徒はおよそ八〇人だ。決して多くはないが、常にいじめの加害者や被害者になる子どもは、当時学年に一〇人ほどだったのである。スウェアラーは現在、追跡調査をしているが、このセッションに参加した子どもたちがトラブルを起こすケースは約半分に減ったという。ただ、二点だけ付け加えておくと、スウェアラーは一番行動が荒れている時期の生徒を選んでいるので、中には何もしなくても自力で行いを改める子もいたかもしれない。また、この介入セッションを拒否した場合との比較は行われていない。

私は、スウェアラーのセッションを受けた生徒たちに会ってみたいと思った。カウンセラーが、ジョシュアという男の子を紹介してくれた。六年生の初めにアービング中学に転校してきた当初は問題が多かったそうだ。母親がイラク戦争に一年間従軍していたため、父親とその再婚相手と住んでいた。両親の離婚のことでまだ腹を立てていて、教師にも父親のことを悪く言っていた。弱々しい体つきで、被害者意識が強かった。例えば誰かが廊下でペンを投げると、他の生徒がみな否定しているにもかかわらず、自分をめがけて投げたと教師に言いつけた。他の生徒が「バカみたい」などと発言すると、自分がそう言わせるようなことをしたにもかかわらず、いじめられたと教師に報告したり、相手を罵ったりした。

七年生になると、母親がイラクから戻った。ジョシュアがあれこれと母親に言いつけるたびに、母親は怒りをこめたメールを教師に送ってよこした。いじめに対する非難は膨れ上がる一方のようだった。カウンセラーは、ジョシュアがささいなことを大げさに言うのは、母親の関心を引きたいからではないかと考えた。「彼は母親に、自分の味方でいてほしいのです。母親は他の子どもたちが寄ってたかって息子をいじめていると思っています」とカウンセラーは言った。「両親にとって、我が子の側にもいじめを誘発する要素があるかもしれない、それは何だろう、どうするべきだろうと、冷静に考えることは非常に難しいのです」

カウンセラーはジョシュアを、スウェアラーのプログラムに参加させた。大学院生とのセッションがうまく効果を上げてくれることを期待したのである。またジョシュアの心理学的プロフィールが明確になれば、家族の理解が得られるかもしれない。ジョシュアは私にこう語った。「何で自分がセッションに参加することになったのか分からないけど、いじめられていたし、ママにも心配されていたし。セッションでは挑発とか仕返しとかについて話をしたんだ。今はそういうことはあまりなくなったよ」

母親は、ジョシュアの心理評価が出た後、カウンセラーと話をした。彼らはジョシュアがもう少し仲間に溶け込めるようにしようと話し合った。「彼は、ボーイスカウトに参加してテニスを習ったり、楽器を習ったりしています。今年はずっと行動的になりました」とカウンセラーは言う。彼女はジョシュアと母親に、小さな対立をもっと客観的に捉える方法をコーチした。「彼が言葉で報告してくることは不正確なものが多いので、記録をつけて両親に見せなさいと言いました。子どもに文章を書くように言うと、彼らは本当に大事なことだけを書きます。そうすることで大げさに表現しなくなり、ささいなことを気にしないようになります。これは子どもたちが身につけるべきスキルです。そして母親には、自分の成長の過程を思い出してもらいました。思春期にはこういう難しい時期があることを分かってもらえたようです。しかし成長の過程でこういう経験は必要です。自分の言動がどういう結果につながるのかを知って、痛みを経験して成長するんです。大人になった時にそのスキルが役立ちます。いじめは決してなくなりません。大人の世界にもいじめがあります。だからそれにどう対処するかを学ぶことが大事なんです」

八年生の初め、六年生の時にジョシュアともめたことのある男の子たちが、学校帰りの彼を歩道で突き倒した。「ジョシュアは、挑発行為はしていませんでした」とカウンセラーは言った。「彼の対処の仕方はずいぶん成長しました。母親に告げることなく私に報告に来たんです」

ブリタニーの成長

ある日の午後、私はマクダーモット校長とカフェテリアを見に行った。七年生がランチを食べている。表面上は何の問題もなさそうだ。子どもたちは長いテーブルに自分のトレイを運び、おしゃべりしながら楽しそうに食べている。マクダーモットは何人かのよく問題を起こす生徒を指し示した。私はロバート・ファリスが研究した「子どもたちの社会のネットワークマップ」を思い出した。いじめっ子は、ヒエラルキーの中での自分の地位を上げるために弱い子どもを攻撃する。そういう見返りがあるためにいじめが起きる、とフェリスは結論づけている。

そういう力関係を壊す努力が行われているアービング中学でも、その名残は見られる。私は七年生のブリタニーと話をした時にそれを感じた。

ブリタニーは六年生の時、仲間と一緒に一人のおとなしい女の子をいじめたとして問題になった。その子が毎日同じ服を着ていることをからかったのだ。カウンセラーと母親に勧められてスウェアラーのプログラムに参加し、良くない仲間と付き合わないように説得された。それ以来彼女に対する苦情は出なくなった。その後のフォローアップ面談で、いじめをやめてどんな気持ちかと聞かれて、まるでファリスの説を実証するような返事をした。「前は自分がすごく強くてグループを動かしていたみたいな気分だったけど、今はそれがなくなってちょっと寂しい」と言ったのである。

心理テストの結果、ブリタニーにはうつと不安の症状が見られた。また反抗や挑戦的態度を示す傾向が指摘された。良かった点は、自分の悪い行いを人のせいにしないことだった。ブリタニーはいじめのビデオを見て、このいじめっ子は自分だと思ったという。「意地悪なことを言うと、他の子が後についてくるからいい気分なの。ホントはいけないことだって分かってる」

こういう働きかけによって彼女はいじめをしなくなり、いつも一緒にいじめをしていた友達とも離れた。私はブリタニーの母親にも会って話を聞いた。母親は娘に厳しくしすぎたのではと心配していた。父親はブリタニーが六歳の時家を出ていって以来、音信不通だという。「あの子が心の中に怒りをためていても無理はないんです。でも、だからといって弱い子をいじめていいことにはなりません」また母親は自分の弟が高校生の時にひどいいじめに遭ったことも話した。「娘が他の子にあんな苦しみと自信喪失をもたらすなんて信じられません。そういうことをしてはいけないと教えてきたのに」

母親はブリタニーにうつの症状があると知って、セラピーを受けさせることに決めた。これはスウェアラーのプログラムの主な成果の一つである。学校にとって大変有難いことに、大学院生がアービング中学の何人かの生徒に無料で毎週セラピーを行っている。

部屋に入ってきたブリタニーに、いじめっ子だった時に持っていたパワーを恋しいと思うことがあるかと尋ねると、彼女は首を振って言った。「そういうパワーを持つことは、他の子が傷つくってことだもの」そして、友達のいない男の子が、手に持った本を他の子に叩き落とされたのを見たので、その本を拾ってあげて「大丈夫？」と声をかけたと言った。それを見ていた教師に後でとても褒められたという。母親はそれを聞いてにっこりほほ笑んだ。ブリタニーは友達が外で自分を待っているのに気づき、部屋から駆けだしていった。

第九章　デリート・デイ
――ネットいじめは阻止できる？

フェイスブック社の駐車場に車を停めた時、大学に戻ったようだと思った。学生寮のような建物が並び、芝生は刈り込まれてスプリンクラーが回っている。スニーカーを履いた若者たちは、少々歳は上だが、私が教えていたロー・スクールの学生たちのようだ。地面近くの赤い標識に、フェイスブックの見慣れたロゴが見える。ここはシリコンバレーにあるオンライン宇宙の中心地だ。この宇宙空間にはアメリカの二〇〇〇万人のティーンエイジャーが参加していて、多くのいじめも存在している。

私は、ネット上のいじめやハラスメントに関する苦情を扱っているチームに話を聞きたいと、フェイスブックのPR部門に申し入れたのだが、許可を取りつけるのになんと六カ月もかかった。数知れないメールのやり取りの後、情報非公開の誓約書にサインをして、ようやく取材を許可されたのである。私はいじめやハラスメントに対処するカスタムメイドのツールを開発するエンジニアリングの責任者、アルトゥーロ・ベハールに紹介された。

二〇一一年の『コンシューマーレポート』によれば、前年に二〇〇〇万人の未成年者がフェイスブックを利用しており、一〇〇万人がネット上でいじめやハラスメントの被害を受けているという。ピュー研究所の調査でも、二〇一〇年に一二歳から一七歳の子どもたちの一五パーセントが、SNSのサイトで一二カ月以内にいじめられた経験があると報告している。

フェイスブックもその実態は把握している。私が訪れた時点では、ヘイトスピーチ、薬物販売、性的内容などを含む違反を訴える報告が一週間に二〇〇万件（ちなみにリンク、写真、メッセージ、投稿は一週間あたり約七五億件）も来ていた。被害を訴えてくるのは大人だけではない。ベハールは具体的な数字を挙げなかったが、いじめや脅しの被害を訴えるティーンエイジャーの数は全体の大きな部分を占めるという。

フェイスブックはこれらの訴えを重く受け止めている。そもそもこのサイトは、利用者に良識の高さを求めることによってブランドを作り上げたからだ。残酷な内容、脅迫的な内容を書き込むことは、フェイスブックのルールに違反している。登録する時にもそのルールをユーザーに確認させ、実名を使うことに加え、人を傷つける内容、性的、暴力的な内容を載せないことを約束させている。「何でもありの下町の街角」ではなく、「ガードマンがいて秩序を保っているショッピングモール」のような場所を目指したはずだった。

今やそのモールを行き交う人は八億人と、ほとんどの国の人口を上回り、秩序を保つことも容易ではない。フェイスブックは違反をクリック一つで報告できるようにしたが、フェイスブック側の反応が遅く機械的で、時に全く反応がないという不満がここ何年も出ている。電話で訴えられるようなホットラインもない。私が二〇一〇年に一五〇〇人の登録者を対象に調べたところ、一五〇人が画面上でいじめやハラスメントを報告しており、そのうち三分の二がフェイスブックの対応に不満を持っていた。ひどい嫌がらせを繰り返していた一〇歳の子どものアカウントが削除されるのに六カ月もかかったケースもあり、全く対処してもらえなかった例も多かった。

こういった問題に取り組むのが、ベハールの仕事である。しかし彼の考え方は、予想に反するものだった。彼は自分の目標は、フェイスブックを「全能の神」のように頼って助けを求めてくるユーザーたちに、自立を促すことであると言った。自動報告システムに頼るのではなく、信頼できる人間に頼るべきだという。「ネット上に現れる子どもたちは公園で遊んでいる子どもたちとは別のものだと、人は思いがちです。しかし現代の社会では、オンラインの生活と現実の生活を分けて考えることはできません。フェイスブックは、人々を統治し、社会規範を強制する立場にはないのです。ユーザーはそれを自分たちでするべきです」

ベハールは、人々がオフラインの生活で対立を解決するのに使うソリューションを、フェイスブックにも持ち込んでほしいと考えている。「私たちの目標は、現実の世界の問題を解決できるように人々を支援することであるべきだと思います。もちろん私たちは、内容を削除して、書き込んだ人に警告することはできます。でもそれより大事なことは、いじめの対象になった人が必要なサポートを受けられることです。私たちのような部外者ではなく、その事情を本当によく知っている人たちが話し合ってほしいと思っています」

ベハールは、そういう目的を達成するために「フェイスブック・ソーシャル・レポーティング・ツール」と呼ばれる新しいフローを設計したと言った。違反を報告すると、次のようなウィンドウが現れる。

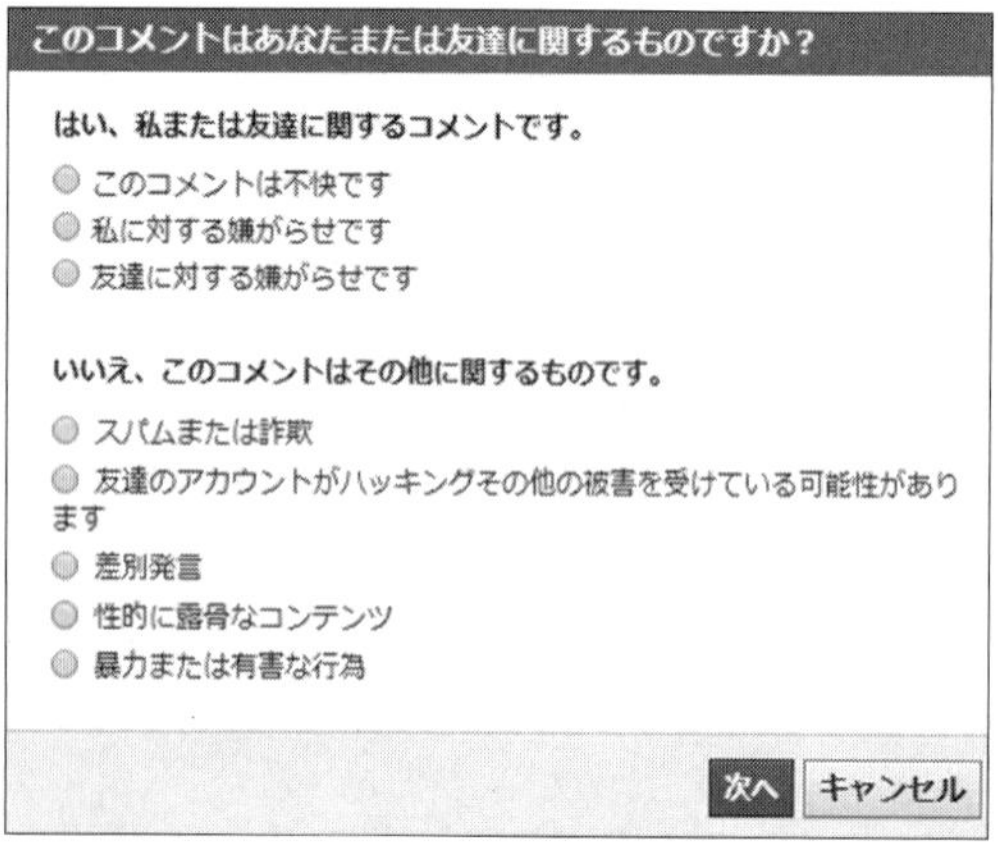

「このコメントは不快です」をクリックすると、次のウィンドウが現れる。

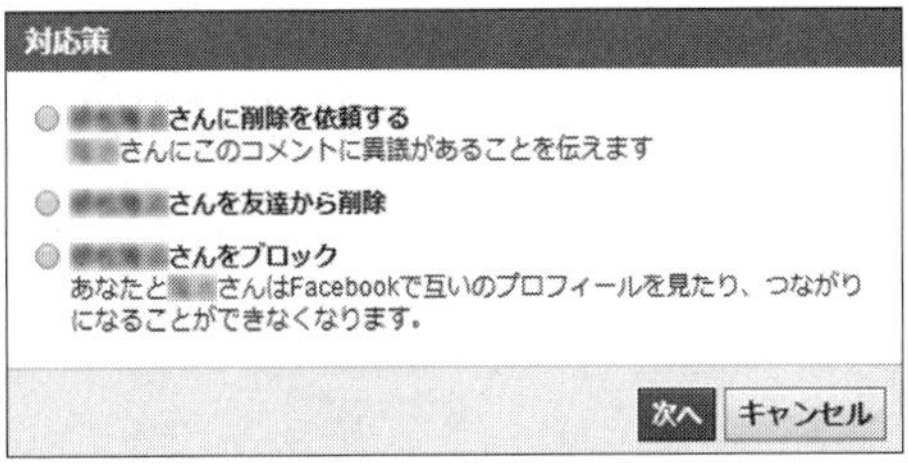

ユーザーがどのようにこのツールを使っているかを追跡調査した結果、あるユーザーが別のユーザーに写真を取り下げるように依頼すると、多くの場合その写真は削除されるという。「当事者同士の話し合いで解決できることも多いことが分かります」

これは非常に素晴らしいアイデアだ。ユーザーが別のユーザーの依頼に応じて、悪質な写真を取り下げるのであれば、ベハールが言うように、人々がオンラインの人間関係の問題を自力で解決することをフェイスブックが支援していることになる。またユーザーたちは自分で、「この内容を取り消してください」というメッセージを、フェイスブック内のEメールのような機能で送ることもできる。しかし調査の結果、ユーザーは自分で文章を書いて送るよりも、画面に現れるメッセージを使う傾向が多いと分かった。

ベハールのツールは他にもオプションを提供している。もし報告している内容がいじめやハラスメントの場合は、また別のウィンドウが開く。

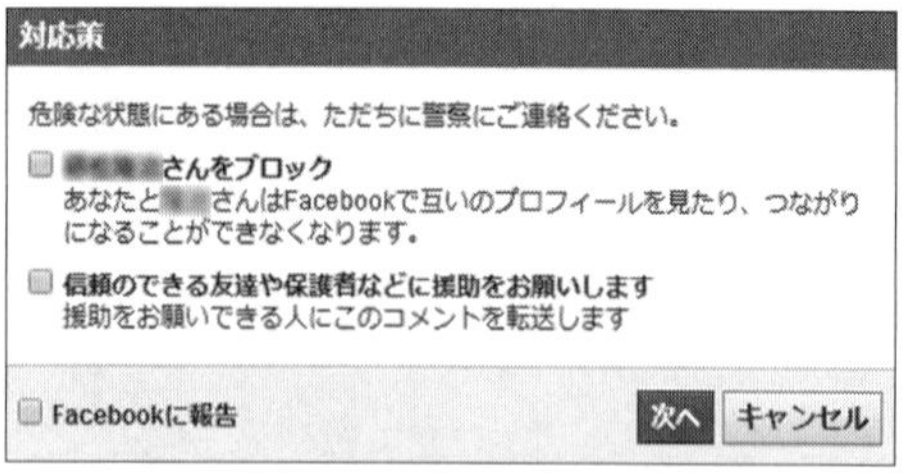

これらのオプションの表示は、いじめられた側の視点で作られている。「一番いいのは、いじめられた子が両親や友達や誰か信頼できる人にすぐに助けを求められるようにすることです」と彼は言う。「その書き込みを信頼できる人に見せ、それを書いた相手につきつけてもらい、『これがどれほど相手を傷つけるか分かっているのか』と問い詰めるのが一番です」

ここで得られる教訓は、「子どもを育てるのに村全体が必要」という古い格言をウェブ上に置き換えたものである。この村は、「神のように君臨するフェイスブック」ではない。このサイトに登録している人々のコミュニティで、サイト以外でもつながっている人々である。

ベハールの考え方は、現在いじめ防止の中核となっている一般的な考え方と合致している。子どもたち、両親、学校の職員が一体となって、「悪質な行為は許されない」という態度を明確にするという方針だ。二〇〇九年の調査で、中学と高校の生徒たちに、ネットいじめを防ぐものは何かと尋ねたところ、彼らが一番に挙げたのは、親がSNSへのアクセスを禁止することだった。二番目は親がパソコンや携帯を取り上げること。「子どもたちは、文句は言いますが、両親が監督するのは子どもを案じているからだと分かっているのだと思います」と心理学者のエリザベス・イングランダーは話す。「よそのうちはみなやらせているのに、うちだけ取り上げるわけにいかないと考えるのは間違いです」

親によっては、テクノロジーの進歩に戸惑っている場合もある。フェイスブックで子どもと

「友達」になっても、すべての投稿が見えているわけではないということに気づいていない親も多い。たとえ親が、インターネットにフィルターをかけたり、携帯の使用を制限したりする設定をしても、子どもたちはそれを回避する方法を見つけ出す。子どもの話をうのみにして、モニタリングはできないと思っている親もいる。

フェイスブックのソーシャル・リポーティング・ツールは、大人がネットいじめの対処法を知っていることをあてにして作られている。ティーンエイジャーが「信頼のできる友達や保護者などに援助をお願いします」というところをクリックすると、そのコメントが両親、教師、カウンセラーなどに届けられることをベハールは想定している。「私の理想は、両親と教師がこのツールを理解して、現実世界で対立の解決を考えることです」と彼は言う。両親がテクノロジーに弱いとしても、やはりそれが良い方法に思える。テクノロジーに精通することより人間関係に精通していることが重要だからだ。

ベハールによれば、このツールはスタートしたばかりだったが、「自己解決」つまりユーザーに自分の意思で内容を取り下げさせたケースが、消去全体の半数に上るという。期待が持てる数字ではある。しかし内容を消去するケースはいまだにわずかであり、このツールがどれほど使われているかは分からない。私が調査した一五〇〇人の利用者のうち七〇パーセントが、そんなツールがあるとは知らなかったと答え、使ったことがある人はわずか三パーセントだった。たくさんのティーンエイジャーや親にこのツールのことを聞いてみたが、多くの人がぽかんとした表情をしていた。

　ベハールへの取材の後、フェイスブックはもう一つ、一三歳と一四歳向けのソーシャル・リポーティング・ツールを追加した。子どもたちは、自分について書かれた書き込みが気に入らなければ、問題を報告することができる。するといくつかの質問が現れ、どれくらい内容が悪質か、どれくらいその子が傷ついたかを判断できるようになっている。それらに答えると、仕返しに意地悪なことを書き込めば状況が悪化すると諭し、親や教師など、信頼できる人に直接話すことを勧めるアドバイスが表示される。

　フェイスブックは子どもたちに共感を示し、良いアドバイスをしているが、子どもに自分たちで問題を解決させようとしている。私には、ルールの順守をユーザー任せにしていていいのだろうかと疑問に思えた。自由主義のエンジニアたちは多分、フェイスブックが統治者のように振る舞うことに抵抗があるのだろう。しかし好むと好まざるとにかかわらず、フェイスブックには権威がある。特に時間をかけて自分のプロフィールを作り上げ、その投資は失うには大きすぎると感じているユーザーたちにとって、その権威は本物だ。

　ベハール自身も、サイトの権威を使えば人々の態度を変えられると考えているのは明らかだ。違反者を追い出すことをやめ、「警告」や「一時的な使用不可」といった罰則を使うようになったことが、それを証明している。追い出せば、架空の名前を使って再登録するだけだ。それよりも、アカウントを維持させ、フェイスブックが天から行動を見張っていると知らせる方がいいと考えたわけだ。例えば、人を傷つけるようなページを作成したユーザーに、フェイスブックは、もう一度同じようなことをすればアカウントが使えなくなると警告し、一カ月の間グループページの作成を不可能にする。またデータにも、ティーンエイジャーはこの手の警告に敏感に反応することが表れているという。一八歳以下のユーザーの場合、コメントが不適切であると警告するメッセージをたった一通送っただけで、その九四パーセントのユーザーが、苦情を招くような投稿をやめるそうだ。あるスタッフは、「常習的犯行というのは非常に少ないんです」と言った。

私はこれを聞いてさもありなんと思った。中学と高校の生徒たちに、停学処分とフェイスブックが使えなくなるのとどっちがいいかと尋ねた時、ほとんどの生徒が停学と答えたからだ。

フェイスブックの苦情対応

フェイスブックがどの程度の力を行使するかを日々決めているのは「レップ（代表）」と呼ばれる人たちだ。彼らは、無数に送られてくる苦情を処理しており、警告が有効であることを十分認識している。「ユーザーにとってプロフィールは大事なものなので、それを人質に取っているようなものです」と二六歳のチームリーダー、デーヴ・ウィルナーは言った。私が取材した時、ウィルナーのチームはいじめや嫌がらせに対する報告をスクロールして読んでいた。彼の向かいでは「安全管理チーム（自殺を示唆する内容、児童搾取、規定年齢未満のユーザーなどをチェックする）」が仕事をしていて、隣には「真正性管理（偽のアカウントなどをチェックする）」をしている人がいた。「真正性管理チーム」の仕事は明快で、本名とメールアドレスが登録されていないアカウントを取り消すことだ。また「安全管理チーム」は、マイクロソフトが開発した「PhotoDNA」というソフトを使い、児童ポルノを見つけ出している。週に平均二〇件から三〇件ほど発生する自殺をほのめかす書き込みには、提携している自殺防止センターの警告が、その人のページにＩＭ（インスタントメッセージ）チャットを通して現れるようになっている。

いじめやハラスメントに対処するチームは、明快なルールにも優れたテクノロジーにも頼ることができないので、ただひたすらコツコツと報告を読む。「いじめは難しいです。定義しにくいし、書き言葉は口にした言葉と違って、声の調子で判断することもできない」と担当者は言った。何といっても文脈がすべてなので、アルゴリズムでいじめや嫌がらせを見分けようとしたがうまくいかなかったという。例えば「あいつは彼女を妊娠させた」と書かれていても、それが悪口なのかそうでないのか、判断がつかない。

極めて主観的な世界に何とか秩序をもたらすために、彼らは一つのルールを作り上げた。いじめられたと訴えてきた人があれば、ともかくそれを信じるということだ。「内容が本人に関することで、その人が有名人でない場合、嫌がらせかどうか判断する努力はしません。単にその書き込みを消去します」

ただ第三者からの報告に関しては審査した上で判断するという。だが、「第三者」の中にはいじめられている子どもの両親も含まれるというので、私は驚いた。私が話を聞いた限りでは、親たちがいじめを報告するのは、子どもたちができないので代わってする場合である。そのことはウィルナーにとって初耳だったようだ。フェイスブックは明らかに、ティーンエイジャーや両親や先生たちがどのようにサイトを使っているかを、調べていない。

ウィルナーが、ニック・サリヴァンという若い「ハラスメント担当レップ」を紹介してくれた。サリヴァンは報告をスクロールして「私はマリアが大嫌い！」というページに目を留めた。これは簡単だ。彼は書き込みをした人の名前の横にある「ネットいじめ／確認済み」というボックスにチェックマークをつけた。さらに別のボックスをクリックして、自動警告メッセージを送る。フェイスブックの利用規約に違反しているため、メッセージを消去したと知らせる内容だ。登録を継続しメッセージが消去されないようにするには、個人やグループに対する攻撃や脅しを含む内容をすべて取り下げるよう警告する。

私はサリヴァンに、判断に困る報告を処理するには一〇分くらいかかるかと尋ねた。彼は目をむいた。「最速で二分の一秒くらいです。普通は一秒か二秒です。今は一人で一日中やったりしませんが、以前はやってました。一日一万件から一万二〇〇〇件くらい処理できます」

「安全管理チーム」「真正性管理チーム」「苦情対応チーム」は全部で何人いるのかと尋ねてみると、彼は分からないと言った。オフィスを見まわしたところでは、二〇数人ほどだ。フェイスブックはこの他にも「ユーザーサポート・チーム」を抱え、オースティン、ダブリン、インドのハイデラバードに配備している。それにしても毎週二〇〇万件のいじめの報告が発生していることを考えれば、これで十分に対処できるとは思えない。私が行った調査で、報告をしても何の対応もしてもらえなかったという苦情がたくさんあったこともうなずける。

レップの数を増やして、対応時間をもっと長くすることは、コストのかかることだろうが、フェイスブックがそれをしないのは、コストの理由だけではない。大量の人間を雇って個々の不満に一つずつ対処することが、この会社の哲学に合わないのだ。シリコンバレーの価値観からすれば、そんな対症療法ではなく、もっと効率的で体系的なソリューションでなければならない。

私はサリヴァンが問題のある書き込みを消去して、警告を送っているのを見て、モニークたちウッドロウ・ウィルソン中学の生徒たちを振り回した、「ドラマを始めよう」という匿名のフェイスブックのページを思い出した。青少年サービス局のディレクター、カルボネッラが二度にわたって苦情を送ったのに対応してもらえず、今もそのページは存在する。

このページで生徒たちがいじめを挑発する投票ゲームをしていることを話すと、セキュリティ担当のニッキー・コラコは「そんな使われ方をしていたのですか」と驚き、すぐにメモを取った。サリヴァンが素早く検索すると、カルボネッラの二件の苦情と一件のいじめの報告が現れた。同じ苦情を二人のレップが無視すると、その後は「自動無視」となって表に現れなくなるのだという。「このページは削除されるべきです。どうやら二人のレップが同じミスをしたようです」とウィルナーは言った。しばらく沈黙があって、サリヴァンが「ドラマを始めよう」のページを削除した。

イケメンは偽だった

ネットいじめの取り締まりのきっかけになったのは、ティーンエイジャーではなく、良識をなくした一人の母親の行為だった。

セントルイス郊外のダーデンヌ・プレーリーに住むローリー・ドルーは、以前から少々変わった厚かましい女性だと思われていたようだ。彼女の一三歳の娘は、近所のメーガンという八年生の少女と時々一緒に遊んだりしていたが、ある時二人は喧嘩をした。

メーガンは一四歳になった日にマイスペースに登録したが、その後一六歳のジョッシュという男の子からメッセージを受け取るようになって大喜びしていた。ジョッシュのプロフィールの写真はとても魅力的で「素敵な女の子に出会うことが今年の目標」と書かれていた。メーガンがティアラをかぶった自分の写真を載せると、「君こそ僕の美しいプリンセス」と書いてきた。

メーガンが電話番号を尋ねると少年はまだ持っていないと答えた。メーガンの母親はジョッシュに疑念を抱いたが、その直感は正しかった。ジョッシュは、ドルーとその部下が作り出した架空の存在だった。ドルーは、娘がメーガンと仲たがいしたため、メーガンの真意を聞き出そうとしたのだ。

そして偽ジョッシュから、メーガンの運命を変えるメッセージが届いた。「君とこれ以上友達でいられるかどうか分からない。君は友達に対して不親切だという噂を聞いたんだ」メーガンは混乱して取り乱し、いくつものメッセージを送った。翌日にはそれをきっかけに、メーガンと偽ジョッシュ、それに他の子どもたちも加わって、悪口の応酬が行われた。最後に偽ジョッシュが「君は最低の人間だ。君なんかいない方が、世界はもっといいところになる」と書いたのが最後になった。

二〇分後にメーガンは自分の部屋でベルトを使って首を吊った。

それからひと月が経ち、メーガンの両親はドルーがジョッシュを演じていたことを知り、警察に訴えた。ドルーの行為は犯罪行為とは認められないという検察の判断が下りると、両親は地元の新聞にそのことを話した。新聞は娘のためにドルーの名前を伏せておいたが、怒った読者たちが間もなく事実を突き止め、名前をネットに載せた。ストーリーは全国ニュースとなった。ドルーの家にレンガが投げ込まれたり、「子どもキラー」という見出しで自宅の住所がネットに掲載されたりした。

ドルーが何の処罰も受けないことに対する世間の怒りは大きく、これが「ネットいじめ」を厳しく取り締まる法律の制定を後押しすることになった。ミズーリ州をはじめ八つの州で、「ネットいじめ」は犯罪となった。

だがその他の三六州では、ネットいじめの対処を学校に任せている。例えばカリフォルニアとネブラスカでは、ネットいじめを行った者は停学や退学の処分の対象となり得ると定めている。つまり、そもそも大人の行ったネットいじめが発端であったにもかかわらず、問題解決が学校に任されたのである。学校は子どもたちが交流するところで、いじめられる子どもが一番脅かされる場所であるから、それも分からなくはない。しかし子どもや親たちにとってそれが当然だと感じられても、学校にとっては大きな負担だ。生徒を罰するためには、誰が何をしたのかを明確にしなければならない。しかしスクリーンショットやプリントアウトを見れば明らかに思えることが、しばしば学校側を困惑させることになる。

ニュージャージー州リッジウッドの中学校長トニー・オルシーニは、ニューヨーク・タイムズ紙のジャン・ホフマンに、ある女子生徒のことを話した。両親から、娘が卑猥な内容のメールを受け取って怖がっていると調査を要求されたという。最初は簡単に思えた。メールはある携帯電話の番号から発信されていたからだ。しかし持ち主の男子生徒は、携帯をなくして、そんなメールは送っていないという。時間をかけて聞きただしたが、どうやら本当らしい。両親は今も調査を要求しているという。

こういうできごとが頻繁に起こり、教職員も生徒たちのサイバーバトルの仲裁に疲れ果てていた。ついに校長は全校生徒の両親に宛ててメールを送った。「中学校の生徒がＳＮＳに加入しなければならない理由は何もありません。今後オンラインで嫌がらせを受けた場合には、ただちに警察に通報してください！」

だが警察にもそれ以外に重大な任務があり、フェイスブックの監督までしていられない。また介入するとなれば、警察にはかなりの権限があるので、たまたま過激な検事の目に留まろうものなら、サウス・ハドリー高校のフィービー事件のように地域全体が暴発するような騒ぎになって、生徒が厳罰に処されかねない。

確かに警察よりは学校の方が、より適切に生徒を指導できる立場にあるだろう。しかし「ネットいじめ」の調査は、校長や職員にとって、生徒の言動をどこまで規制するかという「言論の自由」という問題も提起する。言論の自由の権利は、ネットいじめの場合にどこまで認められるのか。

学校にとって、ネットいじめの問題は新たなジレンマをもたらした。生徒たちはたいてい悪意あるメッセージを学校以外の場所でパソコンや携帯から送っている。学校はこれまで考える必要のなかった問題に直面している。いったいどんな状況の時に、生徒たちの学外での悪質な行為に対して、学校は処分を行うべきなのか。

それに対する司法の判断は二つに分かれた。ビバリーヒルズの中学では、一人の女の子の悪口をみなで言っている映像をユーチューブに投稿した八年生の女の子が、被害に遭った少女の親の訴えで、停学になった。父親は、学外の行為を理由に処分するのは「言論の自由」に抵触するとして、裁判所に訴えた。またウェストバージニアでは、ヘルペスにかかった女子生徒を侮辱する内容をマイスペースに書き込んだ女子生徒がやはり停学になった。この子の親もまた「言論の自由」に抵触するとして訴えた。

ウェストバージニアの訴訟を審理した裁判官は、たとえ家庭で行われたことであっても、学校に影響が及ぶことは明白であるとして、学校がそれを罰することが正当であるとした。一方で、ビバリーヒルズの訴訟を担当した裁判官は、学校がネットいじめをした生徒を罰することはできるとしながらも、生徒はその言論が学校の活動に重大な混乱を生じさせない限り言論の自由があると言い、ユーチューブに投稿したことは、重大な混乱を生じさせたことにはならないとした。

どちらの裁判官の解釈が最終的に評価を得るのかは分からない。あるいはどちらとも違う解釈が今後出てくるかもしれない。私はもし自分の息子がネットいじめをする子のクラスにいたら、あるいはその被害者だったらどうだろうと考えずにはいられなかった。加害者に罰を与えるのは、彼らの両親に任せてそれでいいと考えるだろうか。やはり学校に何らかの公的な処分をしてもらいたいと思うのではないか。他の生徒や親たちがそのできごとを知った以上、学校が何らかの行動を取って、すべての人に自覚を促すべきではないかと思う。

ただ、学校側にネットいじめをした生徒を停学にする権限を認めることは、学校が好ましくないと考えるメッセージを何でも咎められることになり、危うい道でもある。言論の自由は、どこまでが自由な発言で、どこからが侮辱に当たるのかを明確に規定していない。

ではどう考えればいいのだろうか。私は使い古された停学という処分の代わりに、違う形の罰を与えるべきだと考える。今は何かが起きるとまるで条件反射のように、生徒を家に帰すという処分が行われている。ニューヨーク自由人権協会のディレクター、ドナ・リーバーマンはこう言った。「停学というのは、問題を解決する代わりに、その子どもを追い払っているだけなのです」その子がやっているチアリーダーの活動を禁止するなど、何らかの特権を取り上げる罰の方がずっと意味があると思う。

ここでフェイスブックの出番である。多くのティーンエイジャーは、サイトから締め出されることを何より怖れている。フェイスブックが学校と協力して調査を行い、それに基づいて、生徒のアカウントを一時的に停止するような措置が取れないだろうか。それができれば、裁判所を言論の自由問題で手こずらせる必要がない。フェイスブックはいじめ防止ポリシーを実行するだけの明らかな権限を持っているのだし、毎年フェイスブック上で一〇〇万人ものティーンエイジャーたちがいじめに遭っているのだ。

SNSが学校と緊密に連携するというアイデアは、一見不可能のように思えるかもしれないが、実はすでに行われている。マイスペースは、市場シェアこそフェイスブックよりはるかに小さいが、ホットラインを持っていて、学校経営者のためのメールドロップボックスがあり、問題があるとそのアドレスにメールで警告できるようになっている。フェイスブックのセキュリティ担当のコラコに、このドロップボックスのアイデアの話をすると、彼女はとても無理だと一蹴《いっしゅう》した。

「あらゆるタイムゾーンにまたがり世界中にユーザーがいるんです。スケールが大きすぎます」

スケールは確かに膨大だ。しかし、それでもアメリカのいくつかの学校に限定して、試験的にメールドロップボックスを実施してみるくらいのことはできる。私が話をした大勢の教育関係者も、これはさほど大変なことではないと口を揃える。「フェイスブックの人たちは、子どもたちの世界で何が起きているのかをよく知らないのです」とミドルタウンの青少年サービス局のディレクター、カルボネッラは言った。「彼らがその気になれば、子どもたちを救おうとする私たちをもっと支援することができます」

フェイスブックのハラスメント対策責任者のベハールは、「子どもたちには、もっと身近に彼らのオンラインの問題に対処してくれる大人たちがいるでしょう」と話す。フェイスブックがソーシャル・レポーティング・ツールを導入しているのはそういう理由である。しかし社内のスタッフの中には、頼れる大人たちが学校に必ずいるという考えに同意しない人もいた。ウィルマーは「自分の経験では、校長は本当のことを言うとは限らない」と指摘する。そういうことがよくあるのかと尋ねると、「それほど多くないが、校長の一存だけで書き込みを取り下げさせることをしたくない」と言う。

私は親や教師たちがフェイスブックに怒りをぶつけるのをさんざん聞いてきたが、どうやら不信の感情は相互にあるようだ。フェイスブックには、五つのNPOからなる「安全審議会」というのがあるが、それらのNPOは教育関係ではなく、学校との接点もない。コラコは、「学校が何を欲しているか、私たちは知っていますから」と言っていた。

偶然かどうか知らないが、私が訪問した数週間後、コラコは三〇の学校に呼びかけて、試験的にメールドロップボックスの使用を開始した。いじめや差し迫った問題があれば、そのアドレスに通知できる。しかし一年たっても対象校は増えていなかった。どれくらい効果があったのかも定かではない。青少年サービス局のカルボネッラはドロップボックスに、悪質なコンテストが行われている匿名ページをリストアップして送ったが、何の反応もなかったという。そこで彼はそのメールを、何とかコンタクトを取ることのできたフェイスブックのスタッフの一人に送りつけた。結局匿名のページは取り消されたのだが、そのことはカルボネッラには報告されなかったらしい。

私がフェイスブックに対して希望するのは、ネットいじめがもたらすこの負担を、学校や両親ともっと共有してほしいということだ。サイトは子どもたちに対し絶大な権限を持っており、それを使えば子どもたちに彼らの過ちについて考えさせることができる。それにフェイスブックはティーンエイジャーの登録者から利益を得ている。彼らの育成に携わる大人たちを支援するためにぜひ何らかの助力をしてほしい。

胸が大きい子ならＯＫ

さて、フェイスブックの本部を訪ねた日に戻ろう。サリヴァンがウッドロウ・ウィルソン中学のトラブルの元凶となったページ「ドラマを始めよう」を削除するのを確認した私は、通路の反対側のシャーロット・ウィルナーの席に行った。「安全管理チーム」のリーダーを務める二七歳で、前述のデーヴ・ウィルナーの妻だ。彼女は一三歳に達していないという報告のあった登録者のプロフィールをスクロールして見ていた。

子どものプライバシー保護の観点から、一三歳未満の子どもたちは、親の許可なしにオンラインサービスに個人情報を載せることを法律で禁じられている。低年齢の子どもたちはマーケティングの誘導に乗せられやすい。サイトによってはわずかな登録料をクレジットカードで払わせ、その際に子どもの個人情報を集める許可を親に求めるところもある。フェイスブックは、クレジットカードの使用を含め、親が子どもに登録を許可する方法を提供せず、一三歳未満の登録は禁止している……ことになっている。

『コンシューマーレポート』によれば、法律やサイトのルールにおかまいなく、実際には、一二歳以下の子どもたちが七五万人も登録しているという。COPPA（児童オンラインプライバシー保護法）はサイト側がそれを監視することを強制してはいないが、それは実行不可能だと考えているからだ。子どもたちが年齢を偽って登録すれば、誰かが告げない限り分からない。通報があって初めて、フェイスブックに調査の義務が生じる。

シャーロットはハリーという名の少女の写真を見ていた。私がいたのでゆっくりやっていたが、いつもは二、三秒で処理するのだという。「登録を抹消するには、子どもが一二歳以下だという確証が必要です。以前は親からの通報によって行っていました。でも時に親がウソを言って取り下げさせることがあると分かったので、今はやっていません。うーん、この子は幼く見えるけど……胸が膨らんでるから思春期に入っているかな」

胸で判断するというのは驚きだったが、結局その少女はそのままになった。次の女の子は、興味の対象が幼いのと、ふっくらした頬が決め手となって、抹消された。

私は「このやり方は判断が難しいし一貫性がないのでは？」と言った。それに時間もかかる。

「そうだけど、COPPAで決められた通りにしてるんです」とシャーロット。

彼らはCOPPAの要請に不満を持っていた。この二カ月ほど前に、マーク・ザッカーバーグはカリフォルニアで行われたニュースクール・サミットで、COPPAに激しく抗議した。「私は、教育のためにはもっとずっと低年齢からフェイスブックを始めなければならないと考えます」

ザッカーバーグは、どんな教育のことを言っているのだろう。フェイスブックが幼い子どもにとって教育的利点があるとする研究も見当たらない。ティーンエイジャーにとってのソーシャルメディアの利点に関しては、賛否両論がある。支持する人々は、関心を共有する相手と知り合う機会に恵まれない子どもたちにそのチャンスを提供できることを指摘する。一方それに批判的な人たちは、嫌がらせを受ける危険やそれに費やされる時間の長さなどを心配する。小学生の子どもに関してはそういう議論さえなされていない。

私はザッカーバーグのこの言葉について、フェイスブックのセキュリティ担当主任のコラコやジョー・サリヴァンに意見を聞いてみた。サリヴァンは三人の子どもを持つ父親で、元連邦検事であり、司法省が最初にハッキング取り締まりに乗り出した時に協力した経験を持つ。彼らもまた、フェイスブックの教育的メリットの根拠を挙げることはできなかった。彼らは問題をこうすり変えた――フェイスブックがCOPPAに異議を唱えるのは、子どもたちが年齢を偽るのが良くないからだ、と。

「一三歳未満のユーザーのほとんどはウソをついています。両親が気がついていないとすると、家庭に問題がある」とサリヴァンは言った。「そういう子どもたちが、年齢をごまかせないように、親を巻き込む工夫が必要です」しかし調査によれば、実際には低年齢の子どもたちはその三分の二が、親の助けを借りて登録しており、親も承知の上で年齢を偽っている。しかし、だから法律に意味がないとは私は思わない。幼い子どもが登録したいと言った時に、親が「それは違法だからできない」と拒否できることが重要なのだ。

フェイスブックやその他のサイトに意地悪な書き込みをされて傷つくケースは、年齢の低い女の子に多い。多くの高校生や中学生に話を聞くと、だんだんと年齢が上がるにつれ「経験を重ねて、知恵がついてきて」フェイスブックでのいじめも減ってくるのだという。

「六年生や七年生は、『あの子、どう思う？』というのをよくやるの」とある一五歳の女の子が話してくれた。「高校生になると、面倒が起きるって分かるから、そういうのはやらない」

しかし、成長に伴ってこういう変化が起きるということを、フェイスブックはあまり考えていないようだ。サリヴァンやコラコに、なぜ一三歳未満の子どもがサイトに登録しているのかと尋ねると、彼らはそんな質問は理解に苦しむという表情をした。「現在ではこれがコミュニケーションの手段だからです」とコラコは言う。「そんな質問は、一〇年前に人々がなぜ一二歳が携帯など持つのかと聞いたのと同じです。コミュニケーションの規範は進歩するんです。九歳でもフェイスブックに登録したがっています」

八歳だろうが一二歳だろうが、子どもが欲しがるからといって、親は何でも与えるわけではない。時には与えない方がいいという判断をする。COPPAに任せておけばいいとは思わないが、シリコンバレーが主張するようにウェブ上の子どもの保護がなくなってしまうより、法の規制がある方がはるかにいい。

私はその二、三カ月後、ニューヨーク・タイムズ・マガジンに、フェイスブックと子どもたちについて記事を書いた。低年齢の子どもがフェイスブックに加わることの社会的・精神的影響は明確に分かっていないが、はっきりしているのは、フェイスブックがソーシャル・ネットワーキングの巨人としての地位を保つために、子どもたちの生活にアクセスしたがっているということだ。幼い時から始めるほど、より忠実なユーザーとなる。フェイスブックにとって大事なことは、低年齢の子どもたちに「無数の相手と情報を共有する」習慣を植えつけられるということである。

仕組みはこうだ。サイト上の人間に多くつながるほど、「いいね！」の数が増える。増えれば増えるほど、フェイスブックは広告収入による利益が上がる。例えば、ある企業のページの「いいね！」ボタンを押すと、そのページが好きだという情報が、自分の名前と写真などを含めて、友達が見ている広告とも結びつけられるという。友達が多くなれば、結びつく広告も増える。

ザッカーバーグはかつて、珍しく正直にこんなことを言った。「我々はユーザーが情報を共有する手伝いをします。そうするとユーザーはサイトにもっと参加するようになります。そのページには広告が載っています。個人情報を共有すればするほど、広告が効果を上げます。こうしてビジネスモデルがうまく働くのです」

フェイスブック上で自分のプライバシーを確実に守りたければ、何も書き込まないことである。フェイスブックがプライバシーを守ってくれると考えないことだ。

衝動を抑えることが苦手な年頃のティーンエイジャーたちの多くは、こういう警告を気にかけない。彼らはフェイスブックの友達を何百人となく持っている。友達リクエストを断ってはいけないと思っているし、人数が多いことがステータスのようになっている。そして初期設定のままでは、基本的な個人情報（名前、友達、写真など）がオープンになっており、その友達や友達の友達の書き込みまで全部見えてしまう。友達の友達まで含めると多くのティーンエイジャーのつながりの輪は何千人にもなる。脳神経科学の実験にもあったように、見物人が多ければ多いほど、ティーンエイジャーは思い切ったことをやってしまう傾向があるので、こういう状況はリスクをはらんでいる。

カウンセラーなど子どもたちと普段接している大人たちはこのことをよく分かっており、フェイスブック上のつながりを、実際に知っている限られた友人たちに限定するように子どもたちを指導している。低年齢のユーザーのために初期設定を変えることなど簡単にできるのに、フェイスブックはそれをしていない。

二〇一一年秋、COPPAを施行しているFTC（米連邦取引委員会）は、その規制強化を提案した。「子どもたちはテクノロジーには強いかもしれないが、判断力が未熟だ」と委員長は指摘した。委員会の提案は、IPアドレスなどの個人的情報を、データアグリゲータ（ネット上のデータを集めて売りさばく商売をする会社）がクッキーなどのツールを通して収集することを規制するというものだ。集められたデータは企業が買い取って個人のネットサーフィンや購買記録に基づく広告活動に使われる。クッキーは大人向けよりも、低年齢の子ども向けの人気のウェブサイトなどに多く使われている。

フェイスブックはもちろんFTCの提案に反対し、ロビー活動にこれまでの三倍の費用をつぎ込んだ。一カ月後FTCはフェイスブックに対し、「ユーザーに個人情報が守られると言っておきながら、情報を公開してきた」と非難した。フェイスブックは内部規制を新たに設けることと、外部の専門家の監査を二年おきに受けることを約束した。ザッカーバーグは会社のブログで、プライバシーに関する失策があったことを認めたが、ティーンエイジャーへの影響についてはコメントしていない。

何といってもフェイスブックは、ティーンたちにとって主要な交流の場である。だからこそ、子どものユーザーに対するザッカーバーグの姿勢が極めて大事なのである。

十代の子を持つ親としては、「フェイスブックがこの点を理解し、短期的な利益を少しあきらめて、子どものユーザーたちのプライバシーと幸福を守る決意をした」と書いてこの章を終わりにできたらいいのにと思うが、それはできそうもない。

フェイスブックは、子どもたちがポルノ写真など性的な目的のために利用されることに関しては、警察に協力してガードマンの役割を果たしている。しかし個人情報の公開など、よりリスクの低い違反に関しては動きが鈍い。いじめに関しては、多少は努力してくれているが、「ドラマを始めよう」の例で分かる通り、完璧には程遠い。オンラインの嫌がらせを防ぐために、フェイスブックはもっと学校に協力することができるはずだ。

フェイスブックの規模とリソースを考えれば、そのための変更を実施することなどはほんのわずかな努力にすぎない。それでフェイスブック自身も「思春期」を脱して成長することになる。しかしそれを期待するのは考えが甘いと言えるのかもしれない。子どもたちにフェイスブックを賢く利用させるのは、私たち親の責任でもある。ユーザーたちが個人情報取り扱い違反に対して本気で怒り、政府がそれを保護することを命令した時は、フェイスブックはすぐに行動を起こした。両親もティーンエイジャーも、もっと強く要求しなければいけない。またウェブとはもっと賢く慎重に付き合う必要がある。インターネットが私たちに代わって監督してくれることはないからだ。子どもには自分の身を自分で守ることをしっかり教えることが何より大事だ。

壁に貼られた文字「D」

ニューヨーク州クイーンズにあるカトリック系の女子高校、メリー・ルイス・アカデミーの一二年生たちは、ステマ（宣伝と気づかれないようなマーケティング）の効果をよく心得ていたようだ。春の初め、彼女たちは階段や廊下の壁に、「D」という文字が書かれた不思議なポスターを貼り出した。「このDって何？」と学校中がその噂でもちきりになった頃に、今度は「デリート（消去）」というポスターが貼られた。

次の日彼女たちは生徒集会を開き、壇上に登った生徒たちが、学年末サービスプロジェクトとして学校全体の「デリート・デイ」を開催するというアイデアを説明した。学校のコンピュータ室を借り切り、上級生が下級生たちに情報を消去する方法を指導する。誰でも昼休みや自由時間にここを訪れることができる。教師がやってきてマズイ画面を覗き込むようなことはない。

発案者の少女たちは、果たしてみんなが来てくれるだろうかと不安だった。

この「デリート・デイ」は、彼女たちのオリジナルのアイデアである。学校と共に青少年の問題に取り組むアリソン・ヒルのワークショップに参加した時、ブレインストーミングをして考え出した。教師がこのアイデアを学校の幹部に諮《はか》り、コンピュータ室の開放を求めた時、幹部たちは懐疑的だった。「そんなことをしたがる生徒がいるのか」

五月のある金曜日、発案者の生徒たちはまだ不安そうだった。コンピュータ室に自分たちで焼いたクッキーを準備し、「デリート」と書かれたバッジをバスケットにたくさん入れて待った。黒板には「投稿する前に、まず消去！」と飾り文字で書いた。

私が昼前に行ってみると、なかなかの盛況だった。二〇人以上の一〇年生がキーボードを叩いていて、一二年生たちが削除の方法を書いたクリップボードを手に歩き回り、アドバスを与えている。指導者のヒルはそばに立って晴れやかな笑顔を見せている。「生徒たちが自分でアイデアを出し、率先してやっているんですよ」

私は、自分のフェイスブックのページを見ている一五歳の少女のスクリーンを覗きこんだ。「友達が七七〇人いるの」とその子は隣の子に言った。「だけど、そんなにたくさんの人と会話できないよ」彼女は友人リストから、知らない男の子数人を削除した。次にフォトアルバムをスクロールして、自分が男の子にもたれかかっている写真を見つけ、「彼はいい友達だけど、ちょっとくっつきすぎかな」と言ってそれも削除した。

別の女の子は、自分が挑発的な格好で写っている写真を消していた。また電話番号も削除した。フェイスブック上のいかがわしい名前のグループからも脱退した。

「すっきりしたね」と一人の生徒が友達に言った。

二人の少女が、その年の初めにあったフェイスブック上の大きな「ドラマ」の話をしてくれた。ソフトボールのライバル校の生徒たちとフェイスブック上で悪口の応酬になった時、友人リストから相手の名前を削除したことによって問題が収まり、次の試合でも何事も起きなかったという。

その時間が終わると一〇年生たちは教室に戻り、別の学年の生徒たちが入ってきた。私はカミラという名のブルーのマスカラをした女の子の隣に座り、削除するのを見ていてもいいかと尋ねた。彼女はフォームスプリングを開いた。フリーダム中学で何度も耳にしたSNSである。彼女は自分のページの質問やコメントをスクロールした。中に、かなり悪質の書き込みが見つかった。

カミラは、回ってきた上級生に、フォームスプリングをやめるにはどうすればいいのかと尋ねた。彼らはアカウントを永久に閉じる方法を探っていたが、うまくいかなかった。そこで彼らはパスワードを変更し、そのページを他のユーザーから隠すことにした。ワークショップ指導者のヒルは、「フェイスブックはまだいい点もあるけど、フォームスプリングは百害あって一利なしです」と言う。

この「デリート・デイ」には、全校生徒七〇〇人のうち、二五〇人が参加した。四四人がフォームスプリングを脱退し、九人がフェイスブックの登録を取り消した。

少女たちは自らの意志を行動に表したのである。しかしヒルがこの日の結果を専門家たちに報告すると、「子どもたちがフォームスプリングを悪質であると結論づけるとは考え難い、大人たちの意向や、地元のニュースなどに影響されているのでは?」という反応だったという。そう言ったのはフェイスブックが資金を提供しているNPOのメンバー、アン・コリエである。

ヒルはこの「デリート・デイ」というアイデアは、実際に生徒たちの間から生まれたもので、彼らは、フォームスプリングが「中傷、ドラマ、嫌がらせを拡散する」と考えていると説明した。

アン・コリエはそれでも納得せず、「多くのサイトはそれぞれユニークな特徴を備えていて、それ自体がティーンにとって有害というものではないでしょう。問題はそのサイトをどう利用するかです」と言った。

これは私には、「銃が悪いのではない。それを使う人間が悪いのだ」という議論と同じに聞こえる。危ない武器があれば、子どもを近寄らせないのが一番だろう。ウェブの世界の移り変わりの早さを考えれば、フォームスプリングはいずれ消滅するかもしれないが、おそらく別の匿名サイトが現れてくるだろう。しかし私たちはいま目の前にある問題に対処しなければならない。デリート・デイが示すように、正しい環境が与えられれば、子どもたちは間違った選択を撤回しようとする。時に子どもたちの中のリーダーは、大人たちよりも、その影響力をたやすく発揮して仲間を良い方向に導くことができる。

メリー・ルイス・アカデミーの少女たちは、そのことを理解していた。「みんなでやれば、ピア・プレッシャーが良い方向に働きます」と上級生の一人が言った。以下は、彼女とその仲間たちが作り上げた「デリート・デイの誓い」である。

D

私、○○○○○は、メリー・ルイス・アカデミーの、尊厳を持った女性です。
私は責任あるサイバー市民となることを誓います。
ガンジーがかつて言ったように、「私の人生が私のメッセージ」です。
私は次のことを誓います。

1 公表されると危険な個人情報は消去します
2 自分の知らない「友人」は削除します
3 不適切なコメントや写真は消去します
4 フォームスプリングのページは消去します
5 人を傷つけたり攻撃したりするグループは削除します
6 これから大学生になる若い女性にふさわしいメールアドレスを使います
7 友達にも以上のことを勧めます

これらの少女たちは、インターネット市民であることを拒否してはいない。ごく普通のティーンエイジャーであり、今後も現実世界とバーチャル世界の両方に住み続けるだろう。しかし彼女たちは、その両方の世界を良くするためには、自分たちできちんとしたルールを作らなければいけないと気づいたのである。

Part
4

さあ、ここから

終わりに
——いじめを正しく理解する

この本の執筆も終わりに近づいた頃、連邦政府機関が委託して、いじめ報道に関する調査が行われていたことに気づいた。調査結果は、メディアがいじめ防止に全く役に立たない報道をしていると結論づけている。これを読むとメディアがいじめを「流行」と呼ぶことも、現在子どもたちが直面している最大の問題のように取り上げることも、いずれも間違いだということが分かる。こうした認識は間違っているが、ある程度予測できていたともいえる。私がこのテーマに取り組んでいたここ二年半の間に、世間はいじめ問題にこれまでにない関心を示すようになったからだ。

いじめ問題が差し迫った問題に感じられる理由は、ネット上に現れる写真やビデオによってまざまざと眼に見えるようになったことと、この問題が時代も文化も越えてどこにでも発生することが分かってきたからだ。いじめを防ぎ被害者を守るには、真剣に継続的にこの問題に向き合う必要があり、それにはまず問題を正しく認識することから始めなければならない。

ただ、私たちは十分に考えて戦略を選ぶ必要がある。いじめと、十代の子ども同士に起こりがちな普通の対立（ドラマ）を、しっかり見分けなければならない。昔は、強い子どもが弱い者いじめをするのを、大人が見て見ぬふりをしていたことが問題だった。そういう傾向は今でもあるが、現在我々が陥りがちな落とし穴は別のところにある。あまりに性急に、一部の子どもたちに「いじめっ子」のラベルを貼り、別の子に「いじめられっ子」のラベルを貼ってしまうことだ。これは「オオカミ少年」のストーリーと同じで、危険なことだ。ちょっとした意地悪な言葉や、廊下でのいさかいまで「いじめ」と呼んでいると、だんだん反応が鈍磨して、本当に助けが必要な子どもに支援が届かなくなりかねないからだ。また逆に、容易に解決できる問題を、とんでもない大事件に膨らませてしまうこともありうる。

スウェーデンの心理学者ダン・オルウェーズは、四〇年前に明解な「いじめの定義」を残してくれた。前に述べたように、いじめとは「言葉あるいは身体的攻撃で、一定期間継続され、そこに力の差が存在するもの」というものだ。オルウェーズは小学校や中学校の生徒のおよそ一五パーセントが、いじめの加害者、傍観者、被害者として、日常的にいじめに関わっていると報告している。現在のアメリカでは、その数字はもう少し高いかもしれないが、大きな差はないだろう。調査によれば、七五から九〇パーセントの子どもは、いじめを全くしないか、少なくとも日常的にはしていない。この結果は常に表に出しておく必要がある。子どもたちはいじめないことが

「普通」だと分かると、そういう行動をしなくなるからだ。

また一方で「対等な対立」、つまりどちらが加害者で被害者かがはっきりしていない対立は、子どもの世界では普通のできごとだ。子どもたちはそれを知っているから、そういう対立を「ドラマ」と呼んで「いじめ」と区別している。彼らの言葉にもっと耳を傾ける必要があるだろう。また法的な「いじめの定義」も再考する必要がある。今使われているのは「被害をもたらす」「敵対的環境を作る」「学習を妨害する」など、およそ定義とは呼べない漠然としたものだ。「いじめっ子」というレッテルを貼ることは、慎重に行うべきである。子どもたちに消えない恥辱を負わせることになり、そのために問題解決がより難しくなるからだ。この調査を行って私が学んだことは、いじめの真相を探ることは、まさかと思うかもしれないが、犯罪捜査と同じくらい難しいということだ。相反する説明があり、みな言うことがそれぞれ違う。ティーンたちにはそれぞれの利害があるので、証言の信ぴょう性には疑問がある。いじめられた子が、友達から仲間外れにされることを怖れて、いじめの事実を否定することもあれば、逆に、同情を買うために大げさに言う可能性もある。見ていた子がいじめを否定するのは、本当かもしれないし、告げ口したと言われることを怖れて嘘を言っているのかもしれない。メールやフェイスブックの書き込みのように、目に見える証拠でもあればいいが、そういうものはないことが多い。また証拠があるために、もっと複雑な全体像が見えず、真相から離れてしまうこともある。

つまり一筋縄ではいかないのが「いじめ問題」だ。いじめられた子やその家族にしてみれば、実にいらだたしいことだろう。またその不明瞭さのために、いじめの加害者とされた子に、不当な処罰が科せられるおそれもある。

ともかく結論を出す前に、念には念を入れて情報を集める必要があるということを、ぜひ分かってほしい。モニークのケースも、ジェイコブやフィービーのケースも、たくさんの関係者に話を聞き、調査書類を事細かに読んで、彼らの暮らしやコミュニティにどっぷり入り込んで調べるまで、本当のことは分からなかった。それでもなお、これらのケースについて完全に疑問が解けたわけではない。生徒が何百人も何千人もいるような学校の校長が、毎日毎日、いじめの報告を調査することの難しさを想像してみてほしい。

重要なことは、いじめに関して性急な判断をしないことだ。広く報道されている事実でも、詳しく調べてみるとウソだったと分かることが多い。コロンバイン高校銃乱射事件の時も、殺りくを行ったティーンたちはいじめられて疎外されており、人気者のいじめっ子たちに報復を行ったのだと報道された。しかし後になってそれは間違いだと分かった。二〇〇七年のバージニア工科大学銃乱射事件の時も、三二人を殺害して自殺した学生はいじめられていたと報道された。これも誤報道だった。他にもそのような例はいくつもある。

コロンバインのケースをはじめ、ティーンエイジャーの悲惨な事件には、深刻な精神疾患が関係している場合もある。しかしそういう基本的な事実は無視されて、いじめ問題ばかりにスポットが当てられる。報道機関やオンラインのコメンテーターたちがひとたびこれらのケースを「いじめ」というレンズを通して見てしまうと、それが覆い隠しているもっと広範囲の真実を見ることができなくなる。

両親を責めるのは間違いだ。ことに子どもを失った両親をどんな理由でも責めてはいけない。彼らは悲しみに動揺し、必死に答えを探そうとしているのである。報道が正確かどうかは彼らの責任ではない。それにティーンによっては、他の子どもたちの意地悪や学校側の無関心が原因で、人生は生きる価値がないと思ってしまうことがあるのも確かだ。しかし、自殺の原因を説明しようとして、つい分かりやすい「いじめ自殺」という筋書きに飛びつくことは危険である。犠牲者が美化して扱われると、他の同じ状況にあるティーンたちがそれをまねしかねない。実際には非常にまれな事態であるにもかかわらず、子どもたちに「いじめられたら自殺をするのが普通」であるかのように思わせてしまうのだ。

娘を自殺でなくしたスタンフォード大学のミシェル・ドーバーは、死を選んだ子どもたちの両親にはぜひとも優しく接してほしいと強調しながらも、同時に、彼らの人生をあまりにセンセーショナルに単純化しようとする人間にもっと厳しく当たるべきだと語っている。

もう一つ指摘したいことがある。学校の「いじめ防止プログラム」も有効ではあるが、それが子どもたちに必要な唯一の、あるいは最上の介入ではないということだ。「いじめ」という言葉が無差別に使われはじめる前には、子どもたちが経験する悪口や暴力は、もっと具体的な言葉で言い表されていた。例えば「セクシャル・ハラスメント」という言葉だ。これはもともと、主に職場での問題に関して使われていたが、ある女子生徒が他の生徒からの嫌がらせを「性差別」として訴えたことをきっかけに、学校にもその概念が適用されるようになった。こういう問題を「いじめ」と呼んでしまえば、性差別問題の対策には役に立たなくなる。また性的マイノリティの子どもたちには、もっとしっかりした支援を行うことが急務だが、漠然としたいじめ防止の取り組みだけでは、その支援の代わりにならない。ジェイコブの学校でも、GSAが成立していたら、全く違った結果になったに違いない。生徒たちの精神疾患の問題も同様である。フィービーの死後、学校は精神面に問題を抱える生徒のための対策を真剣に話し合うべきだったのに、この事件が「いじめによる自殺」とされて、道徳的な問題にすり替えられてしまったために、学校はその機会を逸してしまった。まるで報復目的のような問題だらけの刑事告訴が行われ、学校に激しい怒りが向けられただけだった。

ティーンたちに起きた悲惨なできごとに対処する時には、いわれのない怖れにではなく、事実に即した対応をしなければならない。

学校だけに責任を押しつけてはいけない

いじめ問題の解決には、学校だけでなく両親にも継続的な努力を行う責任がある。今そのことを、改めて確認するべきだと思う。

現在は、学校にいじめ防止を期待するだけでなく、事件が起きた時に責任を取ることまで求めようとする傾向がある。しかもほとんどの場合、学校は必要な予算もリソースも与えられないままに、その実行を求められている。

私は学校にいじめ問題の責任を免れさせようとしているわけではない。この本に出てくるストーリーを読めば、学校の監視の不備がどれほど悲惨な結果を生むかということが分かるだろう。しかし我々は、学校にあまりに大きなことを期待しているのではないだろうか。つまり親がやり損なったことまで学校がきちんとやってくれることを求めている。学校は子どもたちの学業成績を向上させるだけでなく、彼らの性格を改善することまで求められているのである。

ポップカルチャーが、テレビやパソコン上で、本物であれヤラセであれ、喧嘩や対立を煽り立てる。テレビ番組の中では、相手を笑い物にしたり、困らせたりする行為が頻繁に見られる。私が話を聞いた何人かの教師や生徒たちは、そういう番組の影響が、いじめやフェイスブックの悪質な書き込みなどに表れていると言った。一つの番組が、直接的にティーンエイジャーの残酷な行為につながると考えるのは単純にすぎるが、そこにはある程度の真実が含まれている。また子どもたちは、なじみのある大人たちの間で繰り広げられる喧嘩や弱い者いじめを常に見せられている。子どもの自己形成には、多くの要因が関わっている。学校環境の他に、メディア文化、近所の環境、生まれ育ちも関係するのである。

中でも一番大事なのは両親である。それは至極当然のことだが、奇妙なことに両親は、子どもの問題に関してしばしば何の責任も問われない。いじめ問題が発生するとまず、いじめた子どもが悪いということになる。次に学校が責められる。しかし親に関しては誰も何も言わない。

私は、両親を責めようとしているのではない。どんな親たちもすでに、子育てが満足にできていない罪の意識を十分に感じているからだ。しかしいじめに関しては、奇妙なことが起きている。学校のキャンパスと関係ない場所のいじめまで、学校に介入することを求めるのである。親は、悪意ある言動の気配を子どもたちの会話からかぎつけたり、携帯やSNS上で、悪質なメッセージがやり取りされていることに気がついたりすれば、当然ギョッとするだろう。その携帯は親が買い与えたもので、SNSへの登録は親が許可している。にもかかわらず、親がまず何をするかと言えば、携帯を取り上げることでも、子どもと話し合うことでも、SNSサイトに注意を促すことでもない。校長やスクールカウンセラーに電話をして、何とかしてくれと頼むのである。

もちろん良い学校はいじめを減らすために、本書で紹介したような有効とされるプログラムを導入したりするだろう。いじめ防止のための新しいカリキュラムを採り入れ、まだ手探り状態にあるこの分野の研究を進展させるために、継続してリソースを投入することは非常に重要である。しかし、学校だけでいじめ問題を解決することは不可能である。親がそれを学校に要求することはフェアでないし、賢明な行動でもない。

親たちはSNSサイトにもっと強く要求するべきだろう。彼らは子どもたちに登録を促し、投稿をそそのかす。これらのサイトは、子どもたちがクリックする「いいね」を広告会社に売っている。だからユーザーに個人情報をもっと公表するように求めるのである。せめてサイト側ができることは、悪質な書き込みの報告にもっと丁寧に対処し、ルールに従って即座に消去することだ。フォームスプリング、ツイッター、グーグルプラスなどはみな、ネットいじめや嫌がらせに困っている子どもや親たちのために、もっと人員を増やして対応に協力するべきだろう。学校関係者やカウンセラーたちを招いて、より良い解決策を話し合ったらいい。学校を敬遠するのではなく、一緒に闘う味方にするべきだ。ザッカーバーグはよく、フェイスブックには「人間関係を強化する社会的使命」があると話す。その約束を果たすつもりなら、彼らにはできることがたくさんあるはずだ。

親がすべき本当に大切なこと

子どもの安全と幸せを守るために一番重要なのが、親の果たすべき役割である。中でも大事なのは、どのように子どもと関わるべきか、どこまで子どもを自由にさせるかを知ることだ。親はとかく、いじめと闘わなければと意気込みがちだが、度が過ぎて子どもの自由をすべて取り上げてしまうのも問題だ。もちろん、子どもがいじめられている時は、絶対に助けてやらなければならない。心理的な傷は後々まで禍根《かこん》を残しかねない。だが同時に、成長するためには辛さを乗り越えることも学ぶ必要がある。対立を処理すること、自分や友人のために言うべきことを言うこと、拒絶から立ち直ることなども学ばねばならない。自分には逆境から立ち直る力と、人の共感を引きつけるものが備わっているのだと感じることによって、子どもは強く成長していく。「親が、子どもの幸せと成績を重視するあまり、倫理観や性格形成を軽視することが、深刻な問題を引き起こしています」と、ハーバード大学心理学者、リチャード・ワイスバードは言った。「こういうことは、従来はありませんでした。今は子どもたちの自尊心を中心に考えるが、実際に一番大事なことは、彼らを『良い人』に育てることです。彼ら自身の幸福にばかり注目することは、逆に彼らを不幸にしてしまいかねない。人を思いやることができれば、しっかりした良質の人間関係を築くことができる。それ以上に確かな幸福につながる道はないのです」

「性格」と「共感」の形成の大切さを、ぜひみなさんに伝えたい。「逆境が人を強くする」と昔から言われるが、これはほとんどの場合真実である。もちろん中には、それが当てはまらない子どももいて、そういう子たちは気をつけて見てやらなければならない。しかし大多数のティーンの場合は、彼らの「伸びしろ」を確保しておいてやる必要がある。いつでも助けられるようにそばで見守り、いつも味方でいてやらなければならない。そして、踏み込んでいって助けるべきか、彼ら自身に切り抜けさせるべきかを、賢く判断しなければならない。

また子どもたちに「人に親切であること」がどれほど大切かを、十分に教える必要がある。そして人よりも先にゴールを駆け抜けるよりも、みんなで一緒に助け合って進む方が大事なのだということを示さなければならない。他の人の気持ちを自分の気持ちに優先して大事にすること、義務をこなすことそのものより人間関係の方が大切な場合もあるということを教えなければならない。

　これらは簡単なことではないと、私にもよく分かっている。現代の親たちは、現実世界とバーチャルの世界の両方で、子どもにどれだけの自由を与えるかを判断しなければならない。親たちは、子どもの現実社会での行動を制限しすぎる一方で、ネット上での彼らの冒険をほとんど放任しているのではないかと思う。子どもたちは携帯電話やインターネット上でやりたい放題のことをしはじめている。研究者のダナ・ボイドは、現実社会で自由を与えられていない子どもたちほど、ＳＮＳで積極的に活動していると話す。「現実社会で独立性と自由を与えられている子どもたちは、ネット上のおしゃべりはあまりしない。行動の制限が多い子どもほど、携帯電話やウェブを使用する頻度が高いのです」

　私は、フェイスブックやメールがティーンたちに有害だと言っているわけでも、それがいじめの原因だと言っているわけでもない。しかし子どもたちの時間の使い方と、大人たちの監督の仕方はかみ合っていない。子どもが夜の街に出かけることを禁じながら、インターネットのあらゆる怪しげなサイトに自由に分け入ることを許すというのは理解に苦しむ。もし子どもに少しはネット上の冒険をさせる必要があると考えているのなら、現実世界でも時に冒険をさせるべきという論理になるだろう。子どもたちは自信と自尊心を身につけていかなければならないし、人間関係をオンラインだけでなく、現実社会でも作る必要がある。しかし時に親は、分かっていても子どもを守ろうとしてそれを邪魔してしまう。

我が家の子どもたちは一〇歳と一三歳である。私自身もそういうことがきちんとできているか自信がない。最近上の息子を、六ブロック先の友人の家まで一人で行かせることにした。また彼のメールのプライバシーを完全ではないが、認めることにした（彼が読まないでくれと言ったメールは読まないと約束したのである）。私は、自由を認めすぎかと心配する一方、まだ束縛すぎているのではと不安にもなる。しかしいずれにせよ、子どもたちは自分で自分を守れるように成長していかなければならない。悪意に立ち向かうべきかどうかの判断ができ、悪意を実行する衝動を抑えられるようになってもらいたい。また、どの時点で大人に助けを求めるか、助けを必要としている友人の状況に介入するかなども判断できるようになる必要がある。私はあらゆる機会を捉えて、息子たちにアドバイスをすることはできるだろう。しかし人生に起こるすべてのできごとから彼らを守り切ることはできない。

だからこそ「性格」と「共感」を培ってやらなければならないと思う。いじめ防止は、いじめた子の処罰が中心であるべきではないし、何事も起きない子ども時代が理想だと考えるのも間違いだ。人生に必ずある辛いできごとを乗り越える術を学ぶこと、辛いできごとに直面した人をどう支援するかを学ぶことも重要である。

「子ども時代というのは、これまでもこれからも、一人一人の壮大な冒険と、欠乏と、勇気と、絶え間ない緊張と、危険と、時には悲惨なできごとの物語である」と書いたのは、作家のマイケル・シェイボンである。「たいての場合、若い冒険者は、ここに虎がいるとか、意地悪な子どもが空気銃を持って待っているとか、断片的な情報が書かれた地図だけを携えて、冒険に出かけていく。それは子どもたちが、彼ら自身の不幸、寝る前に読んだ本、近所の子どもの話などをつなぎ合わせて作り上げた地図である」

我が子も世の中のすべての子どもたちも、できる限り良質な地図と不屈の精神を持って、それぞれの道に踏み出してほしいと願っている。

いじめに関してよく聞かれる質問

私はセラピストではなく、子どもたちを対象としたいじめ対策プログラムを行っているわけでもありません。でもこの問題について、見識のある人たちの話を数多く聞く機会がありました。私はそのエキスパートたちに、いじめに関してアドバイスを求めました。この本で何度も登場したネブラスカ大学リンカーン校の心理学者スーザン・スウェアラー博士をはじめ、多くの専門家たちから学んだことに、私自身からのアドバイスを加えて次のようなQ＆Aにまとめてみました。

子どもたちへのアドバイス

Q　いじめられたら、まず何をすればいいの？

A　今までにも何度も言われたと思うけど、いじめられたり、嫌がらせをされたりして、自分の力でやめさせられない時や、本当に辛い時には、信頼できる人に話してください。できればお友達だけでなく誰か大人に話すことです。話しにくいかもしれないけど、両親、友達のお母さん、先生、学校のカウンセラーなど、この人なら話しても大丈夫という人がいませんか。一番頼りになるのは身近な人です。あなたの状況やものごとの経過がよく分かるからです。

それから、近所で活動している青少年グループのようなものを探してみるのもいいと思います。性的マイノリティや障害のある人たちを支援するグループ、教会を基盤にした活動、いじめ自殺防止の取り組みをしているグループなどもあります。モニークのボクシングコーチのような、メンター的な人に出会えるかもしれません。少し手を伸ばせば、喜んで力になってくれる人がいます。そういう人たちがすぐに状況を改善してくれることはないかもしれないけど、あなたの味方になってくれて、話を聞いてくれる人がいることが大事なのです。

Q　ネット上でいじめられたらどうすればいいの？

A　まず、ウェブサイトにルール違反の投稿を削除してもらうように頼むことができます。フェイスブックの場合なら、悪質な書き込みを報告すれば、サイトはそのまま信じてくれるはずです。また、そういう書き込みはすぐに消してしまいたいと思うでしょうが、問題を解決するためには、そのページをプリントアウトしたりスクリーンショットを撮ったりして、信頼できる大人に見せ、何が起きているかを知らせるべきです。相手に言い返して、悪口の応酬になるより、その方がずっといいのです。思い切りやり返したりすれば、後が大変なことになります。投稿をひっきりなしにチェックしなければ気が済まなくなっている人は、いったんそれを止めましょう。SNSでのトラブルが長引くようなら、一度お休みする方がいいかもしれません。すっかり収まった頃にまた戻ればいいのですから。SNSがなくたって、いいお友達とは、電話もできるし会うこともできるでしょう。友達作りにSNSは特に必要ではないのです。

Q　他の人がいじめられているのを見たら、どうすればいいの？

A　他の子が意地悪されているのを見たら、それをやめさせる現実的で安全な方法を考えましょう。喧嘩の真っただ中に飛び込んでいく必要はありません（もちろん本気でそうしたいなら、止めませんよ）。いじめられている子の友達になってあげなきゃと意気込む必要もありません。ただその子に、優しいメールを送ったり、廊下ですれ違った時に「大丈夫？」と声をかけてあげたらどうですか。傷ついている子にそういう思いやりを示してあげれば、その子にとって大きな心の支えになります。誰かが自分のことを気にかけてくれていると分かると、たとえよく知らない人でも、とてもうれしいものです。

Q　どういう時に大人に言わなくちゃいけないの？　親とか先生とか、あるいはカウンセラーとか校長先生とか。警察は？

A　お父さんやお母さんを信頼できるなら、いじめられたらすぐに報告し、その後も頻繁に経過を話すことです。そして支えになってもらいましょう。お兄さんやお姉さんもアドバイスをくれたり、守ってくれたりします。カッコ悪いとか恥ずかしいとか思う必要はありませんよ。家族はこういう時のためにいるのですから。両親が大騒ぎするのではないかと心配になる気持ちは分かりますが、そのこともよく話し合いましょう。でもご両親に話したら、状況がますます悪化しそうだと思うのであれば、誰か話を聞いてくれそうな別の人を考えてみてください。

学校の大人に話すのは、家族に話すのとは少し違います。先生やカウンセラー、学校経営者などは、親ほど慎重に考えてくれません。州によっては、学校がいじめの存在を知った場合は、それをすぐに教育委員会に報告しなければならないことになっています。学校にいじめ問題に対処するしっかりしたシステムがあればいいのですが、そうでない場合もよくあります。学校に報告するのは、それによって事態が改善すると信じられる時にしてください。話をする相手には、慎重で思いやりがあり、その人と一緒に解決策を考えていけるような人を選ぶことが大事です。

告げ口したと言われることを心配しないで、と言いたいのですが、実際にはそうはいかないかもしれませんね。でもだからといって、黙っていじめを我慢していてはいけません。もしあなたが、学校の人は誰も助けてくれそうもないと思っているなら、少し離れたところにいる人を見つけて相談してみてください。一人で警察に行くというのは、かなりの勇気が要ります。

ご両親が信頼できるなら、ご両親にそのことを相談しましょう。でもあなたや他の子の身に危険が及ぶような状況なら、あるいはネットいじめなどで具体的な証拠があるのなら、警察は他の人にはできない形の解決をもたらしてくれる可能性があります。

Q　誰かをいじめたいと思った時は、どうすればいいの？

A　いろいろな「ドラマ」に関わって、自分より弱い子に辛い思いをさせているかもしれないと思った時には、自分の今の姿をよく見つめてください。あなたは女王蜂のように振る舞って弱い子をいじめ、相手の心に何十年たっても消えない傷を残すような人間でいたいですか。いじめられている子が自分だったらと、ちょっと想像してみてください。自分を責めるべきだというのではありません。でもあなたはもう少しいい人になれます。人は誰でも他人を思いやる心を持って生まれてきています。自分の奥にあるその心を掘り起こして、もう放さないようにしましょう。

Q　いじめられている子が、自傷行為をしているようなのですが、どうしたらいい？

A　すぐに、誰か頼りになる大人に話すべきです。知っている子に自殺の傾向が見られたら、あるいは自分自身を傷つけている兆候があったら、無視したり様子を見たりせず、ともかく行動を起こしてください。間違いであってもかまいません。この場合は間違う方がいいのです。その人を放置してはいけません。自殺予防センターやホットラインなどに連絡することもできます。大事なことは、心理学者、カウンセラー、先生、校長先生など、信頼できる大人に助けを求めることです。

親へのアドバイス

Q　うちの子どもがいじめられていると分かったら、どうすればいいでしょう?

A　まず、子どもにたくさん質問してください。いじめられているという訴えの裏にある事実は、最初は単純なものに見えますが、実は想像もつかないほど複雑なことが多いのです。「うちの子がいじめられている!」「うちの子が無実の罪を着せられている!」と単純な一方向の事実に見えることが、全貌が見えてくると、実際には複雑に絡み合っていることがあります。もちろん親としてあなたがするべきことは、子どもの支えになることです。子どもは本当にいじめの犠牲者で、あなたの保護を必要としていることがあります。しかし時に事実はもっと込み入っていて、子どもがドラマに能動的に関わっていて、単純にいじめの犠牲者でないこともあります。有効なサポートをするためには、まず親が状況を徹底的に理解することです。

また多くの子どもたちは、両親が過剰に反応して、いじめがさらに悪化するのではないかと心配します。まず判断を差し控えて、よく子どもの話を聞き、全体像を捉えるようにします。

子どもを守ることも大事ですが、過剰反応しないことも大事です。本当にこれがいじめであると判断でき、具体的な例がたくさんあるなら、次のような行動に移るべきか考えます。

全体像をつかんだという自信があれば、まずいじめに関係した子どもたちの親に話をするべきです。その親たちにも問題があったり、全く面識のない相手だったりする場合には、あまり勧められません。しかし、そうでないけれど何となく言いにくいという理由で、相手と話すことをためらってはいけません。相手が信頼できる人たちであれば、一緒に問題を解決でき、双方にとっていい結果が得られます。健全な形で対立を解決する姿勢を子どもたちに見せることは、いいお手本を示すことにもなります。ただ、相手が理性的な人で一緒に対立を解決できるならそれに越したことはないのですが、そうでないこともあります。これは直感で判断するしかありません。オープンに話ができるかどうかは、それまで相手の両親とどんな関係だったかにもよります。特に難しい人たちの場合は、子どもに相手の子と付き合わないように促す方がいい場合もあります。いつも嫌な思いをさせられる相手には、近寄らないのが一番です。

また学校の先生や校長先生あるいはスクールカウンセラーに話すこともできます。ただし、たとえ訴えが正当なものでも、慎重にやらないとしっぺ返しを受けるということを覚えておいてください。第一章でモニークの母親と祖母がやったことは、学校側を敵に回して逆効果になりました。学校側が思ったように動いてくれなかった場合、根気よく訴えを続ける必要があるかもしれません。先生たちも人間であり、山のような責任と義務と仕事を抱えているのですから、それを理解する必要があります。先生たちの仕事に敬意を払う方が、相手もこちらの立場に共感してくれる可能性があります。少なくとも、相手の不慣れさに対して寛容であるべきで、本当にそれしか選択肢がないと確信するまでは、正面切って攻撃をしないようにしましょう。

Q　子どものネット上の書き込みやメールを監視するべきなのでしょうか。

A　これも言うは易し行うは難しなのですが、子どもとのコミュニケーションのパイプをいつもオープンにしておくことが大事です。何か問題があった時、親はきちんと話を聞いてくれ、問題解決の道を一生懸命に考えてくれるので、親に頼るのが一番だと、普段から子どもが思うようにしておくことです。インターネットに関しては、スウェアラー先生が言うように、最初から定期的にSNSやメールをチェックするようにするのがいいでしょう。健全なやり取りをしているから大丈夫だと思えたら、だんだんと監視を緩めていけばいいのです。教師がよく「厳しくスタートするのが良い。後から厳しくするのは難しい」と言いますが、その通りです。「信頼はしているが検証もする」という立場か、「相当の理由があった時にはチェックする」という立場か、どちらを選ぶかはあなた次第です。

私個人は、子どもたちがどんなサイトを利用しているのかを知りたいし、彼らのパスワードも知っています。子どもを信用していないからでも、彼らの書き込みを読みたいからでもなく、この新しいバーチャル世界のルールを学ばせたいからです。十代も終わり頃になったら、もうそういう親の役割は終わりにして、それまで自分たちが彼らの中に培ってきた価値観を信頼することにします。そもそも大学生になったら、親にパスワードを教えたりしないでしょう。

成長に合わせてどの程度モニターするかはそれぞれですが、子どもには早いうちから、期待されるネット上の態度についてきちんと話しておくことです。彼らがそれを自然に学ぶだろうと思ってはいけません。ネットの世界はめまぐるしく進化して変わっていきますから、大人のガイドが必要です。他の親と話したり、参考文献を読んだり、学校から送られてくるパンフレットに目を通したりして、できるだけの情報を得るようにし、この世界のことを十分に把握しておくことです。どんなサイトが人気があるのか、サイトがどのような仕組みになっているのか、どんな内容が書かれているのかなど、基本的なことは知っておく方がいいでしょう。子どもが投稿しているのであれば、ユーチューブの機能も理解しておいてください。テクノロジーに弱い人には敷居が高いかもしれませんが、何もロケット科学を理解しろと言っているのではないのですから。

Q　子どもが教師やスポーツコーチにいじめられているようなのですが。

A　まず何が起きたかを書き出し、記録をつけます。他にも同じ思いをしている子どもがいれば、親たちが集まって話すことも有効です。数が集まると力になるからです。証拠と味方が手に入ったら、校長かスポーツ主任のところに行って、何が起きているかを説明します。あるいは子どもたちに、誰も彼らに惨めな思いをさせることはできないのだと話し、彼ら自身に行動させることもできます。また、できが悪いだけの教師やコーチと、悪意や攻撃性を持つ教師やコーチは違う、ということを子どもたちに教えなければなりません。

教師たちへのアドバイス

Q　学校内でのいじめ防止のために、まず何をしたらいいでしょうか？

A　最初にすることは、事態を把握することです。調査をしてください。オンラインのツールもあります。次に他の職員に話します。生徒の行動改善のための働きかけの中で、いじめ防止がどこに位置するかを検討します。学校が抱える問題の中で最も重要でない場合もあるからです。第八章でお話したPBISの学校改革アプローチのいいところは、データ分析から始めて、十分な情報をもとにした診断を行う点です。どんな解決法を導入すべきかを判断するためには、どこに問題があるかを知らなければなりません。それがはっきりしたら、何かのアプローチあるいはプログラムを選び、それを継続して使います。いじめ防止は長期にわたる継続的な取り組みです。健全で前向きな学校文化ができ上がるまでには時間がかかります。しかしやっただけのことは必ずあります。

Q　いじめに対する取り組みで、してはいけないことはありますか？

A　いじめの解消のために「当事者同士の話し合い」ということが、よく行われているようです。これは、双方の子どもが対等の力関係にある時には効果があります。しかし、いじめの犠牲者と加害者を、一つの部屋に集めて話し合わせるというのは、双方の力の差を理解していない証拠です。いじめっ子はこういう状況を操作することに長けています。その場では、大人が聞きたがっていることを口にしておいて、後で仕返しをします。介入の方法がその状況に適切かどうか、よく考えなければなりません。

もう一つ絶対にしていけないことは、いじめを見て見ないふりをすることです。子どもたちはそれに気づきます。そして先生が自分たちの悪い行為を許容していると考えるか、「学校ではこれくらいしてもいいんだ」と思ってしまいます。オルウェーズがいつも言うように、「意地悪だと感じたら、介入する」というのがいいと思います。ただそれは、ただちにその子を罰するという意味ではありません。罰を与えるのは、その行動の裏にあるすべての事実を理解してからです。でもともかく、誰かが別の子に意地悪をしていたら、その場で声を上げてください。あなたのそういう態度は、子どもたちに、善悪に関する重要なメッセージを送ることになり、その場の状況を理解するきっかけにもなります。また実際に、先生が意地悪な行為に細かく介入していると、もっと深刻ないじめや攻撃に発展することを回避できます。最初にいじめの芽を摘んでしまうのが何よりです。

またいじめというのが、非常に複雑なものであるということを理解しておく必要があります。いじめに対処する方法が、停学や放校などといった単純なものでしかない状況は、双方の子どもにとって決していいことではありません。これらの罰は、生徒の身の安全が懸念される場合などに使われるべきで、対処の方法がそれしかないというのは問題です。いじめっ子たちは、家族の問題や心理的問題を抱えていることが多いのです。セラピーなどによって、いつも怒りをためている状態から解放してあげれば、それによって引き起こされる悪い結果からその子を救ってあげられるかもしれません。

Q　ネットいじめの件で両親や生徒が被害を訴えてきたらどうしたらいいでしょうか。学校の外で起きていることです。教師がするべきこと、できることに限界があるのでは？

A　ネット上のいじめや「ドラマ」の問題で両親や生徒が助けを求めてきたら、教師は警察に行くことを勧めたくなると思います。警察ならハラスメント禁止の法律に基づいて、この問題に取り組む権限を持っていますが、すべての学校にそこまでの権限はないでしょう。学外またはウェブ上の言動に関する学校の権限に関しては裁判所が検討中ですが、学校が確実にできることは、生徒や両親を学校に呼んで話を聞くことです。学校が、生徒のウェブ上の書き込みを罰するというのは、それが学校に影響を与えるという明確な証拠がない限り、理に合わないと思います。しかし学校はそうすることで、ネット上で誰かを傷つければ、ちゃんとその形跡が残って、相応の責任を問われるのだということを子どもたちに教えることができ、それは価値ある教育です。法的な対処を必要とする状況や、そうした方がいいと思える場合には、警察を巻き込むことも可能ですが、それは考え抜いた結果の判断であるべきで、衝動的にしてはいけません。子どもの犯した過ちに見合わない過剰反応を引き起こす可能性があるからです。

また、悪意あるネット上のふるまいを防ぐために、しっかりした「デジタル市民プログラム」を導入することもできます。ほとんどの学校にはテクノロジーのクラスがあって、専門のインストラクターがいます。その人と協力して、適切なウェブや携帯の使い方を指導するのです。小学校から始めれば、子どもたちがウェブの世界にどっぷり浸かる前に、準備させることができます。

自動車業界が行った「シートベルトは命を救う」という全国キャンペーンは、素晴らしい結果を残しました。おかげで、シートベルトをするのは当然だと誰もが思うようになりました。今では多くの子どもたちが、シートベルトをせずに車に乗ることはあり得ないと考えています。飲酒運転も昔よりはるかに減っています。いじめや嫌がらせについても、ウェブ上であれ現実世界であれ、子どもたちの考え方を変えることはできると思います。

ある日《ひ》、私《わたし》は友達《ともだち》をクビになった
スマホ世代のいじめ事情
2014年8月10日　初版印刷
2014年8月15日　初版発行
*
著　者　エミリー・バゼロン
訳　者　高橋由紀子《たかはしゆきこ》
発行者　早川　浩
*
印刷所　三松堂株式会社
製本所　大口製本印刷株式会社
*
発行所　株式会社　早川書房
東京都千代田区神田多町2－2
電話　03-3252-3111（大代表）
振替　00160-3-47799
http://www.hayakawa-online.co.jp
定価はカバーに表示してあります
ISBN978-4-15-209475-9　C0037
Printed and bound in Japan
乱丁・落丁本は小社制作部宛お送り下さい。
送料小社負担にてお取りかえいたします。